中华文化传承与创新智库联盟抚州宣言

2021年8月16-17日，来自中央党校（国家行政学院）、中国社会科学院、北京大学、清华大学、中国人民大学、上海交通大学、暨南大学、山东大学、南方科技大学、南京艺术学院、中青旅股份、联合国教科文组织国际创意与可持续发展中心等高等学校、科研机构、文化企业和国际组织的百余名专家学者以线上线下的形式参加了2021首届中国抚州文创生态大会暨第十八届中国文化产业新年论坛，共同探讨中华文化传承与创新的使命、责任与目标。经过深入研讨和共同协商，与会单位部分代表决定发起成立中华文化传承与创新智库联盟，并达成共识。

一、智库联盟以"弘扬中华文化，服务国家战略，推动人类文明"为宗旨。中华文化是中国人的共同文化基因，中华民族的精神血脉和家园，源远流长，博大精深，与时俱进，包括古代传统文化、近现代革命文化和当代先进文化等丰富内涵。文化建设是中国特色社会主义现代化建设"五位一体"的重要内容，文化自信与道路自信、理论自信、制度自信是一个有机的统一体，文化软实力对增强中国综合实力发挥着重要作用。智库联盟积极推动中华文化成为我国社会经济高质量发展和人们高品质生活追求的重要手段与根本目的，推动中华文化成为实现社会主义现代化共同富裕的重要力量，推动中华文化成为中华民族走向未来的不竭动力和精神滋养，推动中华文化成为人类命运共同体构建的精神源泉。

二、智库联盟以"扎根中国大地，守护乡土文明，推动守正创新"为使命。文化强国建设是党中央面向2035年文化建设明确提出的战略规划，包括提高社会文明程度、提升公共文化服务水平、健全现代文化产业体系等重点任务，以及保护文化遗产、培育文艺精品、提升文化软实力、加强国际传播等重要任务。要坚持不忘本来、吸收外来、面向未来，推动中华优秀传统文化的创造性转化和创新性发展，推动艺术与科技融合创新，推动人与自然的和谐发展；对内开发好文化资源，打造好文化名片，建设好文化品牌，提升全民美育素养，让中华文化展现永久魅力和时代风采；对外讲好中国故事，传播好中国声音，展示好真实、立体、全面的中国形象，助力提升中华文化影响力，推动中国文化走向世界，积极促进世界不同文明交流与互鉴。

三、智库联盟以"平台搭建、专题调研、课题攻关、资政建言、人才培养、协同共进"为职能。智库联盟秘书处设在北京大学文化传承与创新研究院（抚州），依托北京大学搭建的中华文化传承与创新的智库基金、智库期刊、智库丛书和中华美学基因库等平台，整合国内外智库资源，建立中华文化传承与创新重大选题库，推动中华文化传承与创新重大课题跨学科联合攻关，探索文化传承与创新的融合型新学科和综合创新型人才培养机制，采取灵活高效的工作方式，举办智库论坛、智库沙龙、智库讲堂和智库工坊等活动，营造良好的交流氛围，加强舆论引导，积极对接各级政府的政策决策和企业的创新发展。

四、智库联盟以"共商、共创、共享"为原则。智库联盟是国际性、开放性、非盈利性的非法人学术平台，各成员单位平等、独立、自愿参与智库联盟各项活动，围绕中华文化传承与创新，开展联合调研、合作研究、联办活动、协同研发等工作形式，实现资源共享、信息共享、成果共享。智库联盟顺应时代发展，紧跟政策方向，引领发展潮流，符合人民利益，为中华文化传承与发展提供理论创新、决策参考和实践成果。

五、智库联盟的全体成员精诚合作，共同努力，本着长效合作和永续发展的机制，积极发挥各自单位的学科优势、专业优势、人才优势和资源优势，将中华文化传承与创新智库打造成为全国一流、国际知名的学术高地和文化重镇，为推动我国社会经济繁荣发展、为实现中华民族伟大复兴作出新的更大的贡献。

发起人所在单位：

中央党校（国家行政学院）	中国科学院	中国社会科学院
北京大学	清华大学	中国人民大学
北京师范大学	复旦大学	上海交通大学
武汉大学	同济大学	南京大学
暨南大学	山东大学	云南大学
四川大学	兰州大学	中国海洋大学
中国传媒大学	中央财经大学	中国艺术研究院
中央美术学院	南京艺术学院	北京第二外国语学院
上海社会科学院	深圳大学	南方科技大学
中国美术学院	广州美术学院	中国-东盟艺术学院
山东艺术学院	澳门大学	香港中文大学

联合国教科文组织国际创意与可持续发展中心

文化传承与创新研究

抚州学刊

2021

彭锋 主编

图书在版编目（CIP）数据

抚州学刊. 2021：文化传承与创新研究 / 彭锋主编．
—— 北京：华文出版社，2022.8
（中华文化传承与创新研究智库丛书）
ISBN 978-7-5075-5551-6

Ⅰ．①抚… Ⅱ．①彭… Ⅲ．①社会科学－文集②中华文化－文集 Ⅳ．①C53②K203-53

中国版本图书馆CIP数据核字(2022)第163454号

抚州学刊2021：文化传承与创新研究

主　　编：	彭　锋
责任编辑：	杨艳丽　袁　博
出版发行：	华文出版社
地　　址：	北京市西城区广安门外大街305号8区2号楼
邮政编码：	100055
网　　址：	http://www.hwcbs.cn
电　　话：	总编室 010-58336239　发行部 010-58336212　58336230
	责任编辑 010-58336191
经　　销：	新华书店
印　　刷：	北京建宏印刷有限公司
开　　本：	787mm×1092mm　1/16
印　　张：	15.25
插　　页：	2
字　　数：	290千字
版　　次：	2022年8月第1版
印　　次：	2022年8月第1次印刷
标准书号：	ISBN 978-7-5075-5551-6
定　　价：	69.00元

版权所有，侵权必究

中华文化传承与创新研究智库丛书

编 委 会

主　　编　彭　锋
副 主 编　向　勇　赵冬梅
执行主编　杨玉娟　芦秋婉

专家委员会（按姓氏笔画排序）
吴必虎（北京大学）
吴建发（抚州市政协）
张晓崧（万源企业）
陈　勇（中共抚州市委宣传部）
陈云斐（抚州市政协）
康　涛（北京大学）
强世功（北京大学）
谭玉英（抚州市文化广电新闻出版旅游局）

编委（按姓氏笔画排序）
上官民哲　乐伟欢　曲文鹏　刘　欢　刘文政
闫小青　李耀宗　邹彦宇　宋　亮　项　玥
傅艺玮　谢周莹　靳凌志　熊君玥

《抚州学刊：文化传承与创新研究》编委会

主　编　彭　锋
副主编　赵冬梅　杨玉娟
执行主编　芦秋婉
编　辑　朱　嘉　李耀宗　谢周莹
　　　　　　刘　欢　邹彦宇　项　玥

专家委员会委员（按姓氏笔画排序）

王一鸣（北京大学）

向　勇（北京大学）

孙若风（文化和旅游部）

李双成（北京大学）

吴必虎（北京大学）

金元浦（中国人民大学）

周建新（深圳大学）

庞乾奎（浙江工业大学）

胡　钰（清华大学）

高宏存（中共中央党校［国家行政学院］）

《中华文化传承与创新研究智库丛书》总序

文化兴国运兴，文化强民族强。五千年中华传统文明的历史长河，涌现出了许多珍贵的思想理论。这些灿若明珠般的思想理论哺育了一代又一代华夏儿女，铸就了中华民族之魂，为中华民族克服困难、生生不息提供了强大的精神支撑，也是推进社会主义文化强国建设、提高国家文化软实力的重要内容。在新时代背景下，不忘本来，开辟未来，中华优秀传统文化展现着独特魅力和时代风采。

文化传承创新与思想发展相辅相成，当今中国正面临百年未有之大变局，对思想理论的需求也是空前的。习近平总书记强调："一切有理想、有抱负的哲学社会科学工作者都应该立时代之潮头、通古今之变化、发思想之先声，积极为党和人民述学立论、建言献策，担负起历史赋予的光荣使命。"北京大学作为新文化运动的中心、五四运动的策源地、中国传播马克思主义和民主科学思想的最初基地，有责任肩负起传承发展中华优秀传统文化的重要历史使命，不断守正创新，焕发强大的时代生命力。

作为优秀传统文化传播和新思想发展的重要高地，将现代教育与中华优秀传统文化相融合是高校工作者的责任与担当。智库作为人才的聚集地，思想的汇集地，无疑是符合时代需要的创新理念。近年来，国家高度重视智库建设，提出了一系列智库建设新理念新思想新战略，中国智库发展迅速，整体实力不断上升。大力推进智库建设，是时代要求与形势所趋，也是新时代中国特色社会主义现代化发展战略和政府公共理性的内在诉求。

作为人才培养的基地和智库建设的主力军，高校为智库输送大量学术人才，助力智库发展。与此同时，智库的发展也促进学术研究走出象牙塔殿堂，与生动鲜活的现实相结合，扎根城市，迈上为地方政府决策提供咨询服务的道路。北京大学历史悠久，有着深厚的学术积淀，在社会科学领域的前沿硕果累累。北京大学文化传承与创新研究院（抚州）紧密依托北京大学的学术优势和抚州地方的资源优势，不仅是二者积极合作的重要成果，更是北京大学服务地方经济社会发展的生动展示。

北大抚州创新研究院作为服务于抚州市委、市政府的地方性特色智库机构，以宏观政策为导向，以传承中华传统文化与引领高科技创新发展为己任，于

2021年8月16日向国内外三十余所一流高校发出了成立中华文化传承与创新智库联盟的号召。依托北大抚州创新研究院搭建的中华文化传承与科技创新的智库平台，整合国内外智库资源，建立中华文化传承与科技创新重大选题库，推动中华优秀传统文化的创造性转化和创新性发展，积极对接各级政府的政策决策和企业的创新发展。智库联盟坚持资源共享，全体成员精诚合作，共同努力，积极发挥各自单位的学科优势、专业优势、人才优势和资源优势，致力于为推动我国社会经济繁荣发展、为实现中华民族伟大复兴作出新的更大的贡献。

《中华文化传承与创新研究智库丛书》是全国顶级的学术机构、文化资源深厚的地方政府合作共创的重要成果，坚持需求导向，围绕抚州经济转型、社会发展、产业振兴、生态文明建设等有关地方发展的重大议题，积极开展务实有效的应用研究和成果转化，致力于发掘抚州文化亮点、彰显抚州产业特色、全面展示抚州文化与科技创新的成果。该系列丛书植根于抚州的发展背景，始终以抚州文化的发展传承和经济社会的进步为研究目标，以多重角度解读分析抚州的人文环境和发展道路，助力抚州实现高质量跨越式发展，为服务地方发展的新型城市智库打造优秀范式。

编委会

《抚州学刊》序

江西抚州是才子名人的故乡，江西与北京大学都有非常厚重的文化传统和创新的基因。近年来，以文化研究为重要纽带，北京大学与江西省进一步深化交流，在教育、文化、科技等领域形成了一批重要合作成果。2020年12月，双方签署了新一轮战略合作协议。在此框架下，北京大学先后与抚州市共建北京大学文化传承与创新研究院，促进文化传承创新；与南昌市合作共建北京大学南昌创新研究院，推动科教融合、产学研合作；一批北京大学优秀毕业生也选择扎根江西大地，奉献青春力量。

2020年8月，北京大学文化传承与创新研究院（抚州）（以下简称研究院）挂牌成立，以新型特色智库和新型研发机构为定位，依托抚州地方资源优势，整合北京大学和社会各界的智力资源、人才资源，侧重技术转化与成果落地，注重培育相关产业高质量发展新业态。研究院成立以来，以宏观政策为导向，以传承中华传统文化与引领性的高科技创新发展为己任，发挥着强大思想库、高端人才库和创新项目库的智库功能，在传统文化的传承与科技创新、文化创意赋能乡村振兴、生态文明建设、数字经济与高质量发展等领域积极探索，致力将研究院打造成为中国传统文化传承与科技创新的先导、现代治理文化研究与高新技术研发的前沿、国际文化与技术融通交流的高地，进一步推进抚州经济社会向更高层次迈进，拓展抚州国际视野，加快抚州创新发展。

研究院推出的全新学术研究品牌——《抚州学刊：文化传承与创新研究》，定位为综合性学术期刊书，聚合学术资源，立足抚州，面向全国，以需求为导向，坚持基础理论研究和现实应用研究并重，关注抚州及全国文化与科技领域中的重点、热点、难点问题，以推动抚州文化传承与科技创新为己任。《抚州学刊：文化传承与创新研究》秉承弘扬抚州文化精神的宗旨，助推抚州经济社会的发展。在跨学科、多领域中形成问题导向型的基础性应用研究范式，聚焦打造设置"行业前瞻""理论视野""政策观察""文化建设""地方探索"五大栏目，对文化领域展开政策解读、理论体系建构、研究成果转化等研究，以学术研究成果赋能抚州科技创新为主题，以助力抚州建设发展动态现实资源为目标，以期为抚州实现高质量跨越式发展提供理论支撑。

未来，研究院将继续发挥科技、智力和人才优势，传承、研究和传播博大精深的中华优秀传统文化，创造更多先进思想文化成果，为江西发展提供战略咨询和决策参考，推动更多科研成果在江西落地转化。研究院也将鼓励更多优秀人才到江西各地奉献力量，把省校合作进一步推向新高度，共同为推动国家发展、民族复兴、人民幸福作出新的贡献。我们也期待未来省校合作越来越紧密，齐心协力把合作共建机构打造成为文化传承与科技创新的先导、现代治理文化研究的前沿、国际文化交流的高地、服务国家和地方发展的样板，为推动经济社会高质量发展作出新的更大贡献。

编委会

对话《抚州学刊》

赵冬梅 北京大学历史学系教授、文化传承与创新研究院（抚州）副院长

Q1：这本书的初衷背景是什么，有什么定位及创刊目标？

赵冬梅： 抚州名人众多，历史资源非常丰富，在历史长河中具有重要地位，有很强的地域文化优势，尤其是红色文化源远流长。保护和利用好这份珍贵的历史文化遗产，对于正确了解中华民族的发展历史，继承和发扬民族优秀传统，促进社会主义精神文明建设有着重要的意义。研究院策划这本书的初衷是希望能够借助《抚州学刊》的学术影响力，塑造地域文化形象，让《抚州学刊》成为抚州文化名片之一。学刊将秉承"推动中华文化传承与创新，打造学术高地与交流平台"的创刊宗旨，严格把控整体质量，保持鲜明的形象特色，保证准时出刊，建立好的专业形象。

《抚州学刊》依赖抚州既有文化资源但又不拘泥于抚州，我们不单是对既有的历史文化资源进行发掘，而是立足于抚州，放眼整个世界，例如汤显祖戏剧就是联通世界的。因此《抚州学刊》会集结对历史、文化、产业领域感兴趣的学者，在此基础上联系学人，努力成为相关信息领域的交流平台。

Q2：对第一期稿件进行点评，未来对约稿的内容有什么展望？

赵冬梅： 在第一期的筹备中，有许多优秀的地方学者踊跃参与，稿件内容既包含学术前沿议题，收录了城市更新、乡村振兴、文化传播的案例，同时兼具理论高度，拓展了文化产业与国家形象机制、文化与经济转型升级、传统村落资料收集研究等学术探讨。未来除了保持创作队伍的学术性，也会精选抚州高校、文物工作者的研究文章，一方面是对地方文化学者研究成果的认可，另一方面也是希望更多人

了解抚州学者，通过强强联手，提升研究成果显示。我们也广泛征集一些国际性的稿件或翻译文献。

未来板块设计和稿件邀约上会更加灵活，对于具有交叉的板块也会开设更多的单元。既会保持现有的稳定栏目，也会随着稿子的变化而设置开放栏目。内容上既具有专业性，又具有一定变更的包容性、具有地方特色。

Q3：刚才提到地方实践案例，北大在致力于地方发展，特别是抚州，都做了什么探索，有什么经验？

赵冬梅：向世界推介抚州，塑造抚州学术的形象，借助刊物把全国、全世界的治理资源引入抚州建设中。北大抚州创新研究院成立以来，开展了许多创新性工作，重点开展了中华美学、戏曲文化、宗教文化、传统古建保护、文化创意、文化金融、数字经济和社会治理等领域的基础理论研究；打造了抚州文创生态大会、抚州数字文创生活季等品牌活动，建立中华美学基因库云平台，发起中华文化传承与创新发展研究智库联盟，出版《抚州学刊》等书刊，积极为抚州注入新活力，为抚州和全国范围内的文化传承与创新发展贡献力量。

Q4：对青年学者以及文化研究者有什么关切？

赵冬梅：希望青年学者能够与真实对话。习近平总书记说过要把论文写在祖国大地上，中国社会正面临的变局之剧烈、之迅速，是全世界前所未有。中国人在进行伟大的社会实践，在这个过程中中国社会科学工作者不应该只是照抄西方理论，而应调动所学，参与到这场社会改造的洪流中。从实践中睁开眼睛去看真实的世界，并在真实世界中抽象总结可能的理论，在这片沃土中成长。此外，对于概括性的积极正面、严肃的态度理解，需要努力汲取有价值有意义的能量。

Q5：如何看待文化传承与创新，您个人在这方面的研究主要关注哪些领域和问题？

赵冬梅：文化传承与创新离不开基础学科的支撑与沉淀，历史学是文化传承创新的基础，会深入告诉你有什么。历史学研究院、资源调查是在时间方面深度调研，在此基础上才有真正的创新。但历史学有个问题是慢，短期内无法给到一个答案。对历史学要给时间，要等，而后在历史学者研究基础上采用创新。创新非我们所擅长，因此我们也在向其他专业方向学习。

从历史学的角度，个人更关注历史文化资源的史料研究和田野调查，例如宋代制度、政治文化和历史人物传记的研究等。

Q6：对当下中国文化传承与创新的重点、热点问题有什么看法建议？

赵冬梅：用古代元素进行现代性解读可能是目前的一个趋势，例如敦煌飞天来自历史，用现实技术还原历史场景是创新。内在核心是历史，外在表现是现代，用先进表现手法，呈现不同的视觉成果。

对于民族性问题，需要对中华民族文化基因进行挖掘，内在挖掘和呈现的深刻的东西，会启发现代人。需要从思想深处挖掘为什么会这么想、这么看事物，对于这个事物的挖掘需要时间，需要勇敢地睁开眼睛。

目 录

对话《抚州学刊》 ································· 赵冬梅 1

行业前瞻·特邀笔谈

文化软实力、文化产业与国家形象塑造的价值与机制 ············ 向 勇 2
打造特色文化城市版与乡村版
　——关于黄河流域城市更新与乡村振兴的思考 ············ 孙若风 13
文化与经济耦合：以文化产业高质量发展促进
　经济转型升级 ····························· 高宏存 张晓丹 20
文化经营与客家文化资源的活化 ····················· 周建新 37
高品质艺术产业园区是善经济的发动机 ················· 李保刚 48

理论视野·城市发展

国家意志与地方动机的重叠：论大运河"流动文化"与
　非遗"活态文化" ····························· 徐 可 60
记忆重构与文化认同：工业遗产活化保护的价值逻辑和实践路径
　——以重庆工业博物馆为例 ············· 张海燕 陈 爽 廖振敏 70
媒介转型及智慧城市文化信息空间建设 ············ 李 微 宋 菲 83
新时代九江利用浔阳文化打造地域品牌、提升城市
　品位的对策研究 ····························· 王荣亮 92

政策观察·文化传播

新技术驱动传统文化产品的创造性转化模式研究 ········ 金 韶 肖屈瑶 104
新时代语境下汉字文化的创新传播与应用 ················· 李 莉 113
基于理论视角的文旅融合研究 ··············· 王克敏 杨 明 张 翮 129

物质文化与全球视野下的中国茶文化研究：一项历史学的考察… 宋永林 140

文化建设·乡村振兴

基于建成环境的传统村落资料收集与研究
　　——以浙江省仙居县为例 …………… 庞乾奎　申志锋　马　骁 152
聚焦村落特色　扎实推进乡村文化振兴 ………… 程慧琴　陈敏辉 168
文化强国战略与乡村文化振兴并进的内嵌逻辑
　　和青年担当 ………………………………………… 齐　骥　陈　思 178

地方探索·传承创新

论中华传统文化与中华美学精神对公共艺术教育的滋养………… 徐　望 190
浅析"四大"国家文化公园由来与建设进展 ……………………… 王　军 202
论我国传统节俗与日常生活实践的共生互动
　　——以上巳、端午、七夕节为例 ………………………………… 张　云 212

征稿启事 ……………………………………………………………………… 225

行业前瞻·特邀笔谈

◆ 行业前瞻·特邀笔谈

文化软实力、文化产业与国家形象塑造的价值与机制[①]

向 勇[②]

摘 要：文化软实力是国家软实力的重要组成部分，是国家综合国力和国际竞争力的重要内容。提升文化软实力，建设文化强国，是我国新时代文化立国治国理念的重要体现。国家形象是国家的战略资源和无形资产，文化软实力、文化产业对国家形象的塑造起着至关重要的作用。文化软实力是文化力的重要组成部分，是以文化为基础的国家软实力，是经济全球化语境下文化安全的风险防范和国家利益的主动维护，是对文化全球化的反抗和文化多样性的捍卫。文化产业推动国家形象的海外传播，需要突破内容消费、政府治理和市场竞争等不同层面的限制，处理好国家形象在内隐与外显、自我与他者、固化与变动等二元对立间的关系，积极发挥文化基因塑造国家形象的隐性价值和长远价值，建设中华美学基因库赋能平台，构建政府层面的文化外交、民间层面的文化交流和企业层面的文化贸易之间的协同机制。

关键词：文化软实力；文化产业；国家形象；文化基因；国家营销

引 言

文化是一个民族的血脉、气质和灵魂。文化能够引领国家前进的方向、凝聚人民奋斗的力量，"成为民族凝聚力和创造力的重要源泉"，成为一个国家面对国际

[①] 本文系国家社科基金重大项目"丝绸之路经济带沿线国家文化产业合作共赢模式及路径研究"（17ZDA043）阶段性成果。
[②] 向勇，北京大学艺术学院教授，北京大学文化传承与创新研究院首席专家，北京大学信息技术高等研究院数字创意实验室主任。

竞争的力量基石。习近平总书记指出，文化自信"是更基础、更广泛、更深厚的自信"，"是一个国家、一个民族发展中更基本、更深沉、更持久的力量"。^① 从国际视野来看，文化是世界上不同国家和人民对于另外的国家产生的认知和想象，对中国而言，就是海外民众对于中国认知和想象所产生的中国国家形象。在这个中国认知和想象的背后，是国际社会对中国国家形象的价值认知和情感认同。国家形象是一个复杂内容构成的综合体，"是国家的外部公众和内部公众对国家本身、国家行为、国家各项活动及其成果所给予的总的评价和认定"，具有极大的影响力和凝聚力。^② 国家形象是国家实力的外在反映和整体认知，包括硬实力和软实力。其中，硬实力包括国家在经济、科技、军事等领域的实力，软实力"是一国通过吸引和说服别国服从本国的目标，从而使本国得到自己想要的东西的能力"，包括文化吸引力、政治价值观吸引力及塑造国际规则和决定政治议题的能力。^③

文化软实力是国家软实力的主要组成部分，构成了综合国力和国际竞争力的重要内容。党的十七大正式提出"文化软实力"概念，明确把"激发全民族文化创造活力，提高国家文化软实力"作为国家文化发展的重要战略。文化软实力包括对国内民众的凝聚力和对海外民众的吸引力。党的十九大报告指出，"推进国际传播能力建设，讲好中国故事，展现真实、立体、全面的中国，提高国家文化软实力"。党的十九届六中全会提出，"当今世界正处在大发展大变革大调整时期，文化在综合国力竞争中的地位和作用更加凸显，维护国家文化安全任务更加艰巨，增强国家文化软实力、中华文化国际影响力要求更加紧迫"。提升文化软实力、建设文化强国是我国面向 2035 年中国特色社会主义现代化国家建设的重要使命。

提升文化软实力、建设文化强国，是我国文化立国治国理念的重要体现。文化立国是使国家精神永续存在的战略安排，是使国家在世界民族之林顶天立地、真正强起来的根本依托，是中国经济社会快速发展的必然选择。文化立国理念在我国新发展征程中就表现为文化强国建设目标的战略实施，既包括社会文明程度提高、公共文化服务水平提升和现代文化产业体系健全等关键内容，又包括文化遗产保护、文化传承创新、文化艺术繁荣和文化软实力提升等重要议题，这些都构成了国家形象塑造的重要手段。其中，文化软实力的提升和文化产业的发展对国家形象的塑造

---

① 习近平. 在中国共产党第十九次全国代表大会上的报告 [R]. 2017-10-18.
② 管文虎. 国家形象论 [M]. 成都：电子科技大学出版社，2000：23.
③ [美] 约瑟夫·奈. 软力量：世界政坛成功之道 [M]. 吴晓辉，钱程，译. 北京：东方出版社，2005.

起着至关重要的作用。

一、文化软实力与国家形象：内涵和价值

　　从软实力到文化软实力，是对文化治理功能全面认识的复归和提升。文化软实力提醒我们要回到孔子诗教治理[①]的文化传统，启迪我们超越硬实力的国际关系进入国家能力的综合提升。广义的软实力包括文化、政治和外交等构成要素，而"文化是软实力的基础，作为最人性、最具渗透力的体系，成为意识形态和外交手段的基本载体；政治是软实力的核心，通过意识形态代表了阶级和阶层的基本利益，起着引导方向和树立愿景的作用；外交是软实力的展开，通过发起和引领国际组织和国际活动规则，以一定的强制性规定了各国的行为准则和交往方式。"[②] 软实力是一种同化力、吸引力和导向力，软实力的核心是人文精神和价值观念。因此，文化软实力是软实力的重要组成部分，对软实力起着决定性的作用。

　　文化软实力是文化力的重要组成部分。文化力是与经济力并重的人类发展能力。一个完整而系统的文化力发展指数正有待实践的检验，但至少包括以下四个层次：文化原创力、文化生产力、文化创新力和文化软实力，它们是构成文化力的四大指标。文化力四大指标呈现一个金字塔结构，自上而下或由内向外分别为文化原创力、文化生产力、文化创新力和文化软实力，并相应地推动了文化在四个不同层面上的发展：文化原创力推进了文化艺术的繁荣发展，文化生产力推进了文化产业的持续发展，文化创新力推进了文化经济的融合发展，文化软实力推进了文化社会的共生发展。文化力的四个面向是特定历史时期人类建构的一种系统性的文化发展观，在实践中呼应了文化现代性的必然要求。文化艺术强调文化的原创性和原真性，以文艺美术、音乐舞蹈、戏曲戏剧等艺术形式为载体；文化产业强调复制性和商业性，推进"文化的产业化"，具有技术化的生产方式、规模化的生产效益、市场化的生产目的、企业化的生产主体和金融化的生产手段等文化生产的基本特点；文化经济强调文化资本、知识产权和符号价值等生产要素的投入，协同推进"文化的产业化"和"产业的文化化"，通过整合产业价值链和塑造文化品牌来提升各个产业的附加价值；文化社会强调文化的外部效应和创意的溢出效益，实行生产、生态与生活的立

---

① 孔子关于"诗"所具备的"兴观群怨""识鸟兽草木之名"的诗教功能阐释，表现了文化治理的全面性、系统性与综合性。
② 花建，等.文化软实力：全球化背景下的强国之道[M].上海：上海人民出版社，2013：7.

体互动，园区与社区的双向融合，乡村、城镇与都市的全面耦合，以文化力和创意力改变人们的思维模式、生活方式、环境营造和社会治理。[1]在这个金字塔形文化力四大指标结构中，作为文化生产力表现形式的文化产业，是其中关键的一层。我国文化力经历了三个发展阶段：文化原创力发展阶段是文化力1.0时期，大概在2002年以前；文化生产力发展阶段是文化力2.0时期，大概从2003年到2011年；文化创新力发展阶段是文化力3.0时期，从2012年至今。以后我们将进入第四个发展阶段：文化软实力发展阶段是文化力4.0时期，是我们未来很长一段时期的发展目标。

文化软实力是以文化为基础的国家软实力，是综合国力的重要组成部分。花建认为，文化软实力包括认同性、培养性、创新性、规模性、扩散性和民生性等基本要素。其中，认同性代表文化动员力，表现了文化软实力是一种通过吸引和影响获得对方的认同而不是通过强制手段来达到目的的软性力量；培养性代表文化环境力，表现了文化软实力作为一种国家的重要实力和基本资源，具有可培养性；创新性代表文化贡献力，表现了文化软实力是一个国家具有文化创新、技术发明、作品原创的基本能力；规模性代表了文化生产力，表现了文化软实力在一定程度上是由文化产业的规模优势和对外文化贸易水平所决定的；扩散性代表文化传播力，表现了文化软实力是一个国家通过各种途径向全世界扩展其文化价值观并获得国际范围广泛认同和好感的能力；民生性代表文化消费力，表现了文化软实力是一个国家全体国民享受文化服务和进行文化消费的能力。[2]一个国家通过文化外宣、文化交流和文化贸易等多种途径展现了这些文化软实力的不同要素，构成了一个国家文化"走出去"的整体战略。这些途径分别由政府部门、行业协会和文化企业等不同主体实施主导。

文化软实力是一个国家文化主权的法统性论证。文化主权是一个国家的意识形态、价值观念、宗教信仰、知识产权在国家利益的高度上所具有的主权属性。文化主权是大国政治的核心观念，作为一种新的主权理论，文化主权强调主权的最高表现形式不是国家实力的支配，而是韦伯和葛兰西所说的文化领导权，或者文明领导权。[3]中国现代化的最终意义是文化现代化，没有文化的现代化，中国的现代化就不可能达成。因此，文化主权"是一个国家和民族的文化自觉，就是从主权角度来考察一个民族国家的文化自觉意识之构成"。大国崛起需要三个基础，"一个是政

---

[1] 向勇.文化产业导论[M].北京：北京大学出版社，2015.
[2] 花建，等.文化软实力：全球化背景下的强国之道[M].上海：上海人民出版社，2013：37-38.
[3] 强世功.国家主权与公民伦理[J].读书，2007（1）：95-103.

治基础,这个政治基础就是国家的独立和主权;一个是经济社会基础,国家的经济实力是其政治和军事实力的基础,以提供国家的安全保障;一个是文化基础,作为国家实力的软实力的核心部分,它是国家竞争的最后战役"。目前,中国的再崛起只是经济上的再崛起,而不是全面的再崛起。历史上中国最强盛的时代,不仅仅是给世界提供最多的物质产品,而是同时为人类提供多种多样的软力量要素和精神产品,这些软力量要素包括政治制度、法律制度、行政体系乃至科学、文化、艺术和语言。[1]

文化软实力的提升要警惕文化扩张所导致的文化霸权。国家文化战略的文化扩张的保守形式就是文化主权,激进倾向就是文化霸权。加拿大学者马修·弗雷泽认为,美国通过电影、电视、流行音乐和连锁快餐等四大文化传播形式,向全世界推广美国的流行文化、生活方式和价值观念,在全世界形塑美国的文化霸权主义。[2]西方国家长期以来希望用西方的价值观念来改变世界,通过"文化同步化"的文化帝国主义形式主导世界事务,运用文化力量来制约和影响发展中国家的内部发展过程。[3]塞缪尔·亨廷顿认为,世界的划分不再按照政治制度和经济制度的异同,而是根据文化和文明的背景。未来决定世界格局的是西方文明、儒家文明、日本文明、伊斯兰文明、印度文明、斯拉夫-东正教文明、拉美文明和非洲文明等文化实体。文化方面的差异将成为人类分歧和冲突的主要因素,主宰全球的将是"文明的冲突"。世界的主要冲突将围绕着不同文明的文化差异而爆发,文明之间的差异界线将成为未来的战线。[4]

文化软实力是经济全球化语境下文化安全的风险防范和国家利益的主动维护。文化认同是一个民族和国家存在和发展的最基本的前提。所谓国家文化安全,就是指"一个国家能够独立自主地选择政治制度和意识形态,抵制其他国家试图以意识形态和意识形态指导下的政治、经济模式强加于本国的做法,防范来自内部或外部文化因素的侵蚀、破坏或颠覆,从而能够很好地保护本国人民的价值观、行为方式、

---

[1] 艺衡.文化主权学说与当前国家文化软实力发展战略的理论构建[J].南方论丛,2009(2):1-16.
[2] Matthew Fraser. Weapons of Mass Distraction: Soft Power and American Empire[M]. Thomas Dunne Books, 2003.
[3] 王沪宁.文化扩张与文化主权:对主权观念的挑战[J].复旦学报(社会科学版),1994(5):9-15.
[4] [美]塞缪尔·亨廷顿.文明的冲突与世界秩序的重建[M].周琪,等译.北京:新华出版社,2010.

社会制度，保护文化的民族性，维护民族的自尊心和凝聚力，并利用必要的手段扩大本国文化在国际上的影响"。[①] 捍卫文化安全是一种对文化霸权主义导致国家利益损害的反应策略。如果说捍卫文化安全是一种被动的国家文化战略，那么提升文化软实力就是一种主动的国家文化战略，两者都是为了强化一个国家的文化认同和集体认同。当然，绝不能以反对文化普遍主义、文化帝国主义和文化霸权主义的名义来搞极端文化安全主义、文化保守主义和文化封闭主义。

文化软实力是一个国家对文化全球化的反抗和文化多样性的捍卫。对于经济全球化是否导致文化全球化，20世纪90年代以来学术界和实践界都一直存在争议。全球化虽然侧重于资金、商品、劳动力、技术和信息的全球流动，却也影响着意识形态、价值观念和生活方式。费孝通反对"文化全球化"，认为"当前所说的全球化，指的主要是经济的全球化，人类社会在政治、文化、意识形态、生活习俗方面是多元的。"[②] 于沛认为，文化是一个国家和民族的生活方式，是其存在的前提，"任何一个民族的文化，包括生产方式、社会结构、思维意识、宗教信仰、伦理观念和风俗习惯都是这个民族存在的标志和进一步发展的前提"。[③] 郭建宁认为，社会发展的系统化、经济运行的市场化、通讯与传媒的信息化、网络化、数字化以及文化的商业化，使文化全球化具有可能性，"不仅经济全球化蕴涵着文化全球化，经济全球化必然有文化含量，而且随着经济全球化的发展，文化全球化的过程也会加速"。[④] 文化全球化的目标不是为了文化同质化或文化一体化，而是要维护文化多样性和文化多元化。文化多样性是人类这一物种继续生存发展的关键动力。国家化的政策保护、本土化的自我意识和个体化的自由选择成为维护文化多样性、反抗文化全球化的重要力量。[⑤] 2005年10月，联合国教科文组织通过了《保护和促进文化表现形式多样性公约》，体现了126个签约国（中国也是该公约的缔约国之一）对保护文化多样性的一致信念，为文化多样性提供了法理基础和政策依据。

总之，提升我国文化软实力是一个系统工程，既需要传承中华优秀文化，又需要创造时代先进文化，还需要借鉴外来文化；既需要弘扬社会主义核心价值观、提高公共文化服务能力，还需要依靠现代文化产业体系和文化市场体系，为文化建设

---

① 郝良华.美国文化霸权与中国国家文化安全[D].济南：山东大学，2012.
② 费孝通.经济全球化和中国"三级两跳"中的文化思考[J].中国文化研究，2001（1）.
③ 于沛.反"文化全球化"——经济全球化背景下对文化多样性的思考[J].史学理论研究，2004（7）：26-38.
④ 郭建宁.文化全球化的可能、现实与应对[J].社会科学，2003（4）：113-119.
⑤ 单世联.全球化时代的文化多样性[J].天津社会科学，2005（2）：24-31.

提供更有效率、更加公平的供给侧生产机制和消费侧分配机制。其中，加快文化产业的发展壮大，是提升文化软实力、塑造国家形象的重要手段。

二、文化产业与国家营销：策略与手段

文化产业是国家形象国际传播的重要驱动力。中国文化"走出去"和国家形象海外传播的方式很多，包括政府层面文化外交、社会层面的文化交流和企业层面的文化贸易等方式。文化产业是文化生产、交换、分配和消费的新型形态，"文化产业的形成与发展是人类文化商品化的高级阶段"，"对于中国社会价值观念有着重要的型塑作用"，"开放性的文化贸易活动推动当代中国社会价值观念的国际对话"，[①] 从而对我国国家形象的国际传播起着重要的推动作用。因此，文化产业实现了中华文化从被动的"走出去"到主动的"走进去"。文化产业是一种市场法则、消费机制，是国家形象认同建构的有力推进者。文化产业建立在文化消费的基础上，以文化产品或服务的形式对外推广，通过海外民众自主、自发的文化消费建立起自觉、自愿的文化认同。海外民众在文化消费的潜移默化中接触到中华文化的精髓，在消费中体悟中华文化的内在影响，这样可以降低因文化基因的作用而造成的文化折扣，实现中华文化国际推广的巧传播。文化产业以国际文化市场为目标，建立在供给者和消费者之间的交换关系上，充分尊重海外文化市场和当地消费的价值规律，接受当地政府的政策监管，更容易得到当地政府的支持与理解。文化产业的实施是以文化企业为主体，建构在文化企业充分竞争的市场机制基础上，充分遵守政府出台的政策法规，在政策治理边界和自由贸易原则内增强自主经营的灵活性，按照目标受众的消费需求调整产品策略，可以降低企业经营风险。文化产业的前期生产机制、中期分配机制和后期消费机制，都与国家文化资源的开发、主流价值观的传播和民众素养的提升息息相关，能够助力国家形象的塑造与推广。总之，文化产业对于国家形象的认同建构是一种消费主义的建构、市场主义的建构和发展主义的建构，具有可持续发展的长远价值。

菲利普·科特勒提出"国家营销"的概念，将其作为"创造国家财富的战略方法"。[②] 营销原本是企业品牌创造、传播与维持的手段，也可以成为国家形象塑造的

---

① 韩晗，高洋.文化产业对当代中国社会价值观念的型塑机制研究［J］.当代中国价值观研究，2020（5）.
② ［美］菲利普·科特勒.国家营销［M］.俞利军，译.北京：华夏出版社，2003.

途径。在科特勒看来，国家营销的重要手段就是将政府部门的宏观决策与微观消费的经济行为联系起来，让国家的战略优势在动态的经济活动中加以确立和保持。文化产业活动就是一种现代化的产业经济活动，对推动国家营销可以起到至关重要的作用。政府引导企业主体参与国家营销，以文化贸易的形式开展国家形象的海外传播，创造满足海外受众的产品和服务，实现文化交流与民心融通。四达时代集团常年在非洲主要国家推动数字电视基础设施的建设，提供多达480个频道的节目运营，成立译制中心把《媳妇的美好时代》《奋斗》《我们相爱吧》等中国的电视节目输送到非洲当地，把反映婆媳关系、家庭伦理关系等"全世界都相通的内容题材"的电视节目落地非洲，让非洲民众了解中国百姓生活的酸甜苦辣和喜怒哀乐，拉近中非人民的亲近感和同理心，成为国家形象塑造的有效途径。[①]

文化产业推动国家形象的海外传播，需要突破三个层面的限制。第一，在内容消费层面，需要突破文化贸易中因文化基因带来的文化折扣问题。文化折扣指由于文化背景、历史传统、价值观念、语言差异等造成的文化产品不受其他国家和地区民众接受或理解而降低其文化价值的现象。[②] 这些文化结构的差异是由文化基因所决定的。文化折扣影响了中华文化的溢价能力和中国国家形象的外溢效应。第二，在政府治理层面，需要突破各国政府实施文化政策对本国文化企业的保护藩篱和外来文化产品的限制措施。现在，许多国家在尊重WTO贸易规则的前提下，会选择采用"文化例外"的贸易保护政策，比如韩国、法国等国家为了保护本国文化，都会援引WTO贸易规则抵制美国好莱坞文化的入侵，也对我国文化产品出口提出了限制。"文化例外"是一个动态平衡的贸易规则，在自由贸易和文化例外之前维持平衡是对中国文化治理能力的考验。第三，在市场竞争层面，站在文化产业国际价值链和产业分工的角度，中国文化企业在国际市场上还缺乏明显的竞争优势，文化企业自身的运营能力还有很大的提升空间。随着我国经济的快速发展和规模庞大的中产阶级兴起，随着我国"加快形成以国内大循环为主体、国内国际双循环相互促进的新发展格局"的战略实施，中国市场逐渐成为一个体量巨大、结构优质的市场体系。我们可以发挥市场规模优势，比如通过中国国际进口博览会（上海进博会）等平台，实现中国品牌与世界品牌的同台竞争，增强企业生存的竞争能力，锻造我国企业的本土优势和国际化竞争能力。上海进博会展现了更加开放、包容、自信、负责任的大国

---

① 程洋.中国影视走进非洲：《媳妇的美好时代》是怎么火的[N].时代周报，2017-09-20.
② C. Hoskins and R. Mirus, Reasons for US dominance in the international trade in television programmes [J]. Media Culture and Society, 1988（10）.

形象，成为国家营销的重要手段，成为国家形象展示的主要窗口。

一般而言，国家形象的认知及分类面临三种关系：内隐形象与外显形象、自我形象与他者形象、固化形象与变动形象。第一，从内隐和外显的关系来看，我们在塑造国家形象中比较侧重于外显形象的元素提取，把中国文化符号化、中华文化元素化，将这些文化符号、文化元素与相关产品相融合，例如水墨陶瓷、中国风卫浴、山水画建材，等等。中国文化元素仅仅借助功能性的日用品"走出去"，无法形成"原产国"的品牌认同和文化认知，还是停留在表面上的中华文化的海外传播和国际推广。第二，从自我形象和他者形象的关系来看，一国的国家形象必然在自我和他者之间存在偏差。我们目前大多数国家形象的推广都是以自我中心主义的角度去进行的，具有强制性、单线条的输出特性，在强调自我特殊性的同时弱化国家形象的丰富性。国家形象的海外传播从根本上要赢得他者眼中的形象认同，要站在理论自信、道路自信、制度自信和文化自信的基础上，要以同理心、开放心、坦率心的心态和平等、包容、尊重的姿态与外界进行交流与沟通，减少认同的差距和认知鸿沟，弥补文化距离带来的价值偏差，这才是大国国家形象的自信表现。第三，从固化形象和变动形象之间的区别来看，西方社会对我国社会制度存在不认同的固化形象，这是二战以后长期积累的刻板印象。中国经济社会取得伟大成就的内在原因，西方经济学从固化的新自由主义观出发难以解释。中国通过深化改革，推动了有为政府和有效市场的有机结合，构建了中国特色社会主义市场经济体制。因此，为了破除这些刻板固化的印象，就要帮助国外民众认识真实的中国。2021年5月，习近平总书记在主持加强我国国际传播能力建设进行第三十次集体学习讲话中指出，"讲好新时代的中国故事，展现真实、立体、全面的中国"，要"讲好中国共产党治国理政的故事、中国人民奋斗圆梦的故事、中国坚持和平发展合作共赢的故事"。

文化产业推动国家形象的海外传播，要维护文化间性和文化多样性，重视文化基因的作用。"文化基因"的概念来自1976年英国生物学家和行为生态学家理查德·道金斯的《自私的基因》一书。道金斯认为，文化基因（Meme）是文化进行传播及传承的基本单位，与人类的记忆相关，具有复制能力。[①] 文化基因与生物基因（Gene）同时存在于我们每个人的身上，文化基因是我们每个人的行为方式及其在所生活的时空环境中长期沉淀、代际遗传下来的价值形态、精神理念、行为礼仪。文化基因是个人无意识和集体无意识的组成部分。苏珊·布莱克摩尔认为，任何事物

---

① ［美］理查德·道金斯.自私的基因［M］.卢允中，等译.北京：中信出版集团，2018.

只要从一个人身上传递到另一个人身上,那这个事物就是文化基因,文化基因会通过事件、惯习、艺术形式等各种路径复制自己,占据人类的大脑,达成传递文化的目的。①

一个国家在长期的历史积淀和文化演进中,形成了自己独特的文化基因。国家文化基因具有历史性、长期性、内涵性等特点。2013年12月,习近平总书记在主持中共中央政治局第十二次集体学习讲话中强调,在5000多年文明发展进程中,中华民族创造了博大精深的灿烂文化,要使中华民族最基本的文化基因与当代文化相适应、与现代社会相协调,以人们喜闻乐见、具有广泛参与性的方式推广开来,把跨越时空、超越国度、富有永恒魅力、具有当代价值的文化精神弘扬起来,把继承传统优秀文化又弘扬时代精神、立足本国又面向世界的当代中国文化创新成果传播出去。中华文化基因论的视角,很好地总结了中华优秀传统文化的共同价值,让绵延千年的中华传统文化,以更加包容化、普适化,以及具有更强感染力的传达方式,传播人类社会共同遵循的生活智慧和生命价值,积极参与人类命运共同体构建。

2020年5月,中央文化体制改革和发展工作领导小组发布《关于做好国家文化大数据体系建设的通知》,对国家文化大数据体系建设设定了八大任务,分别是:中国文化遗产标本库建设、中华民族文化基因库建设、中华文化素材库建设、文化体验园建设、文化体验馆建设、国家文化专网建设、国家文化大数据云平台建设和数字化文化生产线建设。中华民族文化基因库建设是贯彻习近平总书记对弘扬中华美学精神和中华美育精神重要指示的具体行动,是加速数字文化新基建、促进文化传承与创新路径升级的重要手段,对中国文化遗产标本库建设和中华文化素材库建设起到承前启后的作用。为了传承中华民族文化基因中的中华美学基因,弘扬中华美学精神,北京大学文化产业研究院、北京大学文化传承与创新研究院(抚州)联合北京大学信息技术高等研究院等科研单位共同建设中华美学基因库,充分发挥北京大学美学研究的学术优势和文化产业探索的实践经验,通过人工智能、大数据、区块链、机器学习等智能化技术手段,建设中华美学基因以文本、图像、影音等形式展示、互动和开发的数据平台,成为中华文化传承与创新、东方生活美学的赋能平台。中华美学基因库采用云技术进行多元化展示,以智能算法、数据关联为技术基础,实现人工智能搜索和互联网数据自动抓取,可以通过电脑、手机等各种智能终端访

---

① [英]苏珊·布莱克摩尔.谜米机器:文化之社会传递过程的基因学[M].高申春,译.长春:吉林人民出版社,2001.

问和使用，成为国家营销和国家形象塑造的重要平台。

结　　语

　　国家形象是国家发展的重要无形资产，是现代化国家建设的战略资源。文化产业推动国家形象的国际传播，需要打破国家形象海外传播的三大迷思。第一，需要打破传统文化和当代文化之间的隔膜。将中国的古典形象跟当代人们的生活方式真实有效地结合在一起，而不是产生一个虚幻的、虚假的、幻象的文化中国形象，不要过度展示那些与百姓日常生活方式没有关系的文化形象和符号系统。第二，需要打破精英文化与大众文化之间的隔膜。文化发展需要生生不息的生命载体，文化基因的载体也与个体生活息息相关，我们要注重挖掘流淌在大众身上那些具有生命情调和生活智慧的在地价值与扎根体验，塑造东方生活美学的场景体验。第三，打破本土文化与国际文化之间的隔膜，将中国传统文化的特殊性与人类文明的共同性充分融合，做好本土独特性与全球共通性之间的衔接与沟通，将和平发展、公平正义、民主自由等全人类的共同价值与中国社会的具体实践结合起来，既强调民族特色，又彰显国际色彩，将体现中国大同社会的共同富裕观、万物一体的生态和谐观、东方审美的生命意境等文化基因，成为全人类共享的价值观念。

　　文化产业推动国家形象的海外传播，要注重义利兼顾的可持续发展原则；要促进公平自由的国际文化贸易、合理正当的企业竞争，保持与国际人士所建立的深厚浓烈的朋友情谊。要打通政府层面的文化外交、民间层面的文化交流和企业层面的文化贸易之间的隔阂，发挥不同主体在国家形象建构中的积极作用。文化基因构成了文化产品的重要内容，奠定了人民大众的基本素质，形塑了中华民族的文化个性，是国家形象塑造的重要内涵。当前，我国全面开启建设中国特色社会主义现代化国家的历史新征程，中华民族迎来了从站起来、富起来到强起来的历史性跨越，中国国家形象构建、传播和塑造的观念、模式和机制都发生了巨大的变化。我们要加强不同文化间的平等交流，加强不同文明的交流互鉴，拓展多维的文化软实力提升手段，加大文化产业的传播力度，向世界展现独具魅力且富有感性的中华文化基因，构建完整的国家形象塑造体系，充分展示中华民族伟大复兴者、中国特色社会主义自信引领者、人类命运共同体积极构建者的现代化国家形象。

打造特色文化城市版与乡村版

——关于黄河流域城市更新与乡村振兴的思考

孙若风[①]

摘　要：特色文化，是一个地域内城乡文化的共同内涵和基因。应利用城市更新与乡村振兴机遇，形成黄河流域特色文化的城市版与乡村版。特色文化的城市版，一般表现为片断式、间歇式、潜在式；特色文化的乡村版，一般表现为生态式、持续式、生活式。如果城市与乡村相向而行，就能在地方特色文化上相互补充，相互强化，相互带动。

关键词：城市更新；乡村振兴；黄河流域文化；特色文化城市版与乡村版

一、历史文化保护传承的趋势表现

近年来，中央有关部委连续出台政策加强城乡历史文化遗产保护。住建部于2018年出台《关于进一步做好城市既有建筑保留利用和更新改造工作的通知》，2021年8月出台《关于在实施城市更新行动中防止大拆大建问题的通知》。2021年9月，中共中央办公厅、国务院办公厅印发了《关于在城乡建设中加强历史文化保护传承的意见》，这是我国在建立历史文化名城保护制度近40年以来，首次以中共中央名义专门印发关于城乡历史文化保护传承的文件，也是极具推动力的文件。国家发改委、农业部、文化和旅游部，以及国家文物局等部门在加强文物和非物质文化遗产保护方面，更是责无旁贷。国家发改委等七部门联合印发《文化保护传承利用工程实施方案》，共同推进文化保护传承利用工程相关项目的组织、协调、监督等工作。可以看出，历史文化的保护和传承呈现出三个趋势。

[①] 孙若风，武汉大学人文社会科学研究院驻院研究员、中国人民大学文化产业研究院特聘研究员、黄河国家文化公园研究院专家委员会副主任、文化和旅游部科技教育司原司长。

1. 隐性趋势：由保护具有历史价值的单体建筑和街区、村镇，发展到保护城市、乡村整体风貌和文化机理，最终关注的是作为城乡文化载体、文化符号的人。正如由保护单体珍稀树木到保护森林，伐木工人变为护林工人，这是一个逐步走向综合、深化的过程。

2. 显性趋势：历史文化保护传承同时从城、乡两个维度展开。以往评定国家历史文化名城、名镇、名村，在城、乡分别进行，各有评价体系和标准，各有促进政策和相关项目。现在，城乡联动、双管齐下，城乡建设与文化建设关联度加强，城市与乡村成为保护中华优秀传统文化的车之两轮、鸟之两翼。

3. 自觉推动趋势：城市更新和乡村振兴正好处在城乡建设与文化传承、发展的结合点上。实现城市更新与乡村振兴的文化联动，这个话题已逐渐吸引学界和业界的关注，虽然还没有进入相关政策视野和项目计划，但这只是时间问题。老城的断壁残垣和乡村的老房旧屋，在这个文化自信的时代，让历史再一次聚光和凝望。历史文化保护传承，需要在城市更新与乡村振兴中形成同步性与协调性，二者唇齿相依，合之则双美，分之则两伤。

"日照一隅，亦是国宝。"过去被视为破旧的老城和落后的乡村，只有在重视文化的人的眼里，才能看到它们的价值；只有在吹响文化号角的时代，才能唤醒并集结起散落城乡的遗珍。目前，上述三个趋势的社会脉动和群众基础有三个方面，一是全社会增强文化自信，二是中华优秀传统文化回归，三是城乡基层群众的文化权益、文化愿望和当下文化生活受到重视。

二、历史文化保护与城市更新的举措建议

首先，要尊重历史。这是出于对前人的尊重，由此方可知道我们从哪里来，并能找到归途。在我们这个有着五千年文明的国度，慎终追远、敬畏前人，成为传统文化的终极关怀，"上对得起祖宗，下对得起子孙"是每一代人的责任和使命。因此，透过历史丛林的疏散阳光，总能让后人体会到其中的温暖。

其次，要珍视文化。老城与乡村的建筑和文化风貌里，有令人怀想的烟火气息；老城街头和乡村巷陌中，有一代代人的履痕。老城与乡村是这片土地上的文化容器，是追怀过往生活的载体，它们似旧乍新，虽然历经漫长蜕变和风雨剥蚀，但穿行于此，目之所触，足之所及，处处是历史与现实交汇的痕迹。这是时光经过发酵后的馈赠，是日积月累的劳动智慧、生活创意的积淀，是最好的本地文化向导和乡土

教材。

再次，要热爱家乡。老城与乡村的古老氤氲里，有吾乡吾民敬天法地的追求，有对子孙后世瓜瓞绵绵的向往，有在生产生活中寻找乐趣的人生态度，有远亲不如近邻的人情味。这里的一砖一瓦都藏着家乡故事，或豪放雄奇，或婉约秀美，或是家乡的无上荣光，或是一茶一饭的家常日子，组成了这块土地上的风雨交响，也演绎着不同年代的生活真相。触摸这里木制的门槛、石雕的门墩、砖雕的门神、具有特色的瓦当，就能触摸到家乡的艺术细节，进入与这方水土最适应的审美空间，感知家乡在历史大潮中的蝶变。

家国情怀是世世代代中国人立身处世的基本态度，推己及人，由近及远，由小到大，"修身齐家治国平天下"，"老吾老以及人之老，幼吾幼以及人之幼"，反映的都是正己、治家、爱家乡、爱国家的道德观、伦理观和思维逻辑。这也是今天在城乡文化建设中，在城市更新与乡村振兴中，注重文化在地性、加强特色文化的依据。

莎士比亚说，推动摇篮的手就是推动世界的手。黄河文化是中华文化的摇篮，黄河就是推动摇篮的手。黄河文化自身就是特色文化，同时，又是中华文化向心力凝结的黄河流域各地特色文化的结晶。黄河流域不同区域、不同城乡的文化，如同一棵大树长出的不完全相同的树叶，如同在黄河的不同区域看到的不同风景。文化的演进规律与生物进化一样，用进废退。只有重视并充分利用黄河流域各地特色文化，才能保护传承这些文化，用这些特色文化继续构筑起中华文化这座大厦。

三、乡土文化与特色文化的来源形态

乡土文化是地方特色文化的重要来源。一些地方在长期的经济社会发展中，形成了本地特有的城市文化资源，比如山西平遥的商业文化、甘肃玉门的工业文化，都是特色文化的组成部分。如今黄河流域的居民，不论是在城市还是乡村，就生活在这样的特色文化之中。

一个区域的城乡有着同一种区别于其他地方的特色文化。方言是特色文化最典型的代表，城乡居民基本是一个口音。饮食也是城乡同此风味，兰州拉面、陕西羊肉泡馍、河南胡辣汤、山西刀削面、山东煎饼，都是当地城乡居民舌尖上的最爱。同时，建筑、非遗浓缩着地方的文化内核，是城市之根、乡土之魂。不论城市、乡村，都脱离不了文化上的在地性。地缘、人缘，形成了牢不可破的文缘。例如，处在长江流域的上海，提及这个城市，人们首先想到的可能是海派文化，但上海关于文化工作的排序是红色文化、江南文化、海派文化。把江南文化置于海派文化前面，是因为遍及当地城乡的江南文化是上海海派文化的根。黄浦岸边大量的"洋楼"，当年有众多中国设计师，特别是海外学成归国的设计师，在参与设计时融入了中国江南文化的元素，石库门更是西方文化与中国民居的合璧。

强调文化的在地性，并不是要混合城、乡的各自功能，模糊城乡的各自面貌。城市与乡村因功能、产业、环境等方面的不同，形成了不同的文化结构和生态。这两种文化反映了地域发展的必然规律，也满足了人们不同的文化、审美需求。例如，人需要城市也需要自然，需要出走也需要归乡，需要入世也需要出世，需要儒家也需要道家。一个地方的城市文化与乡村文化，是一奶同胞的兄弟，没有优劣之分。当地的特色文化，是前人在这方土地上的共同创造，传承和弘扬这种文化，是今人共同的责任。当然，无论是在功能上，还是在生活方式上，城市就是城市，乡村就是乡村，是两种文化、两种风景，它们构成了地方文化发展的张力和生态，构成了地域文化的天际线与地平线。特色文化，则是地方城乡文化的共同内涵和基因。

特色文化的城市版，一般表现为三种形式。一是片断式：它或是处于市区的某个街区，或是位于商场的某个门面，或是在街头巷尾的某个角度，或是在某个家庭。二是间歇式：对于绝大多数市民来说，在市区接触特色文化产品，有时是在文化市场上，有时是在传统节日里，当然，也可能在当地特色餐饮中。三是潜在式：虽然市民接触特色文化是在局部空间或通过偶然的机会，但它作为一种文化精神和乡土情结，根深蒂固地深植在城市居民的日常生活中，以潜移默化的方式影响着城市的文化结构和功能，作用于市民的精神世界。在城市文化的池塘里，它是露出尖尖角的小荷。特色文化产品进入市场要经过创意，这是城市与乡村的共同之处，而在城市版的特色文化中会表现得更突出。

特色文化的乡村版，一般表现为三种形式。一是生态式：特色文化在很多乡村已经失去了鲜活性，乡村的生产生活方式不可避免的改变、城市化的快速推进，从根本上削弱了特色文化（人类在前行中会有所收获也会有所失去，这是历史发展二律背反的规律）。但是，这里毕竟是传统文化的故乡，还有当初长出文化之树的土壤，也相对较多地保留了与这种文化相适应的生产生活方式和地理环境，还有生于斯长于斯老于斯的村民，因此，它是城里居民寻找"乡愁"的地方。二是持续式：人们可以在乡村的绿水青山和风土人情中，在不间断的精神时空中，体验特色文化。当然，这样的环境还需要修复和重建。三是生活式：特色文化融入乡村的种种生活细节中，融入衣食住行的日常生活中。近年来，乡村农家乐相继迭代为乡村民宿，就是满足了游客对家居式体验特色文化的需求。

四、城市更新与乡村振兴的融合发展

比较而言，城市版的特色文化是"折子戏"，乡村版的特色文化是"全本戏"。在一个区域，城市与乡村应相向而行，在地方特色文化上相呼应。

1.城市与乡村应相互补充。城市更新和乡村振兴各自在城乡展开，各有资源，各有优势。发生在城里的故事，就没法到乡村去说，反之亦然。历史上有些重大事件及文物，原先在哪里，就应保留在哪里，老地方存储着完整的历史信息。稷下学宫"百家争鸣"发生地齐国故都，现在就在乡下。面对一片庄稼地，人们仍能发思古幽想。即便再喜欢稷下学宫，我们也不能在城里弄出这么一个旅游景区来，但可以考虑将稷下学宫的有些文化内容、符号嵌入城市更新中的相关建筑、项目中。

在城市更新与乡村振兴中，很多文物是不可移动、复制的。城乡各处的老建筑、老风貌、老肌理，不能随意改变。例如，城里有历史价值的老建筑，就不能随意搬到城乡结合部甚至乡村去，不能用财力支持和较大空间作为置换条件，诱导老房东为房地产让空间；同样，乡村的老房子也不能随意买下、拆开，搬到城里作盆景式的"风景"。应鼓励在有历史依据、与周边环境或整体建筑风格协调的前提下，采用当地乡村建筑的元素甚至整体风格进行修建，拒绝在乡村模仿城市样式。

2.城市与乡村应相互强化。在城市更新与乡村振兴中，把具有地方特色的文化内容，通过创意方式表现出来，会起到相互唤醒、活化的作用。在心理学上，同一事物在不同环境下反复刺激，会给人留下更深的印象。历史上，中国的城市依附于乡村，与乡村关系密切，有些乡村文化，实际上就是在地性文化的代表。非物质文化遗产，是当地城乡居民的共同创造。目前，这些非遗主要留存在乡村，但离城市居民生活不远，至少离他们的记忆不远，如果在城市更新中加强这些内容，会密切城乡居民生活联系和感情联系，增强居民的区域归属感和认同感，也有助于游客捕捉并欣赏这种特色。把当地建筑特色融入城市更新中，有助于破解"千城一面"难题。但这种融入不能简单化，把特色资源转化为特色产品，有一个关键环节，就是创意。

城市与乡村各自的特质，构成了区域文化结构和生态。有时，专家主张地方旅游宣传不要太多、太杂，应该突出主打内容，聚集某个主题，这从营销角度看有道理，但每个地方的文化都是结构性存在，某个主打的资源与其他文化元素有着或远或近的联系。游客到某个地方旅游，确实有人是为了单一目的，比如欣赏某个景区、品尝某种美食、住进某个"网红打卡"的民宿，但大多数游客愿意了解更多的内容，如有意外惊喜，便会有"误入藕花深处"的审美感受。而且，如果能够揭示它们与主要特色之间或明或隐的关系，会进一步彰显其主要特色，从旅游的角度看，就是丰富了旅游产品和服务的内涵。

3. 城市与乡村应相互带动。不同于只强调城市对于乡村的带动作用，新的城乡发展观认为，要形成城乡相互带动、相互促进的格局。无论是强调乡村振兴中的文化振兴，还是在城市更新中强调文化分量，都是这个文化自信时代的产物。要形成城市更新与乡村振兴的新结盟，把单兵突进变成两翼推进，把孤掌难鸣变成两方面的合力，把只在城市或乡村展开的活动舞台向彼此拓展、延伸，形成城市与乡村共同的文化新优势。

在这种相互带动的过程中，要处理好政府与市场的关系。对于城市更新和乡村振兴，政府都负有直接责任，包括文化责任。比如城市和乡村的老旧城建筑、文化风貌和文化肌理、优秀传统文化和非物质文化等，都需要地方政府维护、利用好。当前，我们需要从加强文化自信的高度进一步认识到城市更新与乡村振兴的重要性，并且认识到城市更新与乡村振兴之间的关联及利用这种关联可能带来的机遇；要科学制定规划，加强政策引导，营造良好氛围，创造必要条件，调动社会力量参与。围绕城市更新与乡村振兴，政府都有较大力度的文化投入，在此基础上，要尽可能利用市场机制，实现产业联动，打通市场通道，使其发展更具可持续性。

要探索利用城市更新与乡村振兴的机遇，形成黄河流域特色文化的城市版与乡村版。各地特色文化元素不一样，有的原本就生长于城市，比如甘肃金昌是因矿兴市、以厂兴市，由此决定了这里的工业文化也是本地特色文化。总体而言，特色文化主要是发端于农耕文明时代，乡村既是特色文化的发源地，也是今天的蓄水池，很多包括非遗在内的特色文化，就是从乡间出发，进入城市，在城市获得孵化。因此，要分别打造特色文化城市版与乡村版。

五、特色文化与城市更新的发展建议

在城市更新中，尽可能保留和激活特色文化。有价值的东西，留有历史印迹的东西，能留尽留。要尽可能恢复被破坏、被损坏的老建筑、老物件、老风貌。同时，要继续挖掘历史文化，发掘非物质文化遗产。在当前的城市更新中，要特别防止一种情况，就是有的地方政府怕承担责任，不愿意将一些具有保留价值的建筑列入文物保护单位。对这种情况，各级有关部门、社会舆论要发挥监督作用，不允许这种对本地文化、甚至对子孙后代不负责的情况发生。

在城市更新中促进旅游业发展。比如八坊十三巷，曾经是甘肃临夏"低收入群体聚居区"的代名词，当地在发展文化旅游业的理念下，把这个城中村改造项目，变成了旅游项目、惠民项目，现在已经成为当地最具特色的旅游名片。随着旅游主体和理念的变化，特别是大众旅游和深度旅游兴起，游客不再只是对著名景点景区有兴趣，对城市文化也很有兴趣。一些年轻人，甚至只想通过旅游看看某个城市的风貌，参观景点早已不是其首选或必选。

在城市更新中搭建平台。比如，黄河风情线是兰州市民的休闲之处，也是村民唱花儿的地方。花儿是黄河上游多个民族的创造，是联合国教科文组织认定的人类非物质文化遗产。一代又一代黄河儿女在这里唱花儿，形成了洮岷花儿、河湟花儿、六盘山花儿三大流派。在黄河风情线，到了节假日和周末，一群群来自周边乡村的民众，主要是年轻人，在这里结对唱花儿，即兴而作，"我口唱我心"。这些歌者在乡间的山头上唱，在城里的黄河边唱，毫无违和感。

城市有突出的人才、信息、市场和公共服务设施等优势，要发挥其对于本地特色文化，包括乡村文化的窗口作用。有条件的城市，还可以成为乡村文化公共服务平台和乡村文化产品展示、交易枢纽。这既能丰富城市文化内容，又能突出当地文化的在地性。

上演过千年风华的老城与乡村，风流总被雨打风吹去。黄河流域山水远阔，历史在兜兜转转中来到城市更新与乡村振兴。如果能就此找回传统文化——正如找回失散的亲人，我们就会发现，穿过时代归来的传统文化，仍是风华正茂的少年。我们要打造的特色文化城市版与乡村版，既是传统版，也是青春版。

文化与经济耦合：以文化产业高质量发展促进经济转型升级

高宏存　张晓丹[①]

摘　要：文化与经济相伴相生，文化是推动经济发展，促进经济转型升级的重要力量。文化产业作为高增长性、高附加值的新型产业，表现出强劲的发展势头，文化产业增加值持续增长、推动经济结构逐步优化、助推经济发展空间格局优化和文化消费日益繁荣。生产性服务业作为文化产业的重要组成部分，呈现持续发展的态势，对经济结构的调整转型具有重要推动作用，在推动制造业升级、优化产业结构和推动价值链升级方面发挥积极作用。在文化贸易方面，文化贸易水平持续提升，文化内容生产影响力不断扩大、新型文化业态不断获得国际市场认可。因此，面对百年未有之大变局以及国内国际双循环发展格局，文化产业的创新发展成为促进经济转型升级的重要途径。要从实施文化产业数字化发展战略、提升生产性文化服务业创新水平、完善数字文化贸易监管机制以及健全文化政策监管体系等方面推动文化产业高质量发展，促进文化与经济耦合共生，实现经济结构的优化升级。

关键词：文化产业；高质量发展；耦合共生；经济结构转型升级

随着我国进入全面建设社会主义现代化国家新发展阶段，以及党的十九届五中全会提出到2035年建成文化强国的远景目标，经济高质量发展成为社会跃迁的关键所在，其中文化产业因其具有高增长性和高附加值特性，成为推动经济转型升级的重要途径和依托，也是实现软实力与硬实力协同并进，全面实现高质量发展的内在

[①] 高宏存，博士，中共中央党校（国家行政学院）创新工程首席专家、教授、博士生导师，重点研究文化政策、文化产业管理等；张晓丹，中共中央党校（国家行政学院）2022级文化政策与管理方向博士研究生。

结构性要求。

一、我国文化产业发展呈现强劲势头

近年来,文化产业发展态势持续向好,文化产业增加值持续增长,并以自身的发展推动经济结构和发展空间优化;文化消费多元与日益繁荣也从需求端推动文化产业持续发展。

(一)文化产业增加值持续增长

2016—2019年,我国的文化产业呈现持续增长的态势。从2016年的30,785亿元增长到2019年的44,363亿元(如图1所示)。2018年,我国文化及相关产业增加值破40,000亿元大关;2019年,文化及相关产业增加值占GDP比重为4.5%,逼近成为国民经济支柱性产业。2018年,我国文化及相关产业增加值超过千亿的省份有12个(如图2所示),文化及相关产业增加值占GDP的比重超过5%的省市有7个,分别是北京、上海、江苏、浙江、福建、湖南和广东。文化产业增加值的持续增长,以及各省市文化产业增加值规模的增加,凸显我国文化产业呈现快速发展的态势。

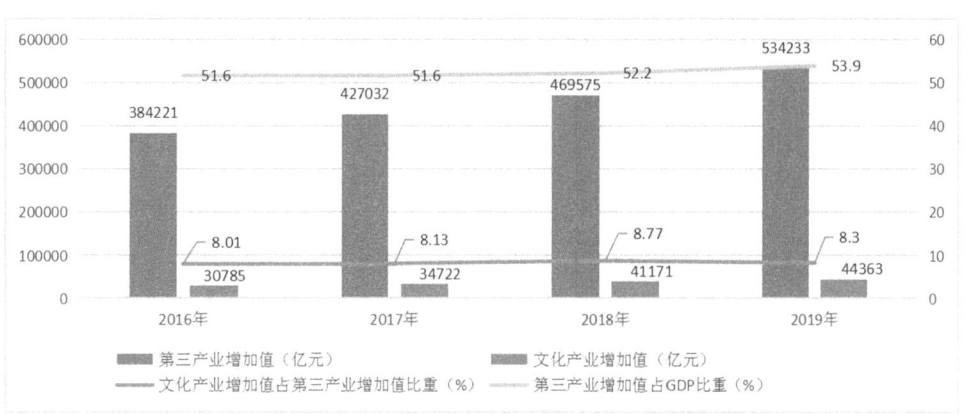

图1 2016—2019年,第三产业增加值、文化产业增加值、文化产业增加值占第三产业增加值比重及第三产业增加值占GDP比重

数据来源:《中国文化及相关产业统计年鉴2020》

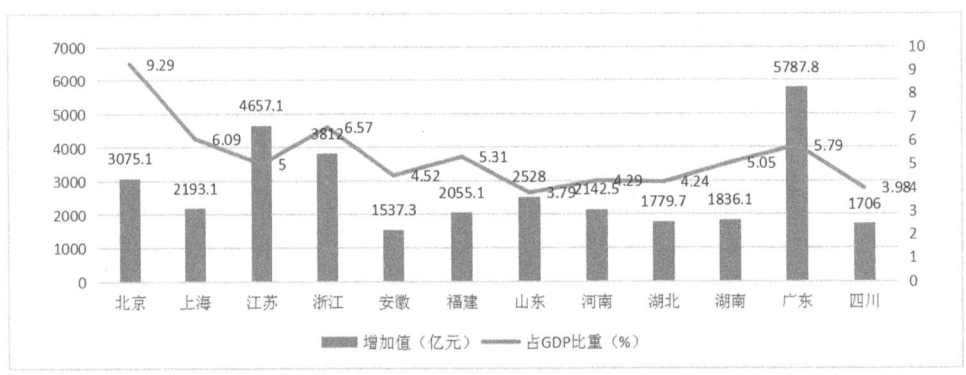

图 2　2018 年，文化及相关产业增加值超过千亿的省份及其占 GDP 比重
数据来源：《中国文化及相关产业统计年鉴 2020》

（二）文化产业推动经济结构逐步优化

由于文化产业的持续发展，推动我国经济结构不断优化。一是发展重心由第一产业、第二产业向第三产业倾斜。2016 年至 2019 年，第三产业增加值占国内生产总值的比重逐步提升，由 2016 年的 51.6% 上升为 2019 年的 53.9%。从就业人员比例来看，2018 年，第二产业的从业人员为 17,255.8 万人，比 2013 年减少 2005 万人，下降 10.4%；第三产业的从业人员为 21,067.7 万人，比 2013 年增加 4726.2 万人，增长 28.9%。[①] 二是文化产业增加值占第三产业增加值比重增加。2016 年至 2019 年，文化产业增加值占第三产业增加值比重一直维持在 8% 左右，并保持上升态势，表明文化产业规模稳步增加，带动经济结构逐步由依靠"制造"向"文化 + 创造 + 服务"转变。

（三）文化产业助推经济发展空间格局优化

文化产业的发展以区域经济为依托，并推动区域经济的集聚化发展，优化区域经济和文化发展的空间格局。一是依托国家发展战略，构筑协同发展的区域空间格局。随着国家发展战略的推动，长三角、粤港澳大湾区、京津冀、长江经济带和丝绸之路经济带等区域化发展战略构筑起协同发展、内外联动的区域空间格局。文化资源，尤其是文化遗产资源，因其特殊的历史原因，存在团状、片状、带状和集聚化分布状态，文化产业的发展及带状和片状发展战略的提出，是尊重文化资源开发利用规律，助推区域文化产业和经济发展的体现，也是优化经济发展空间格局的重

---

① 国家统计局. 2019 年居民收入和消费支出情况 [R/OL].（2020–01–17）. http://www.stats.gov.cn/tjsj/zxfb/202001/t20200117_1723396.html.

要动力。二是推动形成以城市群为主要载体的区域发展核心动力。城市群，尤其是以一线大城市为核心的城市群，不仅承载着重要的经济体量，更是文化创新发展的主要场域，作为经济发达的城市，北京、上海的文化产业增加值在全国的城市排名始终位居前列，并带动周边城市产生了强大的辐射和带动作用。到2017年底，长江三角洲、粤港澳大湾区、京津冀三大城市群分别以2.2%、0.6%和2.3%的国土面积集聚了全国19.2%、12.4%、9.7%的经济总量和11%、5%和8%的人口，成为区域经济发展的重要支柱。[①] 其文化产业的规模也与区域经济总量相对应，成为全国文化产业发展的领跑者。

（四）文化消费日趋繁荣

文化产业规模的持续增长，社会矛盾由人民日益增长的物质文化需要与落后的社会生产之间的矛盾向人民日益增长的美好生活需要与不平衡不充分的发展之间的矛盾转变，推动文化需求持续扩容不断提升，文化消费日趋繁荣。一是文化消费提高人民文化生活，全面提高现代文明素质。随着居民生活水平的提升，人们精神需求不断升级，文化生活和文化消费成为满足美好生活需要的重要支撑，根据中国旅游研究院和上海创图公共文化和休闲联合实验室的数据显示，51.78%的受访者认为"文化消费能提高人的生活质量和幸福感，比衣食住行更重要"，38.74%的受访者认为"文化消费属于生活必需品，跟衣食住行一样重要"。[②] 2015—2019年全国居民人均文化娱乐消费支出随着全国人均可支配收入和人均消费支出增加而增加（如图3所示），居民文化消费的需求和意愿逐步提升。随着文化消费和精神文化生活的丰富，人的文化素质得到很大提升，促进了全社会文明程度的显著提高。二是技术赋能文化消费。科学技术的进步带来文化消费场景以及文化内容生产营销模式的创新。5G、物联网、人工智能、大数据及AR/VR、高清特效和全息影像技术等新技术，加速文化与科技融合的步伐，推动文化创意和科技魅力的新型文化消费空间形成，满足消费者体验式、沉浸式、交互式和场景化的消费需求。海量数据、智能算法推动针对消费者多元需求的文化内容生产和营销，满足不同群体多样化、个性化消费诉求。三是文化消费品质化推动产业结构优化。随着收入水平的提高，人们对文化产品、服务的品质及创意要求也随着提高，相应地推动供给端产业结构持续优化。"国潮"文化

---

① 张辉. 把握未来区域发展空间格局走向［EB/OL］.（2018-11-29）. http://theory.people.com.cn/n1/2018/1129/c40531-30431449.html.

② 齐鲁壹点. 2019上半年全国文化消费数据报告［EB/OL］.（2019-08-15）. https://baijiahao.baidu.com/s?id=1641912505305417442&wfr=spider&for=pc.

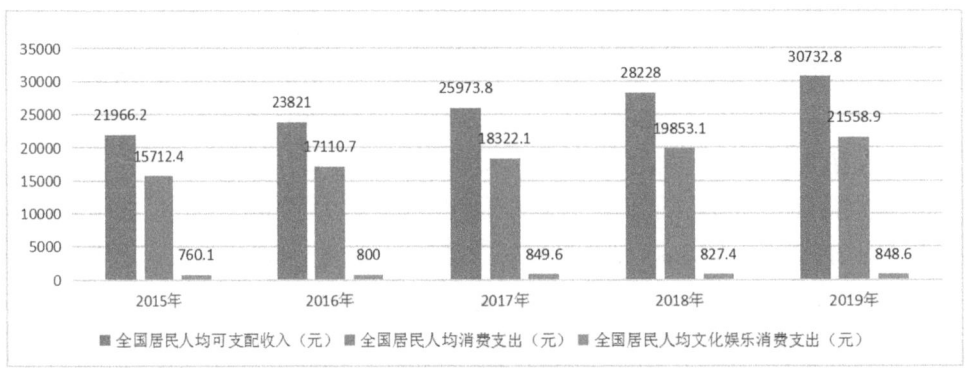

**图3 2015—2019年，全国居民人均可支配收入、人均消费支出、
人均文化娱乐消费支出**

数据来源《中国文化及相关产业统计年鉴2020》

消费就是典型的代表。在文创、国漫、综艺、电影等领域掀起"国潮"文化消费风，标志着"Z世代"人群对于传统文化创意转化、品质化文化产品和服务的推崇，"国潮"不仅可以用年轻人喜欢的语言诠释古老文化、赋予传统以现代的美感，也可以表现为将传统文化融入时尚的创意。"国潮"时代是传统文化、现代理念、先进技术相互碰撞融合的时代，也是个性宣扬、文化表达、潮流风范激荡的时代。消费"国潮"文化产品会推动"后浪"加深对中国传统文化的了解和热爱，同时也表明我国的产业结构在持续调整和优化，从依赖廉价劳动力的制造型世界工厂，向依靠创意输出，通过传统文化的创造性转化和创新性发展，设计生产创意型和高品质国货来占领市场转变，中国制造正在向着全球中高端产业链进发，中国经济在转型中实现了成功起跳。

二、生产性文化服务业促进经济转型升级

文化创新、文化创意及文化产业发展既是创新要素，也是助推我国经济转型升级的动力源。2014年，国务院《关于推进文化创意和设计服务与相关产业融合发展的若干意见》提出，积极推动文化产业融入经济社会发展全局，发挥文化创意和设计服务对相关产业发展的支持作用，实现文化产业与相关产业相互促进、共同发展；2020年，文化和旅游部发布《关于推动数字文化产业高质量发展的意见》指出"促进文化产业与数字经济、实体经济深度融合"，"扩大优质数字文化产品供给，促进消费升级，积极融入以国内大循环为主体、国内国际双循环相互促进的新发展格局"，都在证明文化创意、文化创新和文化产业对经济社会发展发挥越来越重要的作用。

(一) 生产性文化服务业持续发展

生产性文化服务业是指"提供的产品（或服务）主要是以中间性产品、要素投入的形态，满足社会生产性需求，或为生产活动提供辅助性服务，体现出文化的生产性功能和特征的文化产业"[①]。综合2014—2019年文化及相关产业增加值中文化传播渠道、创意设计服务、文化辅助生产和中介服务三项指标（2014年、2015年和2016年对应文化信息传输服务、文化创意和设计服务及文化产品生产的辅助生产三项指标），从图4、图5和图6中可以看出，不考虑文化传播渠道、创意设计服务及文化辅助生产和中介服务三项指标统计口径变化产生的影响，在文化的带动下，以文化传播渠道（文化信息传输）、创意设计服务（文化创意和设计服务）以及文化辅助生产（文化产品生产的辅助生产）等为代表的文化生产性服务业呈现快速增长的态势，加速了经济整体性转型升级。

(二) 生产性文化服务业推动传统制造业向高端制造发展

以文化传播渠道、创意设计服务、文化辅助生产和中介服务为代表的生产性文化服务业的发展，凸显技术创新和文化创意对制造企业由低端加工向高端制造转变的重大作用，有助于改变制造企业创新能力落后、品牌效应不强等问题，促进制造企业提升产品文化附加值，增强产品和服务的竞争力，推动制造业升级。一是创意与技术提升制造业"设计感"。通过文化创意与新技术、新工艺、新装备、新材料的融合，促进工业设计向高端综合设计服务转变，推动工业设计服务领域延伸和服务模式升级。二是塑造文化品牌，提升制造业"文化附加值"。通过文化涵养和文化品牌塑造，使文化符号价值等向制造业渗透，实现"美学增值"和"品牌塑造"，提升制造业的文化内涵和边际效应。三是搭建平台，实现文化与制造业的互联互通。通过搭建线上和线下的平台，为文化与制造业的创意融合提供渠道，推动文化与制造业多样化融合共生。

(三) 生产性文化服务业助推产业结构调整和优化

生产性文化服务业因其高增长性、高附加值和低碳环保等特征，成为"无烟产业""绿色产业""朝阳产业"的典型代表，对促进我国经济转型升级、加快产业结构优化升级发挥重要支撑作用。生产性文化服务业对调整和优化产业结构的作用体现在两个方面：一是生产性文化服务业有利于提升和优化现代服务业的比重和内部结构。我国产业结构调整要求大力发展服务业，特别要提升现代服务业的比重。

---

① 杜传忠，王飞.生产性文化服务业：我国应重点发展的新兴文化产业[J].江淮论坛，2014(3).

图4　2014—2019年，文化传播渠道增加值占文化及相关产业增加值比例
数据来源：国家统计局

图5　2014—2019年，创意设计服务增加值占文化及相关产业增加值比例
数据来源：国家统计局

图6　2014—2019年，文化辅助生产和中介服务增加值占文化及相关产业增加值比例
数据来源：国家统计局

生产性文化服务业不仅是现代服务业的重要组成部分,还是其中具有较强创新创意性、较高附加值和较为突出的文化艺术特质的新兴服务业。发展生产性文化服务业不仅有利于提升现代服务业比重,突出服务业的创意性,优化其内部结构,还有利于提升服务业整体的素质和竞争力。二是发挥战略性新兴产业优势,应对新产业革命冲击和挑战。作为战略性新兴产业的代表,生产性文化服务业高度的创意性和创新性将发挥其引领性和带动性的作用,以持续的创意和创新优势应对新产业革命的冲击和挑战,实现对产业结构的优化和升级。

(四)生产性文化服务业带动价值链升级

现阶段,我国企业国际竞争力仍然不高,其突出表现是在全球价值链中仍处于中低端位置,从价值链分工中分得的利益较少。一项研究表明,每台iPhone4的生产线上,掌握产品设计、软件开发、产品管理和销售等高利润环节的苹果公司攫取了绝大部分利润,而负责制造与装配的中国公司获得的利润仅占整机利润的1.8%[①]。价值链处于低端位置,不仅会产生对劳动力的廉价压榨,这也是全球化产业分工中跨国企业伦理缺失淡薄的直接体现,更会影响"中国创造"发挥自身创意创新能力和提升国际竞争力。在当今国际竞争中,如果说技术曾是企业竞争中超越资本、劳动、土地等传统要素的制胜法宝,那么文化、创意、设计等逐渐成为超越技术竞争的新的制胜利器。面对新产业革命及新一轮国际产业分工的推进,中国必须摆脱低端"制造"的标签,着力推动研发、设计和创意创新能力的提升,加快培育自主品牌,推动全球价值链的利益再分配,向着"创造"迈进。而研发、设计、品牌建设等产业价值链高端环节无不与文化、创意要素息息相关,生产性文化服务业正是推动这些创新创意环节的主力军。一方面,生产性文化服务业通过产业内部及产业之间的协调和融合,提升产业整体生产效率,实现价值链的整体提升;另一方面,生产性文化服务业以自身的充分发展带动上下游环节,实现单一生产环节价值链的延伸,提升附加价值。

三、文化贸易水平持续提升

随着我国综合经济实力的提升及文化产业的持续发展,我国文化贸易总额总体呈上升态势,其中,2019年,我国文化产品进出口总额达1114.5亿美元,同比2018年增长8.9%,其中文化产品出口总额达998.9亿美元,同比增长7.9%;文化产品进

---

① 孙时联,鞠建东,余心玎. 全球价值链固化,中国国际贸易如何突围[EB/OL]. (2013-07-23). http://finance.people.com.cn/BIG5/n/2013/0723/c1004-22285292.html.

口总额达115.7亿美元，同比增长17.4%（如图7所示）。[①]在文化贸易总额保持上升态势的同时，文化产品内容生产能力持续提升，积极利用新型文化业态释放势能，提升中国文化的世界影响力。

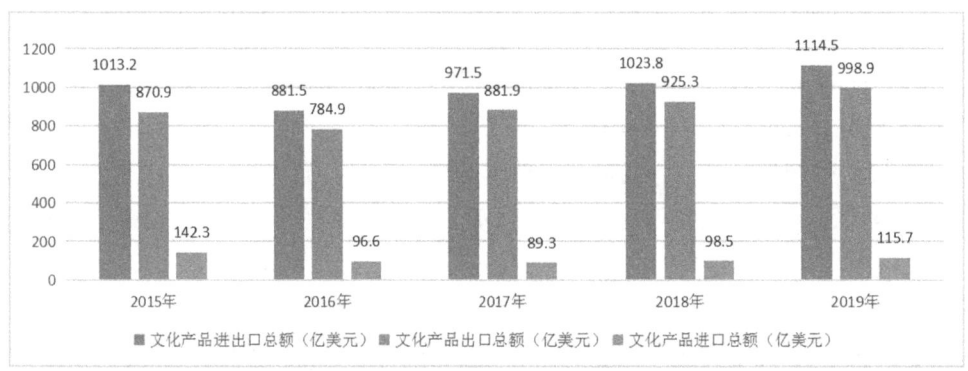

图7　2015—2019年，文化产品进出口总额、文化产品出口总额、文化产品进口总额
数据来源：《中国文化及相关产业统计年鉴2020》

（一）文化产品内容影响力不断扩大

1.文化产品内容输出质量提升。文化产品的内容生产持续发力，积极发挥创意力量，在电影、图书出版、游戏等领域均有提升。电影方面：全国电影票房收入从2015年的440.7亿元增长到2019年的642.7亿元，5年内增加202亿元。[②]2019年，中国国产电影在北美市场的口碑和票房都创下近年来的新高。"2019年国产电影在北美票房突破200万美元的就有三部，分别是《流浪地球》（587万美元）、《我和我的祖国》（235.6万美元）、《哪吒之魔童降世》（369.5万美元）。另外，《少年的你》也获得192万美元票房。除了票房成绩之外，2019年国产电影在北美的口碑也表现不俗。张艺谋的《影》在烂番茄获得94%的新鲜度，《哪吒之魔童降世》获得87%的新鲜度。"[③]在海外票房提升的同时，多部电影入围或者获得国际电影大奖（如表1所示），中国电影的内容制作不断提升，获得国际认可。

---

① 新浪财经.商务部：2019年我国文化产品进出口总额1114.5亿美元　同比增长8.9%［EB/OL］.(2020-03-17). https://baijiahao.baidu.com/s?id=1661411051572841684&wfr=spider&for=pc.
② 国家统计局社会科技和文化产业统计司，中宣部文化体制改革和发展办公室.中国文化及相关产业统计年鉴［M］.北京：中国统计出版社，2020.
③ 罗立彬，廖麟玉，宋晋冀.中国电影对外贸易发展报告（2020）［M］//文化贸易蓝皮书：中国国际文化贸易发展报告（2020）.北京：社会科学文献出版社，2020：70.

表 1　2019 年华语电影入围或获得国际知名电影节奖项

《地久天长》	第 69 届柏林电影节最佳男主角 第 69 届柏林电影节最佳女主角
《南方车站的聚会》	入围第 72 届戛纳国际电影节主竞赛单元
《撞死了一只羊》	第 13 届亚洲电影大奖最佳导演、最佳摄影和最佳原创音乐提名
《南方少女》	第 72 届戛纳电影节影评人周展映单元电影发现奖（短片）
《继园台七号》	第 76 届威尼斯电影节最佳剧本奖
《完美现在时》	2019 年鹿特丹国际电影节金虎奖
《热带雨》	第 44 届多伦多电影节站台奖提名
《江湖儿女》	第 38 届香港电影金像奖最佳两岸华语电影提名 第 22 届英国独立电影奖最佳国际影片提名 第 13 届亚洲电影大奖最佳女主角提名 第 13 届亚洲电影大奖最佳编剧
《第一次的离别》	第 69 届柏林国际电影节新生代单元国际评审团最佳影片

图书出版方面：2008—2018 年，中国图书出口数量在波动中增长。2008 年，中国图书出口数量仅为 653 万册，而 2018 年中国图书出口数量高达 1067.17 万册，比 2008 年增长 63.4%。2018 年中国图书出口额为 5084.06 万美元，较 2008 年 3131 万美元的出口额有较大提升。[1] 在出口数量以及出口额提升的同时，图书、录音制品、录像制品和电子出版物版权引进与输出的差额逐渐缩小（如图 8 所示），输出呈上升态势，表现出中国图书出版领域的文化产品逐渐融入世界市场，受到越来越多的关注和认可。

游戏方面：2020 年，中国自主研发游戏海外市场实际销售收入达 154.50 亿美元，比 2019 年增加了 38.55 亿美元，同比增长 33.25%，继续保持高速增长态势。2020 年，中国自主研发移动游戏海外地区收入分布中，来自美国市场的收入占比为 27.55%，蝉联第一。来自日本、韩国的收入占比分别为 23.91% 和 8.81%。三个地区合计贡献了中国自主研发移动游戏出海收入的 60.27%。[2] 以腾讯手游为例，据 Sensor Tower 商店情报平台对 2020 年 5 月统计数据显示，腾讯《PUBG MOBILE》在 5 月 13 日登顶

---

[1] 孙俊新，张韶洁. 中国图书版权对外贸易发展报告（2020）［M］// 文化贸易蓝皮书：中国国际文化贸易发展报告（2020）. 北京：社会科学文献出版社，2020：76.
[2] 孙立军. 2020 年中国游戏产业发展报告［M］. 北京：社会科学文献出版社，2020：10–12.

图8 2012—2019年，图书、录音制品、录像制品和电子出版物版权引进和输出合计
数据来源：《中国文化及相关产业统计年鉴2020》

美区iOS手游畅销榜，当月收入达到1.06亿美元，同比增长33%，刷新国产手游出海收入纪录。在海外市场，《PUBG MOBILE》是5月收入最高的手游，超越《Roblox》《怪物弹珠》《Coin Master》等海外畅销作品。《PUBG MOBILE》5月下载量超过3200万，目前，《PUBG MOBILE》在海外的用户规模将近6亿！腾讯游戏目前海外收入已经颇具规模。2019年，腾讯Q4的海外游戏收入同比增长超过一倍，占整体网络游戏收入的23%，达69.6亿元。[①]以腾讯为代表的游戏企业在海外市场的迅速扩大，体现了中国文化产品内容生产能力的不断提升。

网络文学方面：从出海规模来看，截至2019年，国内向海外输出网络文学作品10,000余部，翻译网络文学作品出海数量达到3452部，覆盖40多个"一带一路"沿线国家和地区。2019年，国内网络文学作品规模已达到2594.1万部。据艾瑞咨询发布的《2020年中国网络文学出海研究报告》显示，2019年，中国网络文学的海外市场规模达到4.6亿元，海外中国网络文学用户数量达到3193.5万。随着中国网络文学受到越来越多全球读者的喜爱，海外网络文学平台不断建立，走出海外的中国网络小说，从最初男性喜爱的玄幻奇幻与女性喜欢的都市言情逐渐走向多样化，更

---

① 有鱼财经.刷新海外收入纪录！腾讯游戏出海战绩惊人，让老外忍不住喊爸爸！[EB/OL].（2020-07-01）. https://baijiahao.baidu.com/s?id=1671017330721485388&wfr=spider&for=pc.

多的小众细分题材如科幻、体育、游戏等也走进了海外读者的视野中，满足不同群体差异化的阅读需求，实现网络文学内容生产质量的提升。①

2. 文化贸易结构持续优化。我国对外文化贸易结构持续优化，文化服务质量不断提升。2019年，中国对外文化贸易总量仍保持持续增长的发展趋势，对外文化服务质量不断提高。商务部统计数据显示，2019年，中国个人文化娱乐服务进出口总额为52.8亿美元，同比增长14.5%。其中，出口额为12亿美元；进口额为40.8亿美元，增长20.2%。② 随着文化贸易的快速发展以及贸易环境的不断改善，文化贸易逆差逐渐减小，信息传输、软件和信息技术服务业、租赁和商务服务业及文化和娱乐服务业等领域的服务质量不断提升，中国文化产品的国际竞争力相应增强。同时，技术创新催生的知识密集型服务业不断推动对外文化服务贸易结构持续优化。受到大数据、人工智能等先进技术的影响，中国知识密集型服务贸易表现突出，带动了文化服务贸易方式和内容的创新与发展。2019年1—10月，我国知识密集型服务进出口额为15135.6亿元，同比增长10.7%，高于服务进出口整体增速8.1个百分点，占服务进出口总额的比重达到34.1%，同比提升2.5个百分点。其中，知识密集型服务出口7959.8亿元，同比增长13%；进口额为7175.8亿元，同比增长8.2%。从具体领域看，个人文化娱乐服务、电信计算机和信息服务、金融服务延续较快增长态势，进出口增速分别为27.6%、19.1%、14.8%。③ 知识密集型服务业的发展表明我国文化贸易不断向创造型文化贸易方式和结构转变，创新和创意等核心内容生产带来的贸易额不断增加。

（二）新型文化业态彰显"国际范"

技术创新推动数字文化产业实现较快发展，短视频、微博、微信、美团等数字文化企业纷纷以自身独具特色的内容和平台优势，通过本地化传播和发展，走出国门，受到越来越多海外人群的喜爱。TikTok（抖音海外版）就是典型代表。TikTok是内容型短视频平台，短视频是一款"依靠移动智能终端和网络技术，借用短视频应用来制作出的几秒到几分钟、视频内容丰富广泛、前期投入少、形式灵活性高、公

---

① 上海艾瑞市场咨询有限公司.2020年中国网络文学出海研究报告［EB/OL］.（2020-09-08）.https://baijiahao.baidu.com/s?id=1677097722619307653&wfr=spider&for=pc.
② 中华人民共和国商务部.商务部服贸司负责人谈2019年我国文化贸易情况［EB/OL］.（2020-03-27）.http://www.mofcom.gov.cn/article/i/jyjl/l/202003/20200302948919.shtml.
③ 中华人民共和国商务部.商务部服贸司负责人介绍1—10月服务贸易发展情况［EB/OL］.（2019-12-05）.http://tradeinservices.mofcom.gov.cn/article/wenhua/shujutj/tongjifb/201912/95618.html.

众参与度强的移动社交新媒体"①，具有内容创意性强，短小精悍和制作简单，生产主体去专业化的特点。②2017年，TikTok进入国际市场，运用本土化的思维，基于不同国家和地区文化、风俗、兴趣爱好等不同，优先呈现本地区、本国以及周边等当地受众人群容易接受且形成共鸣共情的文化内容，以便获得当地用户的支持，迅速网罗当地多样化的受众人群，减少可能存在的各种文化冲突，最大化占领市场。"据Sensor Tower 统计，TikTok的下载量呈现爆炸式的增长：2018年，TikTok的全球累计下载量为6.63亿次；2019年2月，TikTok在iOS和Android平台的全球下载量突破了10亿次大关。2019年11月，这个数字已经超过了15亿次。截止到2020年4月底，TikTok的全球总下载量已经超过了20亿次。从15亿次下载量增加至20亿次，仅仅用了五个月时间。"③"2020年第一季度，抖音及海外版TikTok在全球App Store和Google Play共获得3.15亿次下载，是全球下载量最高的移动应用。印度、中国（iOS市场）和美国是TikTok下载量排名前三位的市场，截止到2020年4月分别贡献6.11亿次、1.96亿次和1.65亿次下载量，分别占全球总下载量的30.3%、9.7%和8.2%。平台方面，来自Google Play的下载量超过15亿次，占比为75.5%。App Store贡献了4.95亿次下载，占24.5%。"TikTok庞大的海外下载量和较大的市场占有率，表明以短视频为代表的数字文化产业迈出了出海的坚实步伐。

我国文化产品除了数量上在海外市场占据一席之地，产品内容输出质量也逐步提升。李子柒的短视频海外输出就是典例。李子柒在YouTube以短视频形式，通过记录围绕着她和衣、食、住、行的日常点滴，反映蕴含在其中的中国传统的技艺。这些有着浓郁中国风的视频，将中国传统的美食文化、手工艺文化以一种诗意的叙事方式呈现在各国观众面前，迅速吸引了大批粉丝。李子柒的视频用了不到一年的时间，粉丝关注量就超过了百万，"在YouTube上有800多万粉丝，超过了美国有线新闻网CNN和英国广播公司BBC的YouTube粉丝量，视频总观看量超过10亿次，单个视频的播放量也常常突破千万次。"④短视频通过单个内容生产者的创意生产，将中国传统文化以生活化的方式呈现在世界观众眼前，打破了文化的鸿沟，迅速搭

---

① 腾云，楼旭东.移动短视频：融合发展的新路径［J］.新闻世界，2016（3）：41–43.
② 李嘉珊，王慢慢.短视频为文化对外贸易增添新动能——以"李子柒短视频"为例［M］// 文化贸易蓝皮书：中国国际文化贸易发展报告（2020）.北京：社会科学文献出版社，2020：330–331.
③ 粒场财经.抖音海外版TikTok的崛起、出海和被禁之路［EB/OL］.（2020–08–11）.https://www.sohu.com/na/412550268_120717274.
④ 李嘉珊，王慢慢.短视频为文化对外贸易增添新动能——以"李子柒短视频"为例［M］// 文化贸易蓝皮书：中国国际文化贸易发展报告（2020）.北京：社会科学文献出版社，2020：333.

建起文化传播、交流和影响的桥梁，成为中国文化内容产品输出海外的有效方式和途径。

四、以文化产业高质量发展促进经济转型升级的建议

文化产业有巨大的发展空间，但在高质量发展中依然面临很多问题和挑战。从文化产业发展整体上看，数量增长与质量提升并行还有很大差距，精品化、特色化、网络化、品牌化等突显创意和创新性之处仍是软肋，文化产业的竞争力和影响力匮乏。在文化产品的创造性转化方面，依托丰富深厚的文化资源积累实现产品化转化过程中，文化经济优势未能充分显现，文化产品形式形态单一，还多停留在传统形式上，与数字技术、现代精神、审美意味、载体样态等方面的新要求还不能很好地匹配。从文化原创能力方面看，文化原创能力较弱，缺乏宽松的激发创造创新的良好环境和机制，具有区域性和世界性影响的内容消费品少之又少。

针对文化产业发展面临的诸多问题，我们可以利用文化产业对经济转型升级的积极影响，从技术创新、生产性文化服务业、文化贸易以及政策监管层面促进文化产业高质量发展，拉动经济转型升级。

（一）实施文化产业数字化发展战略

1.加强数字文化产业新基建建设。新型基础设施是以新发展理念为引领，以技术创新为驱动，以信息网络为基础，面向高质量发展需要，提供数字转型、智能升级、融合创新等服务的基础设施体系，主要包括信息基础设施、融合基础设施、创新基础设施三个主要领域。新基建在促进文化产业结构调整、推动超高清美学、3R（VR、AR、MR）产业发展、孵化AI产品方面起着重要的作用。它是文化产业实现高质量发展、促进经济转型升级的重要保障。要提升文化产业的技术创新优势，推动文化产业的数字化发展进程，夯实文化产业的数字基础设施。在信息基础设施方面：构建具有广泛覆盖范围的网络、数据中心、云平台等数字基础信息设施，保障数字信号的全覆盖。在融合基础方面：推动传统文化企业、数字文化企业与企业级基础数字设施开展合作，实现数字化基础设施与文化内容的融合，发挥数字化的渠道和平台优势，促进传统文化的创造性转化和创新性发展。在创新基础设施方面，根据经济社会及国家发展所需，科学预测技术发展前沿，把握产业革命的机遇，创新数字化设施，实现数字基础设施的创新发展。

2.以数字化促进文化产业内容和业态创新。经济社会与文化领域的变革总是与

技术的进步息息相关，文化产业的数字化极大地激发文化创新创造的活力，通过推动文化创作、传播和接受方式的创新，数字化让精品内容实现多元化衍生。依托开放性、低门槛和互动性的技术平台优势，数字化技术激发了亿万普通民众的创新创造潜力，为优质文化产品内容生产聚合海量创作主体。同时，数字化催生了以数字技术和互联网为依托形成的新型文化业态，包括网络文学、网络音乐、网络游戏、网络直播、网络表演、短视频等，丰富了文化产业的总供给。鼓励传统文化产业通过数字化技术，实现产业转型升级，如大力推动传统行业转型后的数字博物馆、数字出版、数字影视、数字音乐的发展，解决传统文化产业发展困境，实现行业发展的换挡升级；积极利用数字化技术发展新型业态，充分释放新型业态的创新优势。推动网络游戏、网络直播、短视频等新型业态内容生产与传播模式的创新迭代，保持新型业态持续的创新活力，与时俱进适应多样化的文化消费需求，推动经济结构转型升级。

（二）提升生产性文化服务业创新水平

1.提升自主创新能力和加强人才培养。生产性文化服务业创新水平的提升和持续的发展，需要从技术创新以及人才培育方面予以支撑。一是提升自主创新能力。通过知识、技能和管理层面的创新，培育和支持知识密集型生产性文化服务业，通过产学研和中介的合作，为全社会特别是中小企业的生产性文化产业创新搭建良好的平台，促进知识、信息、资本、技术和人才的自由流动，提升生产性服务业的创新效率。二是实施品牌发展战略。鼓励生产性文化服务业规模化、网络化、品牌化经营，促进形成一批拥有自主知识产权和知名品牌、具有较大规模和较强实力的企业集团，[1]提升生产性文化服务业的影响力。三是加快人才培养与引进。加强校企合作，培育具有专业知识和实践能力的综合型管理人才。"突出生产性文化服务业职业资格标准体系建设，建立健全生产性文化服务业从业人员的市场准入制度；积极创造有利条件，并出台一系列相关政策；吸收和引进国外尖端的生产性文化服务业人才，为生产性文化服务业发展提供智力支持。"[2]

2.提高产业集聚度，激发生产性文化服务业的创新动力。引导、鼓励和支持创建与生产性文化服务业产业链上下游相关联的产业集聚发展，促进产业链上下游及不同产业之间生产要素的自由流动，激发生产性文化服务业自身及产业之间创新活

---

[1] 陈洁民，尹秀艳.北京文化创意产业发展现状分析[J].北京城市学院学报，2009（4）.
[2] 杜传忠，王飞.生产性文化服务业：我国应重点发展的新兴文化产业[J].江淮论坛，2014（3）.

力，形成集聚效益。大力发展如研发、设计、咨询等文化创意服务，提升文化产业在经济发展中的创意比重。

3. 推动生产性文化服务业与制造业创意融合。把握制造业转移与制造型服务业成长，以及制造业结构调整的时机，发展与之相配套的信息通信、创意设计等生产性文化服务业，实现行业融合溢出效应，在提升制造业水平的同时，全面提升生产性文化服务业的服务等级。

（三）完善数字文化贸易监管机制

我国文化产业"走出去"受制于目的地国家政治、经济、文化等因素，往往伴随诸多未知的风险。从TikTok海外发展实践来看，印度是TikTok用户最多的海外市场，美国是TikTok收入最多的海外市场。"自上线以来，印度一直是TikTok最大的海外市场：约有3/4的智能手机下载了TikTok，下载量高达6.11亿次，占到全球总数的30.3%；月度活跃用户数超过1.2亿，相当于每8名活跃用户中就有1名来自印度，是除中国以外最大的用户市场。美国这边，基于良好的付费习惯，尽管TikTok用户数量并不突出，整体收入却十分亮眼。TikTok在2019年营收利润达到1.76亿美元，占其累计总收入2.47亿美元的71%。美国是除中国之外最大的市场，2019年收入3600万美元；英国为第三大市场，收入420万美元。"[①]而正当TikTok的海外之路高歌猛进时，2020年6月29日，印度以国家安全为由封杀59个中国App。2020年7月22日，美国参议院国土安全和政府事务委员会投票通过"禁止在政府设备上使用TikTok法案"。两个海外市场的"封杀"无疑是对TikTok等互联网文化企业出海的致命打击。针对种种不确定的风险，我们要借助国际文化产业跨境交易的监管规则和举措，探索文化科技企业"走出去"海外风险评判和海外资产保护机制。建立政府间对话和合作机制，通过合约或协议的形式，推动国际文化贸易固定标准体系的建立；积极搭建对话和沟通渠道，及时和灵活地解决新的争端，推动文化贸易产业高质量发展。

（四）健全文化政策监管体系

健全的文化政策监管体系是文化产业有序、高质量发展的重要保障，也是经济平稳转型升级，构建良好发展环境的重要支撑。

1. 加强对传统文化行业的监管。加强对文博业、图书出版、广播电视电影、演

---

① 全拓数据. 痛失两大市场，TikTok的出海之路如何突围？［EB/OL］.（2020-07-31）. https://baijiahao.baidu.com/s?id=1673718592630408913&wfr=spider&for.

艺等传统业态的监管，深化文化体制改革，理顺管理体制，完善监管制度和运行机制，强化市场竞争机制，积极引导非公有制经济主体参与行业竞争，提高市场化程度，推动传统文化行业的创新发展。

2.探索和构建新型文化业态的监管政策。新型文化业态是因循技术创新而生，发挥互联网特点和平台优势生产文化内容产品和提供文化服务的产业形态。要健全文化市场秩序，优化文化新业态企业发展环境；要做好文化新兴业态的监管分工工作，构建职责清晰、分工明确的跨部门协作机制，提升文化领域的综合执法效能。要深入研究科技发展的态势、文化与科技融合的发展规律，研究以数字创意产业为代表的新型文化产业的发展需求与管理困境，填补平台反垄断、短视频侵权等新兴业态发展产生的监管空白，全面提升监管水平，做到科学监管、创新监管，跟上文化产业创新发展的步伐，提升文化政策与产业发展的适配性。

参考文献

[1] 郝挺雷，李有文.新基建赋能文化产业高质量发展研究：机制、挑战与对策[J].福建论坛（人文社会科学版），2021（4）.

[2] 苏晨晨.中国文化服务贸易现状及影响因素分析[J].对外经贸，2020（3）.

[3] 刘继萍.文化市场监管立法的突出问题与对策.哈尔滨工业大学学报（社会科学版），2014（16）.

[4] 管文亮.试论生产性服务业在我国经济结构战略性调整中的重要作用[J].中国城市经济，2011（17）.

文化经营与客家文化资源的活化①

周建新②

摘　要：文化经营的核心是以文化为对象的经营，是意义和权力的创造及其生产和使用的过程，它与文化资源、地方社会的历史等紧密相关，是一种文化的生产和传统的再创造。本文以粤东地区的客家围龙屋为例，通过分析客家族群对于围龙屋这一当地最具代表性的历史文化资源的深刻认知，特别是围龙屋保护与开发的不同形态与历程，在此基础上，探讨在全球化的脉络下，当地的客家人如何通过文化经营的策略，对自己的历史文化资源加以开发与利用，最终实现文化活化和经济转化。

关键词：文化经营；地方文化资源；客家围龙屋

一、问题意识

对于地方文化资源的利用，首先要面对的是传统与现代的关系问题。传统与现代是一组相关概念，对两者之间关系的研究是人类学、社会学、历史学、政治学等诸多学科研究的主要内容之一。主流的观点是将传统与现代视为对立的二元或两极，把传统看成与现代格格不入的文化模式。这种思想的渊源和理论依据来自19世纪以来诸如社会学家斯宾塞等的社会进化理论，包括后来的现代化理论亦持此论。这些带有一定意识形态色彩的理论思想不太符合实践，其表述自相矛盾，难以自圆其说。不少研究表明，在现代化情境下，地方传统不但没有消失，相反在鼓励或默许之下被加以开发利用。美国社会学家席尔斯认为，在许多处于现代化过程中的东方国家中，传统在国家的政治和民族主义意识形态建构中扮演了重要的角色（Edward Shils，

---

① 本文系国家社科基金重大项目"客家文化研究"（12 & ZD132）阶段性成果。
② 周建新，男，1973年生，博士，教授（二级），深圳大学文化产业研究院院长、客家研究所所长，主要从事区域文化、文化产业研究。

1981)。历史学家霍布斯鲍姆提出"被创造的传统"概念,传统的持续性很大程度上是人为的,"它们是对新的情形的回应,这个回应是以旧的形式表现出来,或者是通过持续的形式来建立它们自己新的过去"(Eric Hobsbawm,1983)。

  改革开放以后的中国,首先是在经济较发达的东南沿海地区,庙宇、宗族、祠堂等那些原来曾被斥为"迷信的""落后的""封建的"东西又得以复振。这种传统文化的复兴引起了很多学者的兴趣。学术界对此现象的解释,或归因经济发展刺激;或归因于政策的宽松和意识形态的松弛;或归因于传统亲属关系,由于政治理念的幻灭反而加强,多从社会心理层面的归属感和认同感来分析。国内一些研究者也从"传统的再造""传统的再构建"等角度审视传统文化的现代变迁(郭于华,2000)。王铭铭通过对福建沿海发达地区的美法、塘东和石碇三个村落的实地考察,分别探讨了民族—国家与传统家庭社会组织之间的关系、现代化过程中民间传统的地位、现代福利制度比较视野中的地方性互助制度、民间生活观念与现代幸福观的可比性、现代权威制度建设历程中民间权威的延续等问题,其中心主旨在于通过理解民间文化来反思现代性(王铭铭,1997)。对传统的研究有两个主要观点:一是手段的观点,它考察传统如何被用于利益的形成;二是认同的观点,它将传统的持续和转换联系到文化认同。皮埃尔·布迪厄(Pierre Bourdieu)提出文化再生产理论,试图用"再生产"概念表明社会文化的动态过程。一方面,文化通过不断的"再生产"维持自身平衡,使社会得以延续。文化再生产的结果体现了占支配地位的利益集团的意愿,是他们的社会权威得以中性化、合法化的手段。另一方面,文化是被再生产的,不是一成不变的文化体系,而是在既定时空之内各种力量相互作用的结果。当前,人类学对传统的研究兴趣不仅关注"创造传统"的想法,也关注传统的工具性运用(陈志明等,2000),并提出了不少新的概念,诸如"经营文化""文化商品化""文化产业化"等。这些概念的含义虽有所不同,但其核心都是将文化,特别是传统文化视为资源进行开发、利用和经营。相比而言,"经营文化"这个概念,对分析现代化情境下特别是当前经济全球化、后工业化时代的传统文化的复兴和经营等现象,可操作性强,其内涵亦比那些仅仅关注文化资源的经济利用的"文化商品化""文化产业化"等概念更丰富。

  从旅游开发这个角度探讨传统文化资源的利用是研究的一个热点,旅游人类学对此给予了很大关注。作为人类学的一个分支学科,旅游人类学主要研究游客的旅游动机及旅游业发展对东道国地区及人民在经济、文化、社会上的影响。最有代表性的是1989年史密斯(V. Smith)主编的《东道主和游客》的再版。宗晓莲教授通过对云南丽江大研古城的实证研究，认为作为旅游资源被开发利用的传统文化被推向市场、搬上舞台后，市场的逻辑对它产生深刻、广泛的影响。旅游业使诸多民族文化事项得以复兴，并使它们为世界其他地区的人们所知（宗晓莲，2002）。翁乃群教授亦以云南纳西族为考察对象，分析旅游与文化之间的互动、旅游开发与族群建构的关系。人类学者借用"连锁反应""示范效应""商品化"等概念来说明旅游所带来的社会影响，"传统复兴"、传统回归等（翁乃群，2002）。一些学者还注意到旅游开发所带来的破坏作用。最有代表性的反对观点是格林伍德（Greenwood）在《切开零售的文化》中提出的：旅游使巴斯克地区芬特拉比亚城的阿拉德节日仪式商品化了。国内学者刘晓春教授提出民俗旅游的文化政治概念，认为权利政治、资本与地方性文化的互动所产生的民俗文化旅游的兴盛，既是"本土化的现代性"的一个表现，也是文化政治之暴力的一种表述（刘晓春，2001）。

"文化的经营"概念于 20 世纪 60 年代提出，与"文化的生产和再生产"含义近同。1995 年，在香港科技大学召开的"经营文化：中国社会单元的管理与运作"学术研讨会上，与会者从社会史与文化人类学的视角出发，探讨了传统中国社会中不同社会单位的经营行为，经营活动与权力空间的关系，不同的管理与运作过程对传统文化资源的利用。中山大学刘志伟教授、陈春声教授认为，经营文化中"经营"一词的意思应还原其本来含义，并引申为规划构建，营治管理各种事业，而不是仅局限于以谋利为目的的投资事业和商业行为。清华大学张小军教授提交的《文化的经营——福建阳村李氏宗祠"复兴"的个案研究》一文，说明宗祠作为文化的手段，为人们所利用。经营文化的核心是意义和权力的创造及其生产和使用的过程，这一过程联系着文化资源、地方社会的历史等方面。文化的经营是意义的经营、是权力的创造（张小军，1999）。本文的"地方文化的经营"，特指在全球化的脉络下，在地历史文化如何活化，特别是如何对历史文化资源加以开发、利用和经济转化的过程。

二、研究对象

客家是汉族中一个独特的支系，具有极明显的社会及文化特征，诸如农村家族自治，极重体面和崇尚骨气，重视仕学，强调传统伦理，向外移殖，等等。这些特征乃是一个经由历史长期迁移及深居山区所受环境势力和维生机能所推荡支配而成的（罗香林，1992）。强烈的崇祖敬宗观念和文化认同一直是客家族群的重要标识。

民族学家、历史学家、客家学奠基人罗香林教授在《客家源流考》一书中说："客家是一个最讲'木本水源'的民系……他们最重视祖宗的手泽，最重视光前裕后的工作，每每建筑宗庙兼住宅式的大屋。""宁卖祖宗田，不忘祖宗言""宁卖祖宗坑，不忘祖宗声"等俗语是客家人所津津乐道的口头禅，反映出客家人强烈的认同感和祖先崇拜情结。土楼、围屋和围龙屋的民居建筑，被视为客家文化的另一重要指标。围龙屋是粤东客家地区最为典型的民居建筑，它与云南的一颗印、广西的干栏、北京的四合院和陕西窑洞并称为中国五大传统民居。它集祠堂和民宅为一体，是客家文化的物化象征。据已有研究表明，围龙屋源于宋，兴于明，盛于清至民国，广泛分布于广东省的梅县、兴宁、五华、平远、蕉岭、大埔、丰顺、龙川、惠州、深圳等地，其中又以梅县和兴宁最为集中，此外在与梅州毗邻的江西省南部和福建省西部的部分客家地区也有零星分布。目前发现最早的围龙屋是位于梅县松源镇的南宋末年抗元将领蔡蒙吉故居。千余年来，围龙屋成为客家人生于斯长于斯的社会空间，被誉为客家社会历史和文化的活化石和"夯土的史书"（杨耀林、黄冀岳，2002）。

客家是在不断迁徙中形成和发展起来的，有学者称之"离散"族群（高怡萍，2002；王雯君，2005；周建新，2007）。历史上，面对险恶的自然和社会环境，为了生存和发展，聚族而居，团结互助乃是势所必然。光绪《嘉应州志》记载曰："俗重宗支，凡大小姓莫不有祠。一村之中，聚族而居，必有家庙。"在客家地区，每一个围龙屋、土楼或围屋就是一个宗族姓氏，同时也是一个小社会。宗族社会的发展与土地开发有着密不可分的关系，而宗族聚落的形成与客家民居形态息息相关。作为聚族而居的公共空间，许多围龙屋并非一次建成，后随着子孙人口的逐渐增多而日渐扩大，以正堂为中心，一围一围地向外延伸。围龙屋居民之间的关系是由许多崇拜共同祖先的小家庭所组成。人口增至一定程度，同姓族人便围绕祖屋另建新围，围龙屋与围龙屋之间存在着血缘关系。通过这种同族共居的居处模式，形成非常强的宗族内聚力和向心力，具有超强的同质性。祖先崇拜已内化入客家人的生活和观念之中，对他们而言，无论是生于斯长于斯，还是出外谋生求发展，围龙屋都是他们的根，是他们的精神归宿，衣锦还乡、光宗耀祖、修缮祖居是他们一生的梦想和追求（周建新，2005、2006、2009）。进入20世纪，虽然出现中西合璧式华侨屋和砖瓦屋，但传统的围龙屋仍然是客家人最为重要的生活和精神空间。有很长一段时间，围龙屋的神圣空间被摧毁，神牌、神像、神龛被砸碎，祖先崇拜活动被强力中断。

改革开放后，政治经济条件的宽松，加上人口的增长，围龙屋出现了不同的遭遇、反应及后果。一方面是族人突"围"而出，追求新的生计方式，另建新居。除一部分人还继续居住在围龙屋，大多或是堆放杂物、圈养禽畜，或是毁弃于风雨，任其自生自灭。另一方面，随着经济的改善，特别是得益于华侨回乡省亲、寻祖问根和经济捐助，一些闲置的围龙屋开始被修复，每逢年节人们前往祭祖聚会，三十多年的文化断裂开始回复。1992年，时为香港中文大学人类学教授、国际客家学会首任会长的谢剑博士不满足于上述解释，与嘉应大学客家研究所所长房学嘉教授合作，开始在粤东梅县的温氏宗族经过长达数年的田野调查，撰写出版了一本名为《围不住的围龙屋：记一个客家宗族的复苏》的人类学民族志，该著作以客家传统宗族围龙屋的居住模式作为解释宗族复苏的重大原因之一，探讨客家人从传统居住模式围龙屋的"突围"，说明宗族的复苏，象征一个新时代的来临（谢剑、房学嘉，1999）。

2003年，笔者围绕城市拆迁与文化保护这一主题，历时近两年全程深入跟踪调查当时发生在广东省梅州市城南郊区的几座围龙屋拆迁与保护的事件及其过程，在此基础上撰写出博士学位论文并于2006年以《动荡的围龙屋：一个客家宗族的城市遭遇与文化抗争》为题正式出版。该书是一部关于一个客家宗族城市化遭遇的民族志，主要讲述作为粤东地区客家人宗祠、祖屋空间载体的围龙屋古建筑面临城市拆迁的境遇，以及客家人对此的反应、态度和行动，全书采用"过程—事件分析"的研究路径和文化抗争中的相互建构的分析框架，重点阐述了钟村宗族针对祖祠拆迁而发起的保护围龙屋运动的原因、过程、特点及社会文化意义，深入分析客家宗族社会与现代变迁，文化保护与现代化等问题，探讨文化抗争背后的心理活动、行为方式及策略手段，及时回应了关于传统文化研究与保护的时代主题（周建新，2006、2018）。

随着全球化进程的推进，地方文化日益得到重视，在市场经济脉络下，在国家和民间两股力量的推动下，传统客家围龙屋在复振的基础上又有了新的动向：一些具有开发价值的客家围龙屋由一般意义上的祭祀和居住场所上升为客家文化的代表，由原来单纯的维修、保护向经营、再利用转变，在缅怀先祖、激励后进，弘扬文化的社会功能之外被增赋了经济功能。循着这种思路，本文计划通过对客家围龙屋的经营开发为例，探讨客家族群透过对地方文化的经营，达成对客家族群与文化的认同。粤东地区客家围龙屋的复振，是新时期下文化的经营。本文将这种闲置空间再利用，客家传统文化资源被保护、开发、利用和经济转化的现象，称为"回归围龙屋"。以围龙屋的保护、开发、利用为研究对象，通过重点剖析几个采用不同经营方式的围龙屋的经营过程，探讨围龙屋和粤东客家族群之间的关系。具体而言，力图

反思并回答以下问题:

1. 通过客家围龙屋的文化内涵,分析回归围龙屋现象产生的脉络背景。这种回归围龙屋是在什么脉络下产生的,与1949年以前,20世纪80年代以来的以修祖祠、修祖坟、修祖谱等为主要内容,以华侨为主体的"寻祖问祖热"有无不同?

2. 以客家围龙屋为基础形成的地方性社区组织的依赖关系是什么?在这种特殊的社会关系中所形成的制约人们行为和思想的规范体系,如祖先、风水等;人们对这种新旧共存的新的社会文化体系的认识,以及这些认识在他们不同的话语体系中的具体表现;如何理解客家传统的社会组织、规范体系,及其在新形势下发生的变化和影响?

3. 不同行动参与者经营客家围龙屋的意图、行为和经营方式;这种围龙屋的回归仅仅是缘于崇本报先、缅怀先祖的精神需求,还是经济利益驱使下的行为,抑或是客家文化的重视和传统的复兴,还是三者并存?作为一种社会资本的族群资源如何被运用、服务于经营,它的效用又如何?

4. 回归客家围龙屋与文化认同、客家族群性的关系是什么?进而从另一个层面上理解客家人,反思客家传统文化与现代化的互动关系。

三、分析个案

目前,关于客家围龙屋的数量尚未有确切统计数字。据兴宁文史资料记载,广东省兴宁市现尚存围龙屋1万余座。另据有关资料表明,仅仅梅州市城区及其附近就有围龙屋100余座。围龙屋的建造止于20世纪50年代,特别是在改革开放以后,客家人开始搬出围龙屋,另建新房。但由于粤东客家人习惯于在老屋旁建新居,所以传统的围龙屋被推倒、毁弃、闲置的很少,多数成为堆放杂物、圈养禽畜之地,其中绝大多数原为祖堂的围龙屋得到修复,每逢年节同族人士前往祭拜。除老人和经济较贫困的人家继续居住外,围龙屋更多具有宗族象征的功能。值得注意的是,近年来,广东省梅州市民间自主开发、经营围龙屋的情况逐渐增多。本文所选择的两座围龙屋,均位于现在的梅州市梅县区,都有一定历史和文化价值,但其经营主体和经营方式各有不同,有利于比较研究。

1. 宗族性旅游开发模式——温公祠、义孚堂。温公祠位于梅县区丙村镇群丰村,是温姓宗祠。温公祠始建于明朝弘治三年(1490),规模宏大,占地面积1万多平方米,共有三堂八横三围,390多个房间,最盛时曾居住400多人。谢剑与房学嘉合著的《围不住的围龙屋——记一个客家宗族的复苏》一书，在学术界有不小影响。此后，温家历史和大围龙屋的结构与规模，引起了中外众多学者和游客的浓厚兴趣，中、美、法、日、韩、新加坡的人类学、建筑学等学科的学者，纷纷前来参观考察，电视、广播、报刊上也有介绍。自2002年底，温氏族人自主成立了仁厚温公祠旅游景点董事会和管理处等机构，采取宗族经营方式，开始将温公祠开发为旅游景点，在市县旅游部门及当地政府的支持下，于2003年4月召开旅游景点推介会，正式对外接待游客；并辟有"客家围龙屋，仁厚温公祠"的网页，同时正在积极申报广东省重点文物保护单位。目前，温公祠的旅游收入还比较少，自2003年4月正式开业至2004年元月，旅游景点的门票收入仅有1000多元，若按照2元/票计算，只有500多人次前往参观。

旅游开发所引起的较大变化，一是仁厚温公祠的外观形貌的变化。如屋宇的修缮和装饰，祠堂内部加了一些介绍性的文字、图片，以及辟有专门的客家民俗展室等。二是温氏族人的精神面貌和思维方式的变化。我最感兴趣的是宗族权力结构上的变化：新的宗族精英开始出现，原有的宗族精英或被淡化或被边缘化。温氏宗族的一系列变化使我产生了一种研究冲动。对于宗族组织概念、内部人群组成、运作之讨论，仍有思考与对话之必要。下面这段话，既可证明仁厚温公祠开发的价值，也可说明对其研究之必要。

"我们的祖居仁厚温公祠（俗称罗塘面上老屋）是祖先留给我们的丰厚遗产，是客家民居围龙屋的典范，是古民居建筑的杰作，是中国建筑学会编撰出版的建筑学巨著《中国传统民居建筑》中唯一收录的客家围龙屋。宗人温进灿在《梅州日报》2002年11月9日的第五版发表的《客家民居谁称'最'，丙村'仁厚温公祠'》一文引起了各界关注。2002年11月11日，梅县主管廖副县长，县旅游局正副局长、中旅社正副老总，丙村镇书记、镇长，由温进灿陪同驱车来仁厚祠仔细参观后，一致同意办成旅游景点，还具体指出了一些必办之事，使我族人大受鼓舞！11月26日，在温清浪家召开了筹办会，成立了以温进灿为组长的筹备小组。我们一致认为，把我们仁厚温公祠办成旅游景点，其社会效益自不必说，对我们自身的效益也有如下几点：一、可以提高'仁厚温公祠'及其族人的知名度，从而永远激励子孙后代奋发向上。二、可使族人在接待游客过程中，学习现代文明，不断提高自身的文化品位，影响教育后代。三、不断维护修葺祖屋，美化村容村貌，优化族人的生活环境，并视可能增加公众福利。四、通过发展旅游经济，开办各种面向游客的摊点，增加族人的经济收入。"（仁厚温公祠旅游景点筹备组：《为创建客家围龙屋仁厚温公祠旅游景点致仁厚祠同宗族人书》，2002年12月18日。）

2. 公司制企业经营模式——万秋楼。万秋楼位于广东省梅县区新城街道扶贵居委会夏屋村，建于20世纪30年代，是马来西亚侨领夏万秋所创建。占地面积4000多平方米，有99间房屋，整座楼宇结构完整，糅中西建筑于一体，前为西式的尖屋顶大钟楼，后为传统的客家围龙屋，是二堂二横一围二杠结构。楼内以百余根花岗石圆柱作骨架，石柱和屋檐配有花卉或各种浮雕、绘画等图案，使整座建筑浑然一体，庄严典雅，十分精美。万秋楼自建成后，楼主没有在此居住过，长期闲置。新中国成立后成为公产，20世纪80年代落实华侨政策，万秋楼作为侨房被归还屋主，1995年又卖给梅县程江镇政府，但一直无人居住和管理，加上年久失修，这座客家民居损坏严重。2003年7月，台胞陈秀锦女士回乡参观，对"万秋楼"产生了浓厚兴趣，她投资600多万元购买并修缮这座民居，以经营客家小吃和餐饮为主，同时组织两岸客家文化艺术团体互访，促进台湾地区与梅州两地的交流。目前已成立了"万秋楼客家文化有限公司"，于2004年6月10日正式开张，每天生意十分红火，顾客络绎不绝。其经营成功的原因：一是中西合璧的建筑物本身，二是以台湾擂茶为代表的特色经营，三是楼内丰富的地道客家文化内涵。

"我初到梅州正是夜色垂帘时刻，看到了两岸好美的夜景。我生长在台湾地区，到过很多国家，每到一处，不是想先见繁华的都市，我只想知道哪里有值得观看的古城。我到了梅州见到济济楼、联芳楼、南华又庐、万秋楼等。我又惊又喜，非常感动，多么可惜啊！看到那精心设计、精雕细琢的客家围龙屋古建筑，被无情的风雨摧残，被人们遗弃，我感到万分的心疼。我带着惋惜的心，回到台湾，当我念念不忘的时候，友人来电告知，万秋楼可用招商引资的方式买卖。我和龙先生等数次赶到梅州洽谈万秋楼，尤其是龙先生来到梅州多过八次，最后我们不顾亲友的反对，我们抱着热忱的希望，燃起共同构筑维护客家文化的愿望，营造文化商机，不让万秋楼再遭雨水摧残，保存历史运转之轨迹。"（台商陈秀锦写给梅州市领导购买万秋楼的信函，2004年2月24日。）

"万秋楼是一座中西合璧的极具特色的民居建筑，台湾龙先生和陈女士投资，组建万秋楼客家文化有限公司，以客家古民居与现代园林景观，以梅州和台湾客家茶艺文化方式呈现。万秋楼的开业，加强了梅台两地经济文化的交流和合作，我们希望万秋楼客家文化有限公司突出'客'字和'台'字，办出特色，打响品牌，创造良好的经济效益和社会效益，把企业做强做大。借此机会，也希望我市各级政府和有关部门要一如既往地保护和支持台商企业，尽可能给他们提供更多更好的便利，让所有的台资和外资企业在梅州生根发芽结果，事业蒸蒸日上！"（梅州市政府领导在万秋楼开业典礼上的讲话，2004年6月10日。）

"我与几位同伴到梅县的市区万秋楼去喝茶，这是一个将围龙屋建筑改建而成的茶艺馆。老板娘是台湾竹东镇的客家人，当初来到大陆经营，看到老旧围龙屋荒废十分可惜，因而就想利用这样的资源转换成为具有客家特色的茶艺馆。这种利用民居或日常生活产品改建转型成观光或经济消费产物的模式，现在在大陆才刚起步。因此，我一直认为客家人不必只停留在过去或感叹没有未来，未来是需要创意与想象的，我认为大陆可参考台湾的'产业文化化'和'文化产业化'，将客家文化与经济产业互嵌。"（第一届海峡两岸大学生客家文化寻踪夏令营营员参观万秋楼感言，2004年7月9日。）

调查得知，除仁厚温公祠和万秋楼以外，大多数客家围龙屋开发、经营的目的首先是纪念祖先，在开发中进行保护。梅州义孚堂福利规划委员会会长梁伯说："几百年前，我们的祖先辛辛苦苦、一砖一瓦建起这个大屋，如果不保护好，对不起列祖列宗。"其次是增加经济收入，解决部分的日常开支。像义孚堂所在的龙子村，以农业为主，人均三四分地，以前主要靠南洋的华侨，现在华侨经济也不太景气。现在，由于搞旅游开发，附近的族人可以摆摊做点小生意，卖土特产和饮料等。目前，义孚堂有20多个摊位，每月有四五百元的收入。而在温公祠、义孚堂之类宗族性自主开发，他们认识到还具有"可使族人在接待游客过程中，学习现代文明，不断提高自身的文化品位，影响教育后代""不断维护修葺祖屋，美化村容村貌，优化族人的生活环境，并视可能增加公众福利"等作用。（仁厚温公祠旅游景点筹备组：《为创建客家围龙屋仁厚温公祠旅游景点致仁厚祠同宗族人书》，2002年12月18日。）

四、简短结论

当前，客家围龙屋的经营实践，反映客家人对于自身族群文化的自信，可以说是一种客家文化的自觉行动，也是对于社会变迁的主动选择和积极回应，而非消极被动的"刺激—反应"。事实说明：传统在"现代性"的外衣下继续作用，甚至在许多层面强大和复兴。在围龙屋出现的人其实具有不同的文化逻辑，所以全球化把人群带到一个地方景点时，我们不必也不可能用同一个文化逻辑说明这个场域所发生的事情。

作为神圣空间和世俗空间合而为一的客家围龙屋，实现向旅游景点的转变，同一幢房子由于时代背景和行为主体的不同，在各方面发生了变化。尽管宗族的符号仍然被利用或操弄，但随着时代变迁已有了新的变化。例如，本文所研究的广东梅州丙村温姓宗族已不是传统意义的宗族了，现在的宗族权力已不全是来自宗族内部，诸如作为"他者"的学者的"进入"，以及新的宗族领袖因为主导旅游开发而权力上涨，身份被重视。作为宗族象征的围龙屋，由于现代经营的需要而被"文化加值"，被赋予了一些其他元素。宗族被创造、被利用，或者可以说是"后宗族"，进入了一个后宗族时代，需要我们用新的视野和理论进行关照。

对于粤东客家文化物化象征的围龙屋进行开发利用，在某种意义上就是客家文化的生产和消费过程，同时也是客家文化在全球化脉络下求利、谋发展的新动向，体现了客家人以文化的优势为基本的生存方式，是一种地方文化的经营。在具体经营过程中，不同的行动者包括围龙屋的主人、政府、知识分子、外界投资者等的介入，打破了原先同质性的场域，产生了不同的场，每个场的行动主体按照各自的行为逻辑进行活动。这种场内场外各种力量的关系和博弈，以及经营过程的推进，使社会文化和社区面貌不断发生变化，促使族群与文化认同也日趋多样化和复杂化。

参考文献

［1］［英］E.霍布斯鲍姆，T.兰格.传统的发明［M］.顾林，庞冠群，译.南京：译林出版社，2004.

［2］郭于华.仪式与社会变迁［M］.北京：社会科学文献出版社，2000.

［3］王铭铭.村落视野中的文化与权力：闽台三村五论［M］.北京：生活·读书·新知三联书店，1997.

［4］陈志明，张小军，张展鸿.传统与变迁——华南的认同和文化［M］.北京：文津出版社，2000.

［5］宗晓莲.旅游开发与文化变迁——以丽江大研古城五一街、新义街为例［D］.北京：中央民族大学，2002.

［6］翁乃群.全球化背景下的文化再生产——以纳西文化与旅游业发展之间关系为例［C］// 王铭铭.人文世界：第1辑.北京：华夏出版社，2002.

［7］张小军.文化的经营：福建阳村李氏宗祠"复兴"的研究［M］//经营文化：中国社会单元的管理与运作.香港：香港教育图书公司，1999.

［8］罗香林.客家研究导论［M］.上海：上海文艺出版社，1992.

［9］杨耀林，黄冀岳.南粤客家围［M］.北京：文物出版社，2002.

［10］高怡萍.离散视野中的客家景观［C］//两岸客家"历史、文化与社区"研讨会论文.2002.

［11］周建新.族群认同、文化自觉与客家研究［J］.广西民族学院学报，2005（2）.

［12］周建新.客家祖先崇拜的二元形态与客家社会［J］.西南民族大学学报，2005（3）.

［13］周建新.动荡的围龙屋：一个客家宗族的城市化遭遇与文化抗争［M］.北京：中国社会科学出版社，2006.

［14］周建新.动荡的围龙屋：一个客家宗族的城市化遭遇与文化抗争［M］.广州：广东人民出版社，2018.

［15］谢剑，房学嘉.围不住的围龙屋——记一个客家宗族的复苏［M］.广州：长城出版社，2002.

高品质艺术产业园区是善经济的发动机

李保刚[①]

摘　要：本文从高品质艺术产业园区的建园理念——"公益的心态、商业的手法、工匠的精神、资本的助力"阐述了高品质艺术运营的八大关系，强调了艺术坚持和商业运营相结合才是文化创意产业的运营。同时论述了高品质艺术产业园区和文化创意产业的相互关系。作者认为把"文化、创意、产业"三个领域的内容结合起来、相互融通方属文化创意产业，剖析了文化创意产业"内容、创意、品牌、场景"四个要素对实现文化创意产业化支持的意义，举例说明了三微理论在文化创意产业中的应用。本文还单独阐述了数字艺术在未来文化创意产业的前景和市场空间。文章最后概括了文中所提的几个概念相互间的关系。

关键词：3.0版本艺术区；八大关系；"三微"理论；文创IP四要素；数字艺术；实践理论与实践

创意大师霍金斯先生有一句话："过去我们是在哪里生活，未来我们是在哪里思考。"每个艺术家和设计师都是一个思想的创造者，但是思想创造者怎么实现艺术价值？我们所有的生活、产品、城市如何加入文化要素？艺术区的任务就是做一个双导向平台，做一个产品导向和市场导向的平台。在目前，IP艺术还属弱势群体，为了开发IP和艺术，我们应该有更强的市场和金融推动，把艺术带出来。当艺术和IP形成了强大合力的时候，就会作为一个强大的产品推动力来推动国际交流，促进社会的文明和人类的发展。本文要论述的是高品质的艺术园区运营、高品质艺术园

[①] 李保刚，记者出身，从事过实业、地产、金融和文化创意产业。现任观唐文化艺术股份有限公司董事长、中国艺术产业联盟执行主席、中央美院中法艺术学院特聘教授。自2012年起，开始从事文化创意产业，2017年创建了观唐文化艺术股份有限公司，后又孵化了多家文化创意公司，在优秀的中国传统文化的领域里深耕。旗下观唐艺术区、故宫观唐、敦煌观唐、观唐大有、中鼎观唐等公司，已形成了文化创意产业的生态链。

区和文化创意产业之间的相互关系，以及高品质艺术区对文化创意产业和未来数字艺术的推动作用和文化创意产业之间的相互关系。

一、高品质艺术产业园区运营的八大关系

什么是高品质艺术园区呢？第一，它应该是中外艺术家和艺术资源的聚集地；第二，它是产业基金、公益基金、艺术消费等IP产品交易的聚集地；三是以土地政策和税收政策形成文化项目的孵化器；四是优秀文化人才、杰出综合性人才的聚集地。这样就可以把一个好的IP和资本市场相结合，形成一个完整的产业链。中央美术学院艺术教育学院余丁院长提出了"3.0版本艺术产业园区"的概念。中国的艺术产业园区经历了1.0版本、2.0版本和3.0版本的演化过程。1.0版本大都是由旧厂房改造，比如工业厂区改造而成。由于建筑成本低且没有土地成本，自然聚集了很多艺术创作人员。厂房的特殊结构使得空间易于发挥效果，比如早年的北京798艺术产业园区，后来的宋庄艺术产业园区。1.0版本艺术区是以房租收入为其运营模式的。因为房租低，易于一些初创艺术家们的自然聚集。2.0版本艺术区也是靠房租收入，但是它在设计空间上有所进步，有专门为艺术家定制的空间，且形成了连锁模式，诸如北京的尚吧，上海的红坊。3.0版本的艺术区有什么特点呢？第一，规划设计在先；第二，有一个高品质且艺术的建筑和环境；第三，不是以房租收入为盈利模式，而是以产业聚集、项目孵化、人才聚集、消费聚集、股权投资等形成一个艺术产业生态。它的盈利模式比较复杂，也是本文接下来要阐述的高品质艺术园区运营相辅相成和相反相成的八大关系。

3.0版本的艺术园区目前国内还不多见。在国外，成熟的高品质艺术产业园区的运营经验也很少，都是在不断的探索之中。在中国，艺术产业联盟成员的实践中总结了艺术产业园区相辅相成和相反相成的八大关系。艺术产业园区运营是多维度、多目标，需要综合平衡的，它不同于其他的产业园模式或者其他的产业，目标和需求是相对专一的，3.0版本的艺术产业园区需要高维度地考虑问题，这是因为文化创意产业的复杂性，作者本人做过房地产行业，也做过金融投资行业，最后做的文化产业。"闭着眼睛做地产，眯着眼睛做投资，瞪着眼睛做文化。"瞪着眼睛说明有难度，要不断思考、总结、提炼。

那么什么是文化创意产业园运营的八大关系呢？第一，艺术坚持与产业运营之间的关系。艺术产业园不同于其他的产业园，其他的产业园目标比较明确，以盈利

为主要目的，但艺术产业园是两个目标都不能偏废。既要坚持艺术方向，坚持美学方向，又要有商业运营，有盈利；既要品位高，又要人气足、有消费，也就是要美学效益和经济效益双丰收。

第二，产品导向和市场导向的关系。这是文化创意产业的特点。一般产业以市场导向为主，市场需求什么，我们就做什么，这也是商品经济的特性。文化事业不需要考虑成本，只考虑创意、公益、社会价值、国家战略。而文化创意产业既要有产品导向，又要有市场导向。目前，中国文化产业发展处于初级阶段，市场导向比产品导向所占的比重更多一些，到了后期阶段，产品导向比市场导向比重要大些，这需要一个进化过程，也是从产品、到品牌、再到IP形成的一个过程。在这个问题上，艺术家们往往容易犯主观意识问题，以为自己的产品天下最好，不考虑市场的认可，只顾主观发挥不顾客观效果。相反，从事经济活动的人，往往看到经济利益忽略了美学。

第三，工匠精神和低成本运营的关系。如果没有工匠精神，不对美做极致的追求，那也不是一个高档的艺术产业园区，如果没有低成本运营，园区也无法持续发展。

第四，线上运营和线下支持的关系。在如今的互联网时代，离开了互联网工具，生意不可能做大，离开了新媒体区块链和移动终端也将被时代的列车甩下；反之，如果只有线上，没有线下的支持，艺术、创意体验等也不能实现。

第五，园区自营和业态引入的关系。在艺术产业园区，需要清楚哪些内容由自己经营，哪些内容要引入其他经营者，以便形成一个良好的产业生态。例如，以项目孵化、股权投资、战略合作等形式引入相关产业而形成一个不以房租为收入模式，而以项目孵化、股权收入、战略联盟而产生的相关收入为创意文化产业收入的商业模式。

第六，园区整体运营和产业输出的关系。格物致知，诚意正心。修身的阶段过了，下一步是"齐家，治国，平天下"。当然修身的过程很重要，没有一个好的IP积累，没有一个创意团队的基础，没有足够的内容，没有一个动心忍性的过程，也不可能有一个好的产业输出。这个产业输出的过程包括园区整体设计规划、建筑管理、招商运营、内容植入、产业孵化等，是一个完整的3.0版本艺术产业园区的全部链条。

第七，文化产业和文化事业的关系。在艺术产业园区的运营中，有些属于文化事业，带有公益性和国家战略，但大多数是产业性的，属于经济行为，但二者在很多事情上又是不可分割的，是相辅相成的。需要具体问题具体处理。比如，园区中的展览活动，就会有公益展和商业展之区分，有些活动本身就是公益性的。

第八，公司经营和经营公司的关系。公司经营大家都懂得，但经营公司进入了更高一层的资本市场的体系。文化艺术市场大多处于小、散、乱的状态，尤其是从事艺术创意的人员对经营公司的概念更是没有。从经营公司角度看，艺术家个人要IP化，IP要资产化，资产要证券化，证券要交易化，到了证券交易化的时候，市盈率就发挥了作用，公司的估值就会放大。这里有涉及资本市场的法律问题、财务问题、税收问题、估值问题等。如果经营公司做得不好，就得不到资本市场的支持，也就不可能快速发展公司和产业。

这八大关系处理好了，文化创意产业才会有更大的发展。

二、文化创意产业的核心要素

我们先讨论一下文化创意产业市场有多大。从商业角度看，中国并不是一个文化大国，而是一个文化小国。从GDP角度看，美国第一，150万亿元人民币；中国第二，近100万亿元人民币。中国制造业全球第一，而文化创意产业只占自身GDP的7%，而美国超过了30%。如果按照美国的比例，未来中国的文化创意产业市场有几倍的空间可发展，这是一个机会。只有当中国的文化产业市场发展起来，中国才能成为文化强国。那么文化创意产业如何做呢？本节试图从文化创意产业核心要素来阐述这个问题。

高品质艺术产业园区对城市的作用是一个很大的课题，本文不主要论述。本文论述的是高品质艺术产业园区与文化创意产业的关系。"轻资产要重落地，软活要硬做"。那么什么是文化创意产业呢？大家往往忽略了概念的本身，其实文化创意产业是由文化、创意和产业三大部分组成的。从理论上讲，文化创意产业是"一个经济活动群组，开拓和利用创意、技术及知识产权已产生而分配具有社会意义的产品和服务，更渴望成为一个创意、财富和就业的生产体系"。文化创意产业具备全民美学素养，并使全民生活环境提升，它包括视觉艺术、音乐、工艺美术、电影、广播、出版、建筑设计、时尚、广告等。文化创意产业的核心要素是什么呢？文化创意产业有四大核心要素，一是内容，二是创意，三是品牌，四是场景。只有这四大要素打通了，才能够实现文化创意产业化，也就是文化创意产品才有其市场价值。然而要打通这四大要素是不容易的。从文化到创意，谈何容易。现在中国文化最缺的就是文化创意。中国不缺文化，几千年的文化积累深厚，远到《山海经》《黄帝内经》、唐诗、宋词、元曲、儒家文化，近到《红楼梦》等。从文化到创意，需要用创新的科学技术手段去挖掘，需要用人文的、美学的、当代世界通用的语言去讲，以形成一个新的业态，这是一个大的工程。不去挖掘，只是一味地照抄、重复，就不会有新意。只有不停地创造，形成了一个有新意的创意产品，才会有新的价值。那么有了文化创意产品以后，如何形成产业又是一个大的工程。什么是产业？有消费才有产业；有了大量的需求以后，才能产业化。从文化到文化创意再到产业化，都不是轻轻松松可以跨过去的。从文化、艺术到产业，中间有两个重要的因素，一个是IP，一个是品牌。IP和品牌是容易混淆的概念，二者是互相关联，又互不相同的概念。IP可以品牌化，品牌也可以IP化，品牌用IP支撑，品牌又会产生新的不同的IP。品牌IP化，是品牌形成了一个新的知识产权，就是产生了新的IP价值，可以应用到各个行业，为产业赋能。品牌是IP的基础，从品牌到IP的转化，就是一个艺术授权的过程。总之，IP品牌化是一个不断创造IP而最终形成品牌的过程，而品牌IP化又是一个不断衍生创造的过程，这个创作过程分为横向的和纵向的。横向的以科技手段为主，纵向的以人文的、历史的、未来的、美学的、社会的为主线，横纵相叠在一起便形成了新的IP。了解IP和品牌的关系，对文化创意产业尤为重要。IP的打造是文化创意产业的关键，世界每年有IP授权交易会，在这个交易会上，交易额达到2000亿美元。而在这2000亿美元中，美国占了50%以上，中国在里面占比微乎其微，这也是中国在文化产业和IP产业落后的原因。

　　文化创意产业的最后一个要素——场景。场景是一个有内容创意品牌、完整IP对消费者的最终媒介，也可以把场景理解为载体或者媒介，是实现IP商业价值的重要环节。场景可以是线上的，也可以是线下的；可以是虚拟空间，也可以是实体空间；可以是具象的产品，也可以是抽象的空间；可以在移动终端上，也可以在大的实物空间里。总之，可以赋能制造业、建筑业、数字产业、旅游业、农业、体育业等若干产业。习近平总书记在清华大学110周年校庆时讲，要发挥美术在服务经济社会中的重要作用，把更多的美术元素、艺术元素应用到城乡规划建设中，增加城乡审美韵味、文化品位，把美术成果更好地服务于人民群众的高品质生活需求。也就是说文化创意产业的场景无处不在，无时不在。概括地说，内容、创意、品牌、场景是一个文化创意产业的四个要素，也是实现其价值不可缺少的四个要素，其中，创意和科技是关键，而实施关键的是人才，场景是实施IP价值的最后一道环节。

三、"三微"理论是实现文化创意产业的重要实践理论

人们常说经济是文化艺术的仆人，文化艺术是可以为产业赋能，并能够反过来推动人类的文明和社会的发展，那么文化艺术是如何为产业赋能呢？这里离不开一个理论——"三微"理论。

很多成功的文化创意产业都是符合三微理论的，即"微创意、微投资和微消费"。微创意是指由众多的微创意组成的一个大的创意；微投资是由众多的微投资组成一个整体的投资；微消费是由众多的微消费产生一个大的消费。比如，某位大家学者在喜马拉雅上讲《黄帝内经》。《黄帝内经》是内容，这位学者讲是创意，这位学者本身有许多粉丝，学者就是品牌，喜马拉雅就是场景。学者的创意水平高，能够用当代的语言讲，老百姓听得懂，通过互联网平台直接到 C 端，让老百姓花很少的钱就能享用其成果。众多的投资人通过资本市场众多的微投资使这个产业不断壮大。再比如一部好的电影，首先要有一个好的小说底本，通过一个好的编剧创意，再经过一个好的导演打造，还要有好的演员、好的灯光、好的舞美、好的音乐。当然，在电影还没与观众见面之前，导演、演员等的品牌知名度很重要，最终通过电影院或其他场景与消费者见面，老百姓通过小笔现金支出就能享受到整个电影的成果。再比如，一件艺术品卖 1000 万元甚至几千万元，都不叫产业，今天有人买了，明天就没有人能买了，但是 1000 万人，每人拿 100 元买你的东西就是十个亿的市值，这才叫产业。现在，做得比较好的文化创意产业，比如泡泡玛特、得道、喜马拉雅等，都是符合文化创意产业的"三微"理论。

四、数字艺术在文化创意产业中空间更广阔

文化创意产业到底有多大的空间？2020 年中国的 GDP 是 14.73 万亿美元，约合 101.6 万亿元人民币。人均收入 6000 美元左右，社会商品零售总额在 40 万亿元左右，文化创意产业占 GDP 总额不足 7%，但每年呈增长趋势，按照中国两个百年计划，在未来的 15 年，中国的 GDP 翻一番，将达到 200 万亿元人民币，人均收入达 1.2 万美元。如果按照美国文化创意产业占 GDP 的比例 30% 计算，未来中国的文化创意产业产值将达到 60 万亿元人民币。2020 年，中国的数字文化创意产业产值是 2.09 万亿元，占整个文化创意产业的 1/3，未来这个数字比例还会增加，也就是说，未来文化创意产业中技术与艺术的结合形成新的业态。这个新的业态叫作科技艺术或者

数字艺术，这个市场很大，也将是未来上市公司的重要赛道。在未来的文化创意产业中，新科技的应用会越来越多，多媒体技术的应用也会越来越深入。在此要着重提一下，数字艺术是指以数字科技的发展和全新的媒体技术为基础，是人类理性思维和艺术感受巧妙融合为一体的艺术。数字艺术作品主要包括以下几种形式：虚拟现实、多媒体、卡通动漫、网络艺术、电脑动画、3D动画、数字摄影、数字音乐等。也就是说，数字艺术是数字和艺术高度融合的多学科交叉领域，涵盖了艺术、科技、文化教育、现代经营管理等多方面的内容。目前，美国、中国、德国、日本、英国的数字产业总和已经超过世界数字经济产业的80%。在日本，数字艺术已成为日本的第二大产业；在韩国，数字内容产业已超过汽车产业，成为第一大产业。

数字艺术本身属创作范畴。目前，中国数字经济产业已经走在了世界的前列，总体量5.4万亿美元，排在世界第二，美国是13万亿美元。2020年中国的总体GDP占美国的70%，15.9万亿美元。相比之下，我们的数字经济和美国相比，所占比例有很大差距。

数字经济有三大定律。1.梅特卡夫法则：网络的价值等于其节点数的平方。2.摩尔定律：计算机硅芯片的处理能力每18个月就翻一番，而价格以减半数下降。3.达维多定律：进入市场的第一代产品，能够自动获得50%的市场份额。前两个定律主要是讲平台的价值和运营的成本，而达维多定律是讲创新的价值和回报。所以，数字艺术领域需要众多敢为人先的发明和创造者。综合创造包括平台的创造，从内容到创意，到品牌，到场景。在这个行业里，培养国际化的数字艺术设计人才是行业发展的关键，尤其是既懂计算机技术又有艺术创造力，能够沟通科学和艺术，打破文理界限，拥有将想象力和创造力，通过坚实的技术表现出来的复合型人才。文化创意产业本身是因技术的进步而逐步扩大市场的。一件艺术品从过去的"养在深闺人未识"，到用复印技术可以看到复制品，再到今天的数字艺术和未来的可为数字艺术确权的区块链技术、元宇宙场景等。大家从过去只是看原作，到看复印件，到看数字艺术品和沉浸式体验和交互技术，随着技术的进一步提高，会有更多的技术产生和更丰富的业态呈现。农业化时代产生了故宫、卢浮宫、大都会、大英博物馆、东宫等艺术博物馆，工业化时代产生古根海姆和美国的MOMA，当今的互联网时代，会产生属于这个时代的数字艺术品和数字艺术聚集地。目前，中国已经进入了后工业化时代。工业化时代的特征是建筑的堆砌和功能的叠加，人追求更多的是物质上的满足。人对产品的追求也是对使用功能的追求。中国在工业化时代有很多的产品，有世界上最完整的工业化体系。后工业化时代的特点是更多的科学、文化和服务。

在这个大的转型时代，中国不缺钢筋混凝土的房子，不缺汽车轮子，缺的是青山绿水和道德文章，缺的是幸福指数。中国改革开放40多年，经济发展了，文化产业没有跟上，需要补上美学和文化的课程。苹果创造人乔布斯，企业成功后投资50亿美元做了苹果总部，那是一个璀璨的"玉镯"和行走的"太空"。亚马逊公司总部像是艺术和植物的海洋世界。而我们的很多企业家，一生在做财富叠加的事情，某天财富大厦倾倒了，还不知倾倒的缘故。

由此可见，数字艺术是未来的文化产业发展的主要方向，数字艺术产品一次开发，可多次使用。文化IP还有越挖掘越多的特点。随着未来区块链技术的推广，数字产品知识产权确权等问题得以解决。随着NFT技术的应用，数字艺术的价值也可进一步清晰明确，产权交易也可随之实现。数字艺术是文化创意产业的重要方向，而高品质艺术产业园区是聚集资源、形成生态的重要平台。

五、观唐文化的实践与案例

北京观唐文化艺术股份有限公司从2016年起深耕文化创意产业，从传统文化的挖掘入手。先后成立了北京故宫观唐文化创意有限公司、敦煌观唐文化有限公司、北京观唐大有文化创意有限公司、北京华文观唐文化创意有限公司。从传统文化的内容挖掘入手，用科技的手段挖掘传统文化，用当代的语言讲中国的传统故事。观唐文化用了6年时间，投资8亿元，打造了3.0版本的"观唐艺术产业园区"。用数字技术开发了"故宫石渠宝笈数字展"，形成了"行走的故宫文化"系列产品，产品落地到了西安、杭州、上海等地，跟博物馆、商场线上结合。同时以故宫、敦煌等知名品牌赋能衣食住行，做了很多成功的案例。在观唐艺术产业园区聚集了敦煌、儒家、华夏博物馆的资源，聚集了中国移动、中央美院、阳光媒体、时尚集团、清华美院的资源，聚集了中鼎天下的MR技术、水晶石等新媒体创作的技术资源，还聚集了相当一部分艺术家的资源。总之，从内容到创意（技术和人文）到品牌（故宫、敦煌）到中国移动、百家博物馆、美术馆、商业空间等场景，深挖优秀的中国传统文化，从而形成了"行走的故宫文化"、石渠宝笈数字大展、"行走的儒家文化"、"行走的敦煌文化"等产品。这些内容加创意加品牌的数字产品，可以和各种场景结合，形成有价值的IP资源。观唐文化跟山东济宁三孔文旅的合作，是一个发挥各自优势，赋能地方文旅的典型案例。三孔文旅有着丰厚的儒家文化内容，后来又投资做了"尼山胜境"等文旅产业，观唐文化与济宁三孔文旅的合作，把科技手段、数字技术和升级版的文创产品输入了三孔文旅地区，使得三孔地区的文旅项目整体开放，整体升级。从传统单一的旅游到科技数字的升级文旅。三孔文旅也为观唐文化提供了丰富的游客资源和落地场景，使其文旅地方产业循环发展到了全国的产业循环，既发展了观唐文化地方的旅游经济，又向全国传播了优秀的中国传统文化。

在实践中，观唐文化也总结了一套从文化到产业的商业模式，比如IP授权模式、品牌授权模式、设计模式等。总之，观唐文化围绕着文化、内容、科技和艺术创作手段，以及品牌联名与品牌打造，推出独立品牌，扩展IP落地渠道几方面不断开拓探索，并总结出一套文化产业运营的实践理论。美国有位叫亚历山大的军事家说过一句话："任何真理都是简单明了的，其诀窍是我们比别人先知道了一步。谁能先知道真理，一定是在这个事件中实践的人，有这种阅历的人，才能感受到这种真谛，才能够以此真谛创造出伟大的时代。"中国现在的文化产业，就处在一个需要实践的时代。这是一个需要思考的时代，需要做出标杆的时代。在这个时代，勇于实践的企业家要善于总结实践经验，并善于推广实践经验。

六、对抚州文旅开发的一些建议

抚州是北宋改革家、文学家王安石的故乡，有着可挖掘的深厚的文化内容。如何挖掘这些内容，将抚州打造成一个文化旅游的胜地？对此我有以下几点建议。1.整理文化内容和选择文化开发点。2.采用适宜的开发形式，主要是考虑用哪些技术手段。3.打造抚州的文旅品牌。4.选择适宜的与消费者结合的重要场景。

灵活运用文化创意产业的四要素理论，从内容整理入手，比如从王安石一生的重要思想、著作、诗歌等入手选择可开发点，用现代的技术手段形成年轻人更喜闻乐见的产品形式。将这些内容以D-zone的形式铺到各个旅游点。一是技术内容形成的展示，二是有文化内容的商品，通过老百姓以微消费形式而形成产业。在开发中，还要处理好文化产业和文化事业的关系，同时还需要政府的支持和政府产业基金的引导。

总之，文化创意产业是一个惠民千秋的产业，要有"功不在我"的精神，要有公益的心态、商业的手法、工匠的精神和资本的助力。

综上所述，高品质的艺术产业园区是聚集艺术资源、创意人才、品牌聚集、聚集技术的平台，而文化创意产业又是一个以内容、创意、品牌和场景为串联的重要产业。所以高品质的艺术园区，是推动和串联文化创意产业的重要的基地。

中国公益学院原院长王振耀先生在一次公益论坛上讲了一句话:"目前全球是善经济时代,善经济时代的特点是由企业的社会价值来决定其经济价值,是一批闲人在养一批忙人。在这个过程中,所有企业家追求的目标不光是为股东创造价值,更重要的是给社会创造价值,这样企业本身也有经济价值。"所以处处体现美的艺术园区,一定是善经济时代的发动机。最后,本文想用中国艺术产业联盟的16字宗旨来结束:"大道之行,沧海横流,英雄本色,一烛灼天。""大道之行":现在我们做文化产业,正在一个大道上。《孙子兵法》讲凡取胜者,有五,一曰"道"。"沧海横流":目前,文化创意产业在中国还处于小散乱状态。沧海横流,方显英雄本色。"一烛灼天":未来的文化产业定是林中的响箭、报春的惊雷。

理论视野·城市发展

国家意志与地方动机的重叠：论大运河"流动文化"与非遗"活态文化"

徐 可①

摘 要：大运河文化建设项目在政策发动的背后体现了构建文化自信的国家意志，而地方政府在非遗文化保护与利用过程中也体现了发展文旅产业的地方动机。国家意志与地方动机重叠形成的合力推动了大运河文化与非遗文化的相互交融，改变了非遗文化项目管理体制的固有模式，进而为"金字塔"式的科层体制提供文化创新活力。为通过"大一统""苦难兴邦""家国情怀"等文化符号编码，有助于提升运河两岸传统农耕区非遗文化的时代性和先进性。

关键词：大运河；非遗文化；国家意志；绵延

一、大运河"流动文化"与非遗"活态文化"

2017年6月，习近平总书记对大运河文化带建设作出指示："大运河是祖先留给我们的宝贵遗产，是流动的文化，要统筹保护好、传承好、利用好。"我国具有漫长的治水历史，而"流动文化"也是我国"水治文明"的显著特征，具有"上善若水""善治如水""从善如流"等"地方善治"的美好寓意，把浸润万物的"水"作为其无形而有力的社会基础。

与明清运河不同，隋唐运河遗址地区多为远离中心城市的传统农耕区，因而保留了大量中原农耕特色的非物质文化遗产，传承至今而被称为"活态文化"，彰显了大运河沿岸群众的生存意志和民间文艺的顽强生命力。大运河的"流动文化"与非遗的"活态文化"在这里也得以交汇融合，其所生成的共同特征，一是意指"逝者

---

① 徐可，男，1969年5月出生，河南开封人，郑州财经学院外语学院特聘教授、哲学博士、博士后。研究方向为文化经济学。

如水"的历史性；二是意指"流水不腐"的当代性。

大运河文化建设是由党中央和国务院提出并发动的，体现了"文化自信"建构背后的国家意志；而非遗文化资源散布于民间各地，各级政府都具有借此开发文旅资源的地方动机。国家意志与地方动机形成重叠与共识，推进大运河文化建设与非物质文化遗产传承相互融合，能够生成具有顽强生命力的"文化绵延"[①]。

二、"流动文化"与"活态文化"的交汇：以开封为例

开封是著名的北方水城，黄河、大运河、汴河等河道相互交汇，构成了独特的"运河文化"自然与历史景观，为大运河国家文化公园项目提供了一个城市案例。近年来，开封市"水文化"建设项目成就斐然，表现在以下两个方面：一是在河道整治上，"六河一渠"项目完工和"沿黄生态廊道"开工，为运河水系工程奠定了框架基础；二是在考古发掘上，州桥遗址、顺天门遗址即将建成博物馆，城墙维护项目也已完工，综合呈现黄河水文历史变迁中的"城摞城"的历史风貌。

开封作为北宋经济与文化中心，拥有"运河—漕运—商贸"的便利条件，不仅留下了《清明上河图》的盛世写照，而且由于文化积淀深厚，还拥有"中国历史文化名城""优秀旅游城市""书法名城""戏剧之乡""民间文化艺术之乡""清明文化传承基地"等国家级文化荣誉和称号，其中非物质文化遗产资源非常富集。近些年来，开封市级的非遗名录中，其中绝大部分内容都与运河沿岸日常生活的风俗习惯密切相关。目前，已经建成了朱仙镇木版年画、汴绣、汴京灯笼张、撂石锁等一批展示馆和传习所，这些"活态文化"完全可以纳入大运河文化建设项目之中。尤其是开封市通过"文化客厅"这一旅游品牌，非遗文化对外展示和交流日渐频繁，也提升了大运河文化的社会影响力和关注度。

运河沿岸是古代中国的物资流通与信息沟通的主要渠道和轴线，因人口集聚而催生了繁多的手工技艺、娱乐方式、节日庆典和神话传说，这些文化元素都借助非遗文化而得以传承。截至目前，朱仙镇木版年画、开封盘鼓、汴京灯笼张、汴绣、大相国寺梵乐、麒麟舞、二夹弦、撂石锁、杞人忧天传说共9个项目入选国家级非物质文化遗产名录，开封鼓子曲、宋室风筝、北宋官瓷烧制技艺、滕派蝶画等44个项目入选省级非物质文化遗产名录，豫剧祥符调、开封成语典故、白记荟萃斋花生

---

① 借用法国哲学家柏格森在《时间哲学》中创建的"绵延"一词。

糕制作技艺等218个项目入选市级非物质文化遗产名录。另外，一批非遗传承人也应运而生。郭太运、王素花等7人被认定为国家级非物质文化遗产代表性项目代表性传承人，程曼平、宋天亨等64人被认定为省级非物质文化遗产代表性项目代表性传承人，蔡瑞勇、郑海涛等335人被认定为市级非物质文化遗产代表性项目代表性传承人。这些在世的传承人群体世代生活在黄河运河沿岸，也是这一流域的民间曲艺和手工艺者群体的典型代表，成为大运河流动文化最具生命力的"能动元素"。

近年来，虽然非遗文化保护工作受到前所未有的重视，但也有些偏颇认识需要矫正。在各级文化部门的主管之下，"国省市县"四级非遗项目具有金字塔的科层特征[①]，因此具有了"行政化"的色彩。但是不同"级别"的非遗项目仅仅意味着"代表性"是否广泛，而不能以之作为"高级"与"低级"的区别标签，越是"底层"的非遗项目越是接近日常生活而呈现出"具体的丰富性"。例如，开封市还征集到非遗线索131,826条，其中县级8590条、市级3218条。[②]这也提示我们，如同水面下的冰山，大量沉淀的非遗文化资源还需要发现与激活；大量丰富而宝贵的非遗文化资源还有待我们加以甄别、发掘和充分利用。

"非遗文化"不仅是一项理论课题，更是一项政策实践。毋庸讳言，非遗文化项目的魅力正在于"手工性""艺术性"和"异质性"，内在地排斥了大规模、标准化的机械生产方式。因此，非遗项目大多数依靠家族内部的代际传承，难以实现产业化。不少非遗项目处于难以为继的境地，非遗文化保护普遍面临财力、人力的两大"硬约束"。从资金上看，2017年，开封市将非物质文化遗产保护专项资金纳入财政预算，但杯水车薪，并不能从根本上解决问题：一是传统村镇市场萎缩，导致非遗项目市场环境遭受冲击。二是随着人们生活日渐富足，娱乐方式日益多元化，依靠口传身授的非遗项目的文化优势也在衰减。三是非遗项目抢救和保护工作形势严峻，尤其是传统戏曲传承困难较大，"因人而存"以口传心授的延续方式遭遇挑战，许多曲艺项目面临"人亡艺绝"的困境。

从人才上看，非遗文化项目青年传承人匮乏，缺少自我实现的价值感和文创动力。非遗保护的管理人员、研究人才与非物质文化遗产的传承人一样，也应当首先得到相应的重视与保护。而非遗文化的挖掘、整理、保护和申报工作任务量巨大，却缺少专业人员的正式编制，从事非遗保护的工作人员大都身兼数职。尤其是大多

---

① 因而近年来，在非遗文化项目管理中也越来越具有了科层机构的行政化倾向，这是需要予以关注和矫正的。
② 参见开封市非遗文化保护协会调研数据资料。

数一线的管理人员与专业人才都在"体制外",无法纳入行政事业单位的编制、职务及职称评聘,甚至缺少像非遗项目代表性传承人这样的社会评价体系,难以满足文化事业高质量发展的社会需求。因此,非遗文化也迫切需要以"搭便车"的方式①,利用大运河文化建设的政策契机、建设资金、项目平台、舆论形势,获得财政支持和人才支撑。

习近平总书记指出,提高国家文化软实力,要努力展示中华文化的独特魅力。在5000多年文明发展进程中,中华民族创造了博大精深的灿烂文化,要使中华民族最基本的文化基因与当代文化相适应、与现代社会相协调,以人们喜闻乐见、具有广泛参与性的方式推广开来。非遗文化具有群众性、生活性、娱乐性,便于普及推广。为此,在当前应借助"大运河国家公园"与河南省"郑汴洛黄河文化旅游带"的"项目红利",在时间上利用清明、端午、七夕等传统节庆节点,在空间上依托郑州都市圈和运河沿岸城市,想方设法激活沉淀的非遗文化资源。

三、将大运河的"政治势能"转换为非遗文化的"发展动能"

2006年,大运河被列为第六批全国重点文物保护单位,2014年被列入《世界遗产名录》,成为建构国家记忆,体现民族认同的"巨型文化符号"②。在国家意志的推动下,全国各地大运河建设项目进展迅速,河南也不例外。2021年6月,时任河南省常务副省长周霁在"大运河文化保护传承利用暨大运河国家文化公园建设领导小组会议"上强调,要坚持"规划优先、保护第一,合理开发、永续传承"的原则,做好大运河文化的保护传承、利用。隋唐大运河沿岸的非遗文化资源富集,地方政府也迫切希望借此开发文旅产业,助推县域经济发展。为此,相关部门应形成国家意志与地方动机的重叠共识,促进"流动文化"与"活态文化"相互融合,将国家"政治势能"转换为地方非遗文化的"发展动能"。

(一)利用大运河"顶层设计"推动非遗保护政策体系

2020年初出台的《河南省大运河文化保护传承利用实施规划》成为隋唐大运河文化带建设项目启动的标志,尤其是近期大运河、长城、长征国家文化公园建设规划的出台,构成了文化建设项目中的"顶层设计"。当前,大运河沿线城镇与村落必

---

① 搭便车本是经济学术语,意味着能够占用公共和集体利益而不付成本。
② 可称为巨型文化符号的还有长城、长征、万里茶道、黄河博物馆等。

须抓住这次政策机遇，趁势而上，构建非遗保护的政策体系与配套措施。

为此，应展示非遗"活态文化"推陈出新的生命代谢能力，改变当前非遗项目管理工作中"重申报、轻保护、轻利用"的不良倾向和"只进不出"的制度惰性，制定定期评估办法与动态措施，构建兼具"保护性"和"竞争性"的政策体系。一是设立非遗名录的退出机制。对于无正当理由未履行义务的传承人，责令限期整改；逾期不改正的，则降级或者取消其代表性传承人资格及保护单位资格。二是规范命名办法。2016年，开封市就命名了北宋官瓷艺术博物馆等20家单位为第一批开封市非遗展示馆、传习所、文化展示馆，对应此经验，设置评选补选与退出淘汰机制，进行新一轮的申报命名工作。同时利用网络投票让社会公众参与命名申报工作，加大社会公众对非遗文化的知晓度与参与度。三是以地方性立法的方式，强化代表性传承人及项目保护单位的权利与义务[①]，"以人为本"地凸显"活态文化"特征，矫正"重物轻人"的"物化"倾向。

2008年5月，开封市颁布了《非物质文化遗产保护暂行办法》；2009年6月，颁布了《关于建立健全非物质文化遗产名录体系的意见》；2015年7月，《非物质文化遗产保护条例》被开封市人大常委会列入预备立法计划，但是最终没有颁布。当前，应利用大运河文化建设项目"顶层设计"的政策机遇，在贯彻落实《中华人民共和国非物质文化遗产法》和《河南省非物质文化遗产保护条例》的基础上，释放"政治势能"，尽快利用政策叠加的行政力量开展地方立法调研，适时推出《非物质文化遗产保护条例》，构成非遗保护从地方立法到配套措施的完备政策体系。

（二）以大运河"文保项目"实施非遗项目数字化保护

河南境内的隋唐大运河以历史遗迹遗存为主，地处偏远，周边生态与人居环境非常脆弱，因此需要采取许多抢救性的保护措施。与此同时，对有关的非遗文化资源也需要附带及时予以保护和"抢救式留存"。

例如，陕西沿黄两岸有不少"号工"被列入黄河文化遗产；类似地，开封也有"祥符调"体现出运河沿岸的典型唱腔。自2009年起，开封市就陆续对一批濒危非物质文化遗产代表性项目与代表性传承人开展了抢救性记录工作；2013年，又按照省文化厅统一要求启动"稀有剧种抢救工程"；2015年，启动"传统美术抢救保护工程"；2017年，实施"河南省传统技艺抢救保护工程"。当前的数字音像技

---

① 2017年7月，镇江市通过了《非遗文化项目代表性传承人条例》，是全国首个针对传承人的地方立法。

术为非遗影像留存保护提供了支撑，在此基础上，应结合大运河文化建设中的"数字化"展示项目，推进"非遗数字化"的保护措施：一是利用成熟的二维扫描、三维建模、数字摄影与图像处理等技术，对非遗项目进行数字化保存与存档，对项目和传承人的生存现状、独特工艺、制作流程和代表作品等进行详细的数字化记录。二是借鉴黄河博物馆、洛阳大运河博物馆及其他诸多数字博物馆的经验，在开封市筹划建设"大运河非遗文化的数字展示厅"。三是在强化非遗文化资源的记录与保护的同时，加快非遗文化资源的数字化传播，利用数字技术促进文化创意，赋予大运河非遗文化以新鲜活泼的时尚形态。将数字化技术赋能文化资源不仅能够扩大传播范围，降低传播成本，而且能够进行数字化再加工和迭代升级来实现"文化创意"。

（三）以大运河"教化功能"促使非遗文化进校园

"运河文化"并不单纯是"景观文化"，而是"历史文化"与"审美文化"的综合体，具有强大的"教化功能"。在"文化自信"的建构中，大运河长期积淀所形成的"大一统""人定胜天""苦难兴邦""家国情怀"等文化元素提供了生动的历史反思性[①]教材。

因此，借助大运河文化的活化教材，将丰富的非遗文化资源转化为教育资源，既能够加快非遗文化资源的宣传推广与普及，又能够提升大运河文化的学术研究价值。非遗进校园还可以增强非遗传承人的专业教育程度、社会责任意识和社会荣辱感，从而实现"多赢"。为此，一是利用中华职教社一带有民间性、教育性和统战性的中介平台，启动地方"非遗+职业教育"项目。二是将非遗文化展示、展演送进地方职业院校，以非遗文化的现身说法加快职业教育的技艺性师徒传承的教学改革。三是支持和引导职业院校开设非物质文化遗产保护专业或劳动技能课程，积极培养非遗项目的专业人才，进而形成"非遗+职业教育"的双向循环格局。

（四）以大运河"统一品牌"孵化非遗产业

河南省《大运河文化保护传承利用实施规划》中提出："到2025年河南境内大运河文化遗产实现全面保护，大运河水量保证率进一步提高，实现适宜河段旅游通航，生态空间布局基本形成，河湖水质明显改善，大运河旅游基础设施条件和公共服务保障能力显著改善，一批文化旅游精品线路和大运河统一品牌基本形成。"

---

① 大运河文化景观不仅具有观赏性的休闲娱乐价值，更应具有历史反思性的文化价值，"文化自信"也应构建在文化反思的基础上。

大运河的"统一品牌"具有不可限量的市场潜在价值，而文旅资源的开发关键在于找准市场定位。为此，应结合"郑、汴、洛黄河文化旅游带"的核心文化元素，在郑州都市圈中突出运河文化特色，顺沿"洛阳—郑州—开封—商丘"轴线实施错位发展。对于开封而言，应以非遗文化资源"赋能"水系旅游、乡村旅游、沿黄旅游的市场培育和"大宋文化"产业发展。可以利用"文旅+节事+创意"的方式，围绕运河文化元素及非遗文化资源中包括名人故居、农耕文化、手工技艺等要素，培育跨界合作与互补共生的水系旅游、乡村旅游与农业休闲旅游的市场新形态。同时，结合疫情防控常态化，以"亲水""田园""农耕"等体验式旅游模式来疏解都市圈密集人口疫情防控的社会情绪与心理压力，扩大大运河非遗文化产业的社会效应。

非遗产业化应遵循以下原则，一是"分类施策"，有选择地对能够借助生产、流通、销售等手段转化为文化产品的非物质文化遗产代表性项目实行生产性保护，支持传承人创作适应当代社会需求的作品，推动非遗产品功能转型和审美价值提升。二是"文化先导"，以"先进的黄河文化"为标准，遴选一批非遗项目进行适度的规模化、品牌化开发，提升非遗产品的附加值和创意影响力，凸显中原地区"黄河文化"与"运河文化""农耕文化""清明文化"的多重魅力。三是"资本下乡"，以PPP模式[①]鼓励社会资本通过开办民宿和文化公司、设立文化基金会及捐赠赞助等多种渠道，投资根植于广大农村的运河非遗文化项目。

（五）以大运河"文化节"扩大非遗文化传播辐射

早在2002年10月，由运河沿线城市北京市、天津市、扬州市、镇江市和桐庐市等共同策划举办中国京杭大运河文化艺术节。2021年1月22日，第三届京杭大运河（江苏）文化艺术节在苏州的震泽镇举办了专场活动。

这也提示我们，节庆是传统文化的精髓，因此应抓住传统的春节、元宵节、清明节、非遗日等节庆时点，集中筹备非遗展示展演活动并以"节庆娱乐"的方式推进地方旅游景区宣传工作。一是在开封水系景区筹备"正月十五闹元宵非遗展演""非遗进景区2021春季大联展""清明文化节开幕式非遗展示""文化和自然遗产日宣传展示""万岁山庙会非遗文化展示"等系列活动。二是在节庆期间加快推进运河非遗文化的宣传推介活动，借助主流和权威媒体扩大传播效应。

2018年春节期间，宋室风筝、吹糖人等民间绝活曾经亮相央视"喜到福到好运

---

① 即多元投资相结合的文旅项目融资模式，当前的"乡伴"就是典型案例。

到 2018 春晚倒计时"节目，朱仙镇木版年画、汴京灯笼张登上央视元宵晚会。2019年，汴京灯笼张应邀赴京参加央视元宵晚会录制。相关单位应在此基础上继续提升运河非遗文化宣传的品质。三是在节庆期间加快非遗文化的对外国际传播。尽管非遗是地方性的传统文化，但"大运河"却是一张世界名片，中国大运河与苏伊士运河、巴拿马运河完全可以相提并论。2020 年 4 月，尽管受到新冠肺炎疫情的冲击，开封盘鼓艺术团赴埃及萨拉丁城堡参加第七届国际鼓乐与传统艺术节仍然取得了巨大成功。相关单位应利用"一带一路"倡议中的文化交流项目，针对海外华人华侨群体开展"以非遗唤乡愁"的文化统战工作，同时加快运河非遗文化的对外交流，以此促进开封文化界的对外开放与国际文化名城的软实力提升。

（六）以大运河"跨区治理"创新非遗管理体制

2019 年 6 月，国务院办公厅印发《关于同意建立大运河文化保护传承利用工作省部际联席会议制度的函》，标志着"全流域制"打破了行政区划界限的"割据制"，成为一项重大的体制创新。借助大运河文化建设的跨区治理体制，有望推动非遗项目管理体制的创新。

如前所述，非遗项目管理的分级逐层的金字塔体制导致行政科层特征明显，由地方申报容易导致地方竞争和各自为政的"碎片化""离散化"，因此还应借鉴当前的"流域制"及普遍实施的"河长制"进行资源整合，以大运河流域的整体性视角统筹提升非遗项目的申报质量。大运河文化建设机制中也特别强调了部门协调和区域协同，这一点也是非遗项目管理体制的创新源泉。2021 年 7 月，郑州地铁建设中利用地下空间开辟了沿黄"非遗文化展览馆"，这种突出流域特色、扩大流动范围、集约土地空间、统筹协调部门的思路和做法值得借鉴和推广。借助大运河文化建设的统筹规划与整合力量，能够解决非遗项目管理体制中的一些问题。重视非遗文化资源固然是好事，但毋庸讳言，当前也出现了非遗文化过度泛滥的倾向。例如，在 2021 年全国两会和地方两会上，各地各部门有关非遗文化的各类提案骤然增多，远远超过教育、科技等其他类别的提案。[①] 针对泛化的"非遗热"，迫切需要对标大运河的"先进文化"进行适当降温和冷处理，提高申报门槛，分类遴选，同类整合。

为此，一是挖掘与大运河生产、生活与风俗习惯直接相关的"水文化"非遗项目，例如黄河澄泥砚制作、黄河鲤鱼制作等，可以形成"统一品牌"的集成效应。

---

① 本文发现，在 2021 年全国两会和地方两会上，都或多或少存在"非遗文化热"的现象，这种过热现象反而需要引起关注。

二是逐步提高非遗文化的当代价值标准与底线，尤其是对其中的文化元素进行鉴定，突出其中的先进性、工艺性和传播性，杜绝各种噱头猎奇和过于追求形式的现象。三是改革申报制度，可以由传承人自主申报制改为自主申报与专家遴选相结合制度，逐步扩大专家不记名投票进行遴选的项目范围，如同诺贝尔奖评选程序与制度那样，逐步提升非遗项目的示范性、公正性与权威性。

四、大运河"流动文化"与非遗"活态文化"的融合共生

大运河文化的流动性在于历史的延续性和与时俱进的创新性，尤其是大运河国家文化公园还是国家意志的体现与标志。这对于地方性、民间性的非遗文化及其管理体制具有引领功能的"合法性"。

大运河文化建设中，首先应给予非遗文化以"政治认可"和"制度承认"，将非遗文化作为自身文化符号的具体呈现。当前，大运河文化建设在很大程度上是以大运河国家文化公园项目为载体的，但是基础设施和建筑工程只是折射了大运河文化的"技术文明"。归根到底，大运河文化深层的"历史记忆"仍然隐藏在千百年来沿岸民众不断绵延着的风俗习性，这也是非遗文化所特有的生命张力[①]。以开封州桥[②]考古挖掘为例，复原当时汴河沿岸的生活状态，人们可以在此展开历史审美的无限畅想。非遗文化犹如"活化石"一样具有强大的历史记忆功能，引起人们的怀旧和乡愁，达到一种特殊的乡村审美、日常审美、民间审美的"活态体验"。因此，非遗项目构成了大运河文化中"大众审美"[③]的活化酵母。

非遗文化具有地方性和民间性，因而能够落地生根，转换成"乡风文明"并生成真正的"活态文化"。以大运河"巨型文化符号"为线索，将沿岸非遗文化项目串联和整合，能够形成更大规模、更广范围、更高层次的非遗文化群和非遗项目库。当前，非遗项目大多被视为一种"文旅资源"而进行产业开发，这种思路起初并无不可。但是随着黄泛区脱贫攻坚项目的实施，隋唐运河遗址农耕区的人口逐步回流，非遗文化作为一种地方性的"文艺标本"，也应逐步融入当地的"乡风文明"建设之

---

① 法国哲学家柏格森的"时间哲学"观点认为，时间在本质上不是可以测度的"物理时间""科学时间"，而是人类凭借历史记忆获得的一种心理的绵延状态，其背后体现了人类的生命意志与冲动。
② 2021年6月，经过持续考古发掘，确定州桥为砖石结构的单孔大桥，南北跨度25.4米，宽近50米，"州桥明月"是当时著名的景观。
③ 这里特指审美活动的日常化和大众化，它是旅游消费与文化消费相互融合并逐步升级的标志。

中。非遗文化具有娱乐、社会交往与身份认同的作用，因而具有相当的社会价值和实践意义。换言之，非遗项目首先可以开发出来给游客观赏，通过非遗产业开发与"旅游扶贫"相结合，将非遗产品与"一村一品"相结合，利用政策叠加扩大运河非遗项目的社会效益。其次，非遗文化更应该内嵌于当地的社会经济系统之中，融入地域性的风俗习惯，融入村落的日常生活之中。非遗文化不仅是旅游资源，更是一种内生性的"生活资源"；非遗文化不仅需要借助文旅产业实现"复活"，更需要一种由客体向主体回归的依靠生命意志与本能①的活化传承力量，这也是"本土文化"真正的核心魅力和吸引力。将非遗文化推进机制与扶贫攻坚长效机制相结合，转化为当前乡村振兴战略下的乡风文明，不仅是县域经济内生性发展的动力，也是消弭城乡差距促进共同富裕的现实路径。

大运河之所以成为"文化自信"的建构工具，正是因为大运河具有"大一统""苦难兴邦""家国情怀"等中国传统政治文明和社会文化的先进要素与精华。大运河文化流淌千年，浓缩了国家政治、河道治理、漕运经济、城镇兴衰等"宏大叙事"。因此，它承载的既是历史过程也是逻辑过程，更是马克思在《资本论》中所说的"历史与逻辑的相统一"。

非遗文化是民众日常生产生活与风俗风貌的具体展示，是千千万万民众在底层的微观的具体的生命过程的呈现。正因为如此，非遗项目需要利用大运河的文化符号来进行"意义编码"②——从风俗习惯、娱乐方式与手工艺的传播中凝练出流动着的时代精神和不断更迭的社会进化意义。

总之，大运河呈现了中华文化的历史理性与精神脉络，而这种历史理性与精神又透过非遗文化折射出绚丽多彩的日常生活场景，在当代隋唐运河沿岸生成交汇相融的生动图像。

参考文献

[1]乔晓光.活态文化：中国非物质文化遗产初探[M].太原：山西人民出版社，2004.

---

① 美国社会学家凡勃仑认为工艺是人类的一种本能。本文借此认为非遗文化中蕴含人类许多游戏性、娱乐性、工艺性和创造性的本能因素，这不仅出于谋生，也是人类生命力的本能体现。
② 本是计算机术语，指信息应该在意义层面上加工进而把信息和存储的知识联系起来，本文指的是通过文化符号的不同解读，赋予其不同的价值和意义。

记忆重构与文化认同：工业遗产活化保护的价值逻辑和实践路径

——以重庆工业博物馆为例

张海燕　陈　爽　廖振敏[①]

摘　要：工业遗产是城市的重要见证与遗存，承载着城市的集体记忆，而工业遗产保护是城市文化建设的题中之义。本文基于城市记忆和文化认同理论，以重庆工业博物馆为例，研究工业遗产活化保护的价值逻辑与实践路径。研究发现，重庆工业博物馆是唤醒城市记忆的薪火、延续城市记忆的容器、传播城市记忆的媒介，其实践路径是通过城市记忆符号整合、记忆中介呈现和记忆动态变迁来建构记忆活化机制，唤醒、延续与活化城市记忆，以塑造城市文化认同。

关键词：工业遗产；城市记忆；文化认同；重庆工业博物馆

一、问题提出

英国工业革命爆发以来，工业技术渗透人们生活的方方面面，并改变了城市景观，工业厂址、设备、建筑等在城市中随处可见。随着时间的流逝，这些工业遗址逐渐成为工业遗产，越来越具有"化石标本"的意义，因而，工业遗产及其保护也逐渐引起各界关注。1986年，联合国教科文组织开始把这些工业遗迹及充分表现了当时工程技术水平的运河、铁路、桥梁、交通和动力设施收入《世界遗产名录》[②]。2003年，国际工业遗产保护委员会上通过的《下塔吉尔宪章》明确指出："工业遗

[①] 张海燕，西南大学国家治理学院教授，重庆文化产业（西南大学）研究院执行院长，西南大学公共文化研究中心研究员；陈爽，西南大学国家治理学院公共关系学硕士研究生，研究方向为文化产业创意与策划；廖振敏，上海交通大学新闻与传播硕士研究生，研究方向为文化产业管理。
[②] 刘伯英.工业建筑遗产保护发展综述［J］.建筑学报，2012（1）：12-17.

产是指具有历史、技术、社会、建筑或科学价值的工业文化遗存,包括建筑物和机械、车间、作坊、工厂、矿场、提炼加工场、仓库、能源产生转化利用地、运输和所有其他的基础设施及与工业有关的社会活动场所,如住房、宗教场所、教育场所等。"[1]我国拥有大量工业遗产,近年来对"工业遗产"给予的关注越来越多。2006年,国家文物局下发了《关于加强工业遗产保护的通知》。同年,国家文物局在首届中国工业遗产保护论坛会上正式颁布《无锡建议》,明确了工业遗产的概念、工业遗产的保护内容,强调了工业遗产正受到工业衰退和去工业化过程的威胁。这是我国工业遗产领域的里程碑文件[2]。2018年11月,工业和信息化部印发《国家工业遗产管理暂行办法》。2020年6月,国家发展改革委等五部门联合印发《推动老工业城市工业遗产保护利用实施方案》,文件从理论研究、重点项目等方面完善举措,切实推动工业遗产保护利用。由此,我国工业遗产保护进入了新阶段。

在城市化建设中,传统的城市更新以拆除重建为主,通过再造城市空间以推动现代化进程,但这种更新方式不仅会破坏城市原有建筑、肌理等物质空间,还会侵蚀城市精神空间,导致城市文脉被割裂,城市陷入失忆危机,造成城市文化沙漠现象。工业遗产作为城市近现代化过程中的重要见证与遗存,既是城市特有的一种文化景观,也是城市记忆的容器,承载着城市的集体记忆,凝聚着一代人艰苦奋斗的工人精神,具有增强文化认同、提升文化自信的作用。因此,保护工业遗产应是城市文化建设的题中应有之义。但随着城市的现代化转型,工业遗产处境尴尬,其去留、规划建设等问题都是城市更新中的重要问题,倘若不能对其好好加以保护,许多宝贵的工业遗产将会消亡,城市的历史文脉也会出现割裂。因此,本文以城市记忆与文化认同为理论视角,以重庆工业博物馆为例,分析工业遗产的保护与利用现状,并探究重庆工业遗产活化保护的价值逻辑,再结合城市记忆机制总结出其工业遗产保护的实践路径,以期为其他工业遗产保护利用提供参考。

二、相关研究回顾

(一)关于工业遗产的研究

目前,我国对工业遗产做了大量的研究,其研究内容、研究视角、研究方法均

---

[1] 许晓斌.工业遗产与地方社会变迁[D].武汉:武汉理工大学,2010.
[2] 高祥冠,常江.近十年我国工业遗产的研究进展和展望[J].世界地理研究,2017,26(5):96-104.

取得一定的研究成果，主要包括三个方面：一是工业遗产的实践研究。这类研究多以个案为例，分析工业遗产的再利用实践，这也是目前较为普遍的研究内容。当下，工业遗产的再利用已经从传统的博物馆模式走向了多元综合的工业遗产旅游开发。二是工业遗产的价值研究。将工业遗迹作为工业遗产进行保护需要进行必要的价值评估，这是进行工业遗产再利用的前提。部分学者采用定量的研究方法对工业遗产价值进行量化分析，比如林涛等采用多元回归的方法研究了上海工业遗产的原真性感知；也有学者采用定性研究方法分析工业遗产具有历史文化价值等，比如朱晓明等从时间维度上对工业遗产背后的历史文化价值进行了深入分析[1]；李先逵等研究了工业遗产的价值取向，以重庆工业遗产为例，提出从主要行业到典型企业再到建筑遗产的递进评价方法，分别制定行业、企业和建筑的评价指标，建立了三类七项十条指标的评价框架[2]。三是工业遗产的研究方法。这些研究方法包括SWOT分析[3]、层次分析法[4]、CVM分析法等，以及将高新技术，如BIM技术、GIS技术等引入工业遗产的保护研究。

以往，针对工业遗产的研究多集中在建筑学和城市规划学等领域，近年来，社会学、文化学、人类学等领域的研究者逐渐将工业遗产作为文化遗产的一个类型，将其纳入城市文脉的关系中以思考工业遗产和城市的关系[5]。但从城市记忆理论视角研究工业遗产的文章（核心期刊）仅6篇，张悦群、高宇探究了工业遗产作为城市记忆容器与文化载体的双重功能，研究城市文化传承和创新的全新可能性[6]；张环宙等深入分析了滨水区工业遗产延续城市记忆的"双层模式"[7]；段锐主要分析了长沙市工业遗产的分布现状、构成要素及其文化价值，不仅强调了工业遗产保护的必要性

---

[1] 朱晓明，吴杨杰，刘洪."156"项目中苏联建筑规范与技术转移研究——铜川王石凹煤矿[J].建筑学报，2016（7）：87-92.
[2] 李先逵，许东风.工业遗产价值取向的评析[J].工业建筑，2011，41（10）：37-40.
[3] 徐喆，邵兰霞.辽宁工业旅游的SWOT分析及开发对策[J].吉林师范大学学报（自然科学版），2007（4）：104-105.
[4] 张卫，叶青.基于层次分析法的长沙工业遗产评价体系研究[J].工业建筑，2015，45（5）：30-33.
[5] 高祥冠，常江.近十年我国工业遗产的研究进展和展望[J].世界地理研究，2017，26（5）：96-104.
[6] 张悦群，高宇.关于工业遗产作为城市记忆容器与文化载体的研究[J].包装工程，2017，38（10）：218-222.
[7] 张环宙，沈旭炜，吴茂英.滨水区工业遗产保护与城市记忆延续研究——以杭州运河拱宸桥西工业遗产为例[J].地理科学，2015，35（2）：183-189.

与重要性，而且还提出了相应的保护和利用路径①；周大鸣、刘家佶分析了工业遗产保护与城市发展之间的关系②；许建和等剖析了如何结合现代城市生活对长沙市裕湘纱厂厂房室内空间进行合理划分和重新组织③；郝卫国、于坤探究了在城市化进程中唐山工业旧厂区如何再生为博物馆、纪念馆、展览馆等系列展陈空间，以延续城市记忆④。

（二）关于城市记忆的研究

"记忆"是什么？"记忆"来自哪里？谁来"记忆"？哲学、心理学等领域的学者曾经一度为这一问题所困扰。"记忆"一词是14世纪从法语中引入的，它最早起源于古希腊神话中记忆女神的名字⑤。20世纪20年代以前，记忆研究都是以神经学、心理学为中心，直到法国社会学家莫里斯·哈布瓦赫提出集体记忆概念，将记忆研究从个体引向集体的社会框架，才使"记忆"跳出原有学科的桎梏。哈布瓦赫将集体记忆定义为"一个特定社会群体成员共享往事的过程和结果"，认为集体记忆是为了表达个人记忆的社会情境，而记忆除了明显的"时间锚定"，还提供一种"空间定位"。个人对事件的记忆、在城市中事件发生的时间，及时地融合为一个集体附加到物理空间的内存中，我们称其为"集体城市记忆"⑥。而最早将集体记忆与城市联系起来的是意大利学者罗西，他在著作《城市建筑学》中提出，城市记忆是各个时间断面上城市所有无形精神文化和有形实体环境的共同记忆，"城市是人们集体记忆的场所及载体"⑦。

对于城市记忆这一概念，目前还未有固定统一的定义，不同学科领域对其定义也各有不同。在西方的研究语境中，城市记忆与集体记忆的概念往往不存在较大意义上的分歧，研究者多根据自己的习惯选择性地使用或混用⑧。国内学者也从不同视

---

① 段锐.城市记忆与社会变迁：长沙工业文化遗产初探[J].湖南社会科学，2013（4）：255-258.
② 周大鸣，刘家佶.城市记忆与文化遗产——工业遗产保护下的中国工人村[J].青海民族研究，2012，23（2）：1-5.
③ 许建和，王军，严钧.城市记忆——长沙市裕湘纱厂保护规划设计[J].工业建筑，2010，40（7）：24-27.
④ 郝卫国，于坤.城市记忆的延续——唐山工业旧厂区再生为系列展陈空间的探索与实践[J].装饰，2010（2）：96-98.
⑤ 李宏图，王加丰.表象的叙述[M].上海：上海三联书店，2003：141-142.
⑥ Halbwachs, M. On Collective Memory [M]. University of Chicago Press, 1992.
⑦ Aldo, Rossi. The Architecture of the City [M]. Cambridge：MIT Press, 1982：130.
⑧ 李彦辉，朱竑.国外人文地理学关于记忆研究的进展和启示[J].人文地理，2012（1）：11-15，28.

角对城市记忆进行了探讨。如冯惠玲等基于档案学视角,认为城市记忆是对过去城市整体形象的认知和重构,其物化的载体就是城市记忆的历史记录,即在城市建设、管理、变迁、发展过程中形成的具有保存价值的历史记录[①];涂欣基于建筑学视角,认为城市记忆是一种比喻,如同说"建筑是石头的史书"一样,城市记忆指城市与建筑上的历史遗存的痕迹,它以其特有的方式记录或贮存了各种信息,它同时也存在于人们的意识形态之中[②];邱冰等基于城市规划视角,将"城市集体记忆"定义为一个具有特定文化内聚性和同一性的群体对与群体相关的城市空间、城市事件的共同记忆[③];朱蓉基于社会学和心理学视角,认为城市的记忆主要体现为一种集体记忆,它在范围上区别于个人记忆、家庭记忆、国家记忆,仅局限于被某个城市中长期生活的人群所充分共享的记忆[④]。

虽然学界对城市记忆没有一个绝对的概念,但是学者进行研究时大都会探讨城市记忆要素,即城市记忆系统包含哪些元素。如顾孟潮把城市记忆大体划分为四个层次:物的层次、场所层次、事件层次和意境层次[⑤],这是基于城市记忆内容划分的;于波将城市记忆要素细致地划分为自然环境要素、城市形态特征和特色景观、负载历史信息的建筑物和空间、传统的生活与行为方式、城市地名和传统的特色产业、特定的人及事件等[⑥],于波同样也是基于城市记忆的内容进行划分,但是其划分的类别更具体;朱蓉把城市记忆要素分为记忆主体、记忆客体和记忆载体,其中主体是城市集体,客体是城市中发生的事件和生活故事,载体是语言、文字、遗迹和活动等保存记忆的媒介[⑦],朱蓉区别了"谁来记忆""记忆什么"和"怎么记忆",较之前者多了两个维度;李王鸣等提出城市记忆运行过程由四个要素构成:记忆者、记忆途径、记忆对象、记忆支撑[⑧],这与朱蓉对城市记忆的划分有相似之处,但多了"记忆支撑"这一维度。

---

① 冯惠玲,张斌,等. "档案记忆观"与"中国记忆"数字资源库建设研究报告[R].中国档案学会档案学基础理论学术委员会,2012.
② 涂欣.经营"城市的记忆"[J].四川建筑,2005(1):13-14.
③ 邱冰,张帆.基于城市集体记忆建构的城市公共艺术规划——一种公共艺术介入环境空间规划设计的路径[J].规划师,2016,32(8):12-17.
④ 朱蓉.城市与记忆:心理学视维中的城市历史延续与发展[J].南方建筑,2004(4):65-68.
⑤ 顾孟潮.留下城市的记忆[J].文明,2004(1):10.
⑥ 于波.城市记忆研究[D].武汉:华中科技大学,2004.
⑦ 朱蓉.城市记忆与城市形态[D].南京:东南大学,2005.
⑧ 李王鸣,江佳遥,沈婷婷.城市记忆的测度与传承——以杭州小营巷为例[J].城市问题,2010(1):21-26.

（三）关于文化认同的研究

认同，是现代社会学中的一个重要概念，文化认同则是现代社会对文化思考的一种转向，是一种理解文化和解释文化的重要途径和工具[①]。文化认同理论是美国精神分析家埃里克松于20世纪50年代初提出的，后被应用于社会、历史、政治、文化等领域的研究[②]，也一直是国内外学界研究的重点。目前，我国学界针对文化认同的研究在一定程度上已取得了较为丰富的成果，如大学生文化认同[③]、民族文化认同[④]、国家文化认同[⑤]、跨文化认同[⑥]研究等。但从文化认同理论视角研究工业遗产的文章（核心期刊）仅一篇，蒲培勇通过梳理我国工业遗产的研究历史，提出三线建设城市老工业区具有地方性知识、族群记忆、文化认同、科学技术等方面的价值取向，而且在此基础上分析了其价值的构成[⑦]。

综上，尽管工业遗产、城市记忆、文化认同在各自的领域均取得了丰富的研究成果，但是从城市记忆和文化认同理论视角研究工业遗产的目前几乎没有。工业遗产作为城市宝贵的文化遗产，本身就是城市集体记忆的重要载体，对于塑造文化认同具有重要意义，因此本文从城市记忆和文化认同理论视角研究工业遗产的活化具有理论开拓性和现实必要性。

三、重庆工业博物馆

重庆工业博物馆是重庆市政府于"十二五"期间打造的重大文化设施之一，也是重庆市四大博物馆之一。为了更全面地展示重庆120年的工业历史和钢铁精神，重庆市政府在原大渡口区重庆钢铁厂遗址上修建了重庆工业博物馆。重庆钢铁（集团）有限公司（简称重钢）前身是1890年9月湖广总督张之洞创办的汉阳铁厂。汉

---

① 郑晓云.文化认同[M].北京：中国社会科学出版社，1992：1.
② 高洁.基于文化视角的中西文化遗产管理比较研究[D].济南：山东大学，2021.
③ 陈培杰.高校学生党员红色文化认同教育研究[J].学校党建与思想教育，2021（8）：40-41.
④ 邹广文，沈丹丹.中华民族共同体文化认同的历史生成逻辑[J].天津社会科学，2021（3）：11-18.
⑤ 傅才武.文化认同型国家属性与国家文化战略构架[J].人民论坛，2021（4）：101-103.
⑥ 魏岩军，王建勤，朱雯静.不同文化背景汉语学习者跨文化认同研究[J].华文教学与研究，2015（4）：38-47.
⑦ 蒲培勇.三线建设城市老工业区改造中的遗产价值再塑——以攀枝花席草坪工业遗址片区改造为例[J].现代城市研究，2017（2）：94-100.

阳铁厂是中国第一座钢铁厂，被称为"中国钢铁工业的摇篮"[①]。重钢作为三朝国企（清代、民国、中华人民共和国），积累下了深厚的工业文化资源，为工业博物馆建立奠定了坚实的文化基础。2007年，在重庆市政府的引导下，重庆渝富资产经营管理集团依托重钢遗址、立足国际视野、运用先进理念和展陈手段，规划建设重庆工业博物馆以打造特色文旅品牌，创新工业遗产活态保护方式。该项目也于2011年被列入重庆市"十二五"重大社会文化项目。

重庆工业博物馆由三大展区构成，包括主展馆、钢魂馆、工业遗址公园等室内外公共空间工业展品装置式陈列。展馆下设有展厅，主要包括序厅、开埠—工业火星厅、抗战—工业大后方厅、三线—工业基地厅、改革—工业转型厅、未来—工业展望厅六大展厅，按照时间维度划分，各个展厅分别对应一个主题，叙述不一样的工业故事，从而一步步唤醒与强化人们的城市记忆。序厅是重庆工业遗产故事叙述的"楔子"，主要陈展重庆工业大事记和"重庆之眼"艺术装置，并记录了重庆工业发展的四个阶段，以激活重庆工业的"百年风华"，一代人的集体记忆由此开启；抗战—工业大后方厅讲述的是乱世之下重庆工业坚韧不拔的故事，中国工业在抗战期间大规模地内迁，重庆也凭此成为抗战大后方的工业中心，这是一段悲怆的记忆；三线—工业基地厅讲述的是三线时期工业建设的故事，在这期间内，重庆建成了各类工业生产齐全的国防体系，进而逐步成为我国重要工业基地，对我国国防建设具有重要意义，这是一段辉煌的记忆；改革—工业转型厅讲述的是重庆工业遗产转型发展的故事，重庆市成为全国率先进行城市经济体制改革试点，重庆工业由此进行了转型发展，这是一段探索的记忆；未来—工业展望厅着力于装点未来，立足于战略性新兴产业，着力建构"芯屏器核网"全产业链，建构美好蓝图，这是一段指向未来的充满希望的记忆。

四、工业遗产活化保护的价值逻辑

冯骥才先生曾说："城市和人一样，也有记忆，因为它有完整的生命历史。"[②]丧失记忆的城市即意味着文化根脉延续性的断裂与消退[③]。在城市的不同发展阶段

[①] 刘伯英，杨伯寅.重庆工业博物馆的概念规划和建筑设计[J].工业建筑，2014，44（9）：1-6.
[②] 冯骥才.城市为什么要有记忆？[J].文化月刊，2004（3）：46-49.
[③] [美]刘易斯·芒福德.城市发展史[M].宋俊岭，等译.北京：中国建筑工业出版社，2005：101-105.

中，城市的各个地方会留下独特的文化烙印，随着时间的流逝，这些烙印就逐渐成为城市共同的集体记忆。工业遗产亦是这些烙印之一，蕴含着城市独特的文化气质和生生不息的文化韧性，见证着城市工业文明发展的历程，更凝聚着一代人艰苦奋斗的集体记忆。因此，保护和活化城市工业遗产能够唤醒城市记忆，借此塑造文化认同，增强人们的认同感和归属感。

首先，重庆工业博物馆是唤醒城市记忆的薪火。记忆是用来遗忘的，当过去被尘封太久，有关过去的那些记忆就如同淹没在了遗忘的海洋，渐行渐远。人们也会在曾经熟悉的城市中，逐渐产生"陌生感"甚至"异乡感"，这种"陌生感"消解了城市共同体，侵蚀了城市文化认同，人们逐渐从城市的"我者"变成"他者"。如果没有与过去有关的刺激，人们只会越来越遗忘。重庆工业博物馆将重庆工业发展史分别嵌入每一个展馆、每一个展厅、每一件展品之中，通过与展品的互动，游客能够回溯其隐含其中的年少时期成长的幸福时光、背后充满心酸与汗水的奋斗历史和艰苦岁月，再借由这些记忆碎片的"薪薪之火"来点亮完整的城市记忆，使人们不会遗忘曾经的历史。其次，重庆工业博物馆是延续城市记忆的容器。城市记忆是历时性与共时性的统一，是城市演变中被居民念念不忘的历史记录，包括物质空间与非物质空间[1]。重庆工业博物馆反映了重庆的工业发展、社会生活和时代精神的有机结合，承载着人们对城市工业发展时代的历史发展认知、审美感知、科技感知、社会认同、精神共鸣、真实感与象征意义。以馆藏的方式活态保护工业遗产，一方面能再造物质场所，强化场所认知，重庆工业博物馆就是一座承载城市记忆的物理场，具有建构独属于重庆人民记忆"框架"的意义，在视觉上营造富有城市记忆内涵的工业场所，增强记忆的可识别性；另一方面能复兴场所精神，营造集体氛围感，重庆工业博物馆除了是单纯的物理空间外，还承载了一座城市的独特气质和工业精神，场所精神的营造依赖于工业遗产的物化形式来营造一种内在的人文氛围，使人们"在场"时会不自觉产生似曾相识的感觉，遗忘的记忆会汇聚于此，从而使人们产生集体认同感和归属感，实现人与人、人与城市之间的情感联动，同时完成时间与空间维度上的城市记忆的延续与传承，保存城市的怀旧感、地方感。最后，重庆工业博物馆是传播城市记忆的媒介。内容上，重庆工业博物馆拥有很多显性文化符号可供提取，如生产车间、各色工厂设备等，其特殊的工艺与形制构造为展开特色叙事

---

[1] 刘亮，贾梓苓，谢秉宏，苏子航. "记忆+"视角下城市更新规划路径初探——以咸阳市毕塬路街区为例[J]. 城市发展研究，2019，26（S1）：83-88.

提供前提，有利于抒写工业遗产的文化品格；形式上，重庆工业博物馆进行了创新性表达，利用科技化手段，打造沉浸式氛围，在光与影、新与旧的文化空间中展陈丰富的工业遗产内容，让游客能通过展品超时空地感受过往时代的工业文化，更好地传播那个时代独具特色的工业记忆。

五、工业遗产活化保护的实践路径

记忆既着眼过去，也着眼未来。①在城市的时间轴上，城市记忆不仅指向过去，更在走向未来。当下，建立记忆活化机制以激活城市记忆是工业遗产活化保护的可行路径。重庆工业博物馆则是从记忆唤醒（整合记忆符号）、延续（记忆中介呈现）与活化（记忆动态变迁）这三个维度来建构记忆活化机制的。

（一）记忆唤醒：城市记忆符号整合

在城市更新的过程中，城市空间会进行重组，原有的肌理、风貌会发生变动，而伴随城市的重建，城市记忆也发生了变化。综合来看，城市记忆的建构是一个前进与遗忘并行的过程。但与连续不断生成和传承的传统不同，记忆的运动是零星出现的，缺乏关联，它们从某种意义上讲会一触即发。②城市能够延续下来，首先就是因为其拥有零散的、碎片化的城市记忆符号，在人们与其接触时打开记忆的开关。在空间重塑过程中，重庆工业博物馆以大渡口区老重钢原型钢厂的工业遗存为基础，提供了城市记忆最真实的展演空间③，以时间为轴线将非共时性的工业文化要素进行信息集聚与整合加工，收集具有代表性的视觉记忆符号进行分组展列，如将纺织厂并条机、兵工厂立式钻床分别划入民营纺织类和军工类，同时进行场景搭建，如展示复原玻璃厂、酒厂微缩场景，以及融合光影技术、沉浸式展览和互动试衣屏等营造整体的空间氛围。可以看出，这些城市记忆符号通过空间陈列、展演的方式再现在人们眼前，重现了过往、当下与未来的城市记忆，这不仅是城市记忆展演与建构的重要物质前提，也能使城市工业文化、记忆符号及精神重新清晰，传递城市工业

---

① ［英］查尔斯·费尼霍. 记忆碎片：我们如何构建自己的过去［M］. 王正林，译. 北京：机械工业出版社，2017.
② ［德］阿莱达·阿斯曼. 回忆空间：文化记忆的形式和变迁［M］. 潘璐，译. 北京：北京大学出版社，2016.
③ 文彤，刘璐. 博物馆文化展演与城市记忆活化传承——基于旅游留言档案的文本分析［J］. 热带地理，2019，39（2）：267-277.

文化中人的精神品质、人格塑造、生活方式及人生追求,[①]形成人对城市中独特的工业文化与城市记忆的识别与接受,进而唤醒人对城市的文化辨识感,强化符号背后城市精神的存在意义与价值。

(二) 记忆延续：城市记忆中介呈现

随着科技的发展,人们越发依赖传播媒介来保存瞬时记忆,这种生产形式能够较大程度地保留人们对城市工业文化空间的印象。此外,个体接触的真实性能够更有效地激发人们的追溯与回忆,以便融合个体经验与城市经验,形成人们维护城市记忆共同体的自觉感。一方面,差异化的工业遗产能够帮助识别不同历史时期的工业发展状况。在单个展览板块中,时间线是明显的区隔线,例如重庆工业博物馆在进行物理空间的划分,有助于人们形成关于某一段时期工业文化的专注感与投入感,从而更容易对特定板块的城市工业文化形成记忆框架,便于参观者进行回溯与追忆,即有利于形成文化展览中的代入感。另一方面,工业文化也大多与重大历史事件相关联,由此,工业空间及与之相关的城市记忆也就被打上了历史的烙印。作为中华民国战时首都的重庆,经历了日本长达五年的战略轰炸,在此情形下孕育出的工业精神是不屈不挠的、充满抗争的,这种精神与信念通过"愈炸愈强"沉浸式体验区的场景呈现、与之关联的事件回溯形成了集体回忆的过程,个体在观看与介入的过程中能够将自己带入当时的集体内建立起与其他人群的区隔,此处呈现的即为中华民族大集体与外来侵略者之间的历史文化区隔,从而完成了个体对集体身份的定位与认同,个体与集体在此过程中也同样获得了历史感与真实感。此外,通过回顾重庆工业百年发展历程及展望新时代发展,重庆工业博物馆不仅呈现了重庆的城市化、工业化进程,还将重庆的发展置于全国的发展规划之下,能够将重庆当前的工业发展与过去有关工业文化的城市记忆相互联结,更能与全国各地的有关工业空间的城市记忆形成互通,结合社会生活的发展,在新时代传承重庆百年工业文化,彰显重庆的独特气质和文脉。可以看出,城市记忆的建构也是帮助个体建构自身身份认同、明确集体归属感、建构文化区隔与文化互动的过程。

(三) 记忆活化：城市记忆动态变迁

城市记忆是动态的、不断变化发展着的。如今的城市记忆空间打造不仅仅需要重视静态展现,还需要关注动态展演,功能的多元化及强互动性,以便提高人们对

---

① 宋晓敏.城市现代化视角中的城市记忆符号——以唐山市工业文化为例[J].城市发展研究,2018,25(3):5.

城市记忆实践的参与度。不同的人在不同时段经历同一个记忆空间，感受规律性的记忆展演，从而使得集体记忆能够在个体脑海中留存下去，并且保留与集体的关联感，这种经验的遗存则会潜移默化地影响人们的日常生活实践，因此，记忆实践的范围便能进一步扩大。重庆工业博物馆中涉及了军工企业、民营企业及工人俱乐部等多种业态，以工人俱乐部为例，其通过影像、图片、物件等呈现出的文化娱乐活动、管理方式，再现了当时的工业空间与生活空间的融合，而通过记忆符号的整合，又呈现出独特的历史感，进而形成工业、生活与历史空间的融通，更能满足普通大众对日常生活实践的亲近感与归属感要求，提升大众对工业空间的体验感与愉悦感，使其不仅成为人们追忆工业遗址文化的场所，更成为今昔生活变迁的一面镜子，丰富城市记忆在时间与内容维度上的延续感。另外，城市记忆也是集体记忆的一种，而集体记忆需要借助传播载体来维持其在精神维度的结构根性和意义活性，这也是城市集体记忆的仪式抒写。[①] 工业博物馆对城市记忆的传播过程同样也是仪式实践的建构过程，人们在参与仪式实践的过程中也会融入自身的经验感受，并且通过大众传播媒介进行传播，从而能实现人与人、人与城市空间的互动。在时间的延续过程中，不同历史时期的人们能够借助媒介传播与记忆载体等中介、载体进行互动，由生活与工业发展中继承而来的人与人在当下的互动也会不断更新，例如旅游产业的发展能够推动与各大城市工业空间有关的城市记忆的传播与流动，由此完成空间与时间上的城市记忆的动态建构过程。

六、总　　结

总之，在整合城市记忆符号的基础之上，通过搭建城市文化景观、重构城市文化空间、融合城市中人的个体经验与集体追忆，无论是在时间还是在空间范围内都对城市文化景观和精神气质的塑造产生了重要影响。工业遗产是延续和传播城市记忆的载体，不仅能唤醒城市记忆以塑造文化认同，更能在激活城市记忆的过程中完成自身工业遗迹的活化保护。通过对重庆工业博物馆活化保护的价值逻辑和实践路径的深入研究，得出其作为唤醒城市记忆的薪火、延续城市记忆的容器、传播城市记忆的媒介，具有塑造文化认同的价值意义。而重庆工业博物馆的实践路径则是通过建构记忆活化机制，注重整合城市记忆的重要记忆符号，强化信息集聚，突出展

---

① 徐丹丹，秦宗财. 符号表征与意义生产：微纪录片中的城市集体记忆生产研究［J］. 传媒，2021（10）：88-90.

现记忆符号背后的精神气质；寻找城市记忆在时间延续上的共通点，发掘城市发展不同历史时期、城市中人与事件、城市与国家之间的相关性；活化城市记忆展演形式，保留个体与集体的关联性、融通工业、生活和历史文化空间，加强人与人、人与城市的记忆互动，从而构建城市记忆绿地，进而达到重塑城市文化认同的目的。

参考文献

[1] 刘伯英.工业建筑遗产保护发展综述[J].建筑学报，2012（1）：12-17.

[2] 许晓斌.工业遗产与地方社会变迁[D].武汉：武汉理工大学，2010.

[3] 高祥冠，常江.近十年我国工业遗产的研究进展和展望[J].世界地理研究，2017，26（5）：96-104.

[4] 朱晓明，吴杨杰，刘洪."156"项目中苏联建筑规范与技术转移研究——铜川王石凹煤矿[J].建筑学报，2016（7）：87-92.

[5] 李先逵，许东风.工业遗产价值取向的评析[J].工业建筑，2011，41（10）：37-40.

[6] 徐喆，邵兰霞.辽宁工业旅游的SWOT分析及开发对策[J].吉林师范大学学报（自然科学版），2007（4）：104-105.

[7] 张卫，叶青.基于层次分析法的长沙工业遗产评价体系研究[J].工业建筑，2015，45（5）：30-33.

[8] 高祥冠，常江.近十年我国工业遗产的研究进展和展望[J].世界地理研究，2017，26（5）：96-104.

[9] 张悦群，高宇.关于工业遗产作为城市记忆容器与文化载体的研究[J].包装工程，2017，38（10）：218-222.

[10] 张环宙，沈旭炜，吴茂英.滨水区工业遗产保护与城市记忆延续研究——以杭州运河拱宸桥西工业遗产为例[J].地理科学，2015，35（2）：183-189.

[11] 段锐.城市记忆与社会变迁：长沙工业文化遗产初探[J].湖南社会科学，2013（4）：255-258.

[12] 周大鸣，刘家佶.城市记忆与文化遗产——工业遗产保护下的中国工人村[J].青海民族研究，2012，23（2）：1-5.

[13] 许建和，王军，严钧.城市记忆——长沙市裕湘纱厂保护规划设计[J].工业建筑，2010，40（7）：24-27.

[14] 郝卫国，于坤.城市记忆的延续——唐山工业旧厂区再生为系列展陈空间的探索与实践[J].装饰，2010（2）：96-98.

[15] 李宏图，王加丰.表象的叙述[M].上海：上海三联书店，2003.

[16] Halbwachs, M. On Collective Memory[M]. University of Chicago Press, 1992.

[17] Aldo, Rossi. The Architecture of the City[M]. Cambridge: MIT Press, 1982.

[18] 李彦辉，朱竑.国外人文地理学关于记忆研究的进展和启示[J].人文地理，2012（1）：11-15，28.

[19] 冯惠玲，张斌，等."档案记忆观"与"中国记忆"数字资源库建设研究报告[R].

中国档案学会档案学基础理论学术委员会，2012.

[20] 涂欣. 经营"城市的记忆" [J]. 四川建筑，2005（1）：13-14.

[21] 邱冰，张帆. 基于城市集体记忆建构的城市公共艺术规划——一种公共艺术介入环境空间规划设计的路径 [J]. 规划师，2016，32（8）：12-17.

[22] 朱蓉. 城市与记忆：心理学视维中的城市历史延续与发展 [J]. 南方建筑，2004（4）：65-68.

[23] 顾孟潮. 留下城市的记忆 [J]. 文明，2004（1）：10.

[24] 于波. 城市记忆研究 [D]. 武汉：华中科技大学，2004.

[25] 朱蓉. 城市记忆与城市形态 [D]. 南京：东南大学，2005.

[26] 李王鸣，江佳遥，沈婷婷. 城市记忆的测度与传承——以杭州小营巷为例 [J]. 城市问题，2010（1）：21-26.

[27] 郑晓云. 文化认同 [M]. 北京：中国社会科学出版社，1992：1.

[28] 高洁. 基于文化视角的中西文化遗产管理比较研究 [D]. 济南：山东大学，2021.

[29] 陈培杰. 高校学生党员红色文化认同教育研究 [J]. 学校党建与思想教育，2021（8）：40-41.

[30] 邹广文，沈丹丹. 中华民族共同体文化认同的历史生成逻辑 [J]. 天津社会科学，2021（3）：11-18.

[31] 傅才武. 文化认同型国家属性与国家文化战略构架 [J]. 人民论坛，2021（4）：101-103.

[32] 魏岩军，王建勤，朱雯静. 不同文化背景汉语学习者跨文化认同研究 [J]. 华文教学与研究，2015（4）：38-47.

[33] 蒲培勇. 三线建设城市老工业区改造中的遗产价值再塑——以攀枝花席草坪工业遗址片区改造为例 [J]. 现代城市研究，2017（2）：94-100.

[34] 刘伯英，杨伯寅. 重庆工业博物馆的概念规划和建筑设计 [J]. 工业建筑，2014，44（9）：1-6.

[35] 冯骥才. 城市为什么要有记忆？[J]. 文化月刊，2004（3）：46-49.

[36] [美] 刘易斯·芒福德. 城市发展史 [M]. 宋俊岭，等译. 北京：中国建筑工业出版社，2005.

[37] 刘亮，贾梓苓，谢秉宏，苏子航. "记忆+" 视角下城市更新规划路径初探——以咸阳市毕塬路街区为例 [J]. 城市发展研究，2019，26（S1）：83-88.

[38] [英] 查尔斯·费尼霍. 记忆碎片：我们如何构建自己的过去 [M]. 王正林，译. 北京：机械工业出版社，2017.

[39] [德] 阿莱达·阿斯曼. 回忆空间：文化记忆的形式和变迁 [M]. 潘璐，译. 北京：北京大学出版社，2016.

[40] 文彤，刘璐. 博物馆文化展演与城市记忆活化传承——基于旅游留言档案的文本分析 [J]. 热带地理，2019，39（2）：267-277.

[41] 宋晓敏. 城市现代化视角中的城市记忆符号——以唐山市工业文化为例 [J]. 城市发展研究，2018，39（2）：267-277.

[42] 徐丹丹，秦宗财. 符号表征与意义生产：微纪录片中的城市集体记忆生产研究 [J]. 传媒，2021（10）：88-90.

媒介转型及智慧城市文化信息空间建设[①]

李微 宋菲[②]

摘 要：智慧城市建设需要用最先进的理念和国际一流水准规划设计建设，相关文化建设需要探索符合中国新型智慧城市特点规律的发展路径。传统媒介具有体制优势和数据优势，实现媒介"智化"和下沉服务是其发展路径，实现网络化和智能化是其技术突破方向。智慧城市媒介"智化"对城市文化空间的影响，体现在传统媒介半媒介半智库的功能形态、媒介间及媒介与数据提供方融合的网络形态、海量数据有效析出的数据形态和多元文化交织互渗的传播形态。通过媒介下沉服务，重构新型智慧城市的文化信息空间，赋予传统媒介智化的创新能力，可满足新型智慧城市文化管理创新要求。

关键词：智慧城市；"智化"；媒介；文化信息空间

2016年4月，习近平总书记首次提出智慧城市概念，指出，"要以信息化推进国家治理体系和治理能力现代化，统筹发展电子政务，构建一体化在线服务平台，分级分类推进智慧城市建设"[③]。2017年2月，习近平总书记强调雄安新区要坚持用最先进的理念和国际一流水准规划设计建设，走出一条用新发展理念建设现代化城市的新路径[④]。习近平总书记的讲话高屋建瓴、意蕴深刻，指导意义重大深远。基

---

① 本文系研究阐释党的十九届五中全会精神国家社科基金重大项目"文化产业数字化战略实施路径和协同机制研究"（项目编号：21ZDA082）的阶段性研究成果。
② 李微，河北传媒学院信息技术与文化管理学院副教授，博士，主要研究领域为信息管理、智慧城市、文化科技；宋菲，河北传媒学院信息技术与文化管理学院副院长，副教授，硕士生导师，硕士，主要研究领域为文化管理、文化品牌塑造与传播。
③ 金江军.以信息化推进国家治理体系和治理能力现代化［EB/OL］.（2016-05-24）［2020-09-03］.http://opinion.people.com.cn/n1/2016/0524/c1003-28376417.html.
④ 人民网.为什么说雄安新区是千年大计？［EB/OL］.（2019-10-18）［2020-09-03］.https://baijiahao.baidu.com/s?id=1647692054249465682&wfr=spider&for=pc.

于此，从信息网络和城市文化两个维度来研究智慧城市建设对原有传播秩序和舆论格局的影响，分析传统媒介和新兴媒介在服务对象、生产内容、文化传播等的异同及两者关系，对传统媒介的融合模式和城市文化信息空间架构方法进行前瞻性探索，形成一个新的城市各要素互相融合的城市文化信息空间培育框架，对新时期深化推进智慧城市建设具有一定的借鉴意义。

一、国内外学术动态

城市是人造体，是人类建构并满足各种交流需要的公共空间，"人群"是城市最基础也是最典型的符号和元素。城市文化空间作为时间的沉淀之物，在自我复制的同时，也完成了人情空间的生产，逐渐形成了以家为单位不断弥漫的文化关联和有情感体验的文化版图。媒介凝结着各种复杂生产关系和权力要素的物质实体[①]，一直扮演着两副相互矛盾的面孔，它既承载诸人互联互通、协同共进和自由交往的理想，也充当着统治、支配的强力工具。媒介与城市文化信息空间发展关系是艺术的技术与观念的艺术的关系问题，而新技术运用则引入了一种新的修辞方式，产生了文化信息空间。

国内外探讨城市文化信息空间及媒介和城市两者关系的文献很多，国外研究重点注重城市品牌和精神的塑造，形成了城市营销理论。例如，美国杜克大学凯文·莱恩·凯勒提出通过城市品牌化，将某种形象、联想与城市自然联系，使竞争和生命与城市共存等[②]。国内研究聚焦于媒介与城市经济、旅游发展和形象推广、对公共危机调试等方面。比如，西南政法大学谢语蔚采用多类型、多渠道、多层次、广辐射的传播路径，达到城市形象传播效果最大化的观点[③]；西北大学张媛提出在纵向和横向双重维度上可持续开发传播资源[④]。不过，国内外在智慧城市建设中媒介融合方向和体系建设的探讨，大部分局限于宏观媒介文化传播层面，在社会网络融合需求和信息网络融合支撑层面对媒介智能化技术结构和运行机理及其对城市文化空间的影响研究，文献仍然较少。武汉大学举办的相关论坛对社交媒介在城市公共事

[①] 王维佳. 网络与霸权：信息通讯的地缘政治学[J]. 读书，2018（7）：4.
[②] [美]凯文·莱恩·凯勒. 战略品牌管理（第4版）[M]. 吴水龙，何云，译. 北京：中国人民大学出版社，2014：121.
[③] 谢语蔚. 多元媒体时代大都市城市形象的建构与传播[D]. 重庆：西南政法大学，2012：1.
[④] 张媛，周东华. 城市发展新战略目标下地方传媒应如何作为[J]. 新闻界，2010（5）：80.

件信息传播模式创新等问题上进行了理论探索[①]，人民日报社与雄安新区共建的雄安媒介中心（中央厨房）揭牌运营[②]，中央电视台媒介融合技术体系建设，以及"雄安天下"客户端和"人民雄安网"的正式上线为智慧城市官方媒介融合网络及其"智化"建设提供了方向。

综上，当前传统媒介融合发展及对城市文化信息空间影响的研究中，还存在不足之处。

其一，对媒介融合的实质认识不充分，将研究重点放在了多元媒介的技术融合方面，而对媒介融合中传统媒介的路径选择探索不够，对传统媒介历史性和现实性责任对媒介融合的约束性要求认识不足。

其二，国内大部分研究局限于媒介传播层面，在微观的物理网络层面和宏观的社会网络层面对媒介融合机理的研究文献仍然较少，这客观上制约了研究"智化"媒介对城市文化信息空间的影响。

其三，对"智化"媒介下沉社区，实现媒介公共服务网络的优化和应用，以及对智慧城市文化信息空间塑造影响的研究理论成果和实践经验较少。

二、传统媒介智能化及转型

技术与文化本属于性质不同的领域，两者相互渗透，彼此塑造。在媒介网络中，人、机融合实现了技术与文化的一体两面，衍生出"电子文化形式"，知识的目的不再仅限于生产提高，而以塑造社会关系中从事实践活动的人及其群体为己任。通过物理、信息和社会三个场域作用，透视媒介网络模式的建构过程，理解面向智慧城市文化信息空间媒介智能化建构的多个侧面，才能对技术化进程中背后的生产关系和社会关系变迁有整体的把握。

（一）媒介的智能化

传统媒介的智能化发展将是技术层面的基本方向之一。媒介智能化是指以用户为中心，以满足用户需求为目的，通过智能技术的应用，使得媒介系统逐步具备类似于人类的感知能力、记忆和思维能力、学习能力、自适应能力和行为决策能

---

① 新华网.第二届中国传播创新论坛在武大举办 跨界学术对话形成四大焦点［EB/OL］.（2018-06-20）［2020-09-04］.https://news.whu.edu.cn/info/1003/51480.htm.
② 任敏.雄安媒体中心揭牌［EB/OL］.（2018-09-04）［2020-01-19］.http://www.xinhuanet.com//zgjx/2018-01/19/c_136907542.htm.

力。① 媒介的智能化无论对于媒介本身的内容生产、平台运营，还是对于媒介受众环境和数据运用等，都将实现颠覆性变革，并且反向推进下一代互联网与媒介的融合，进而使智能化传媒的运行模式在组织形态、处理方式和输出形式方面呈现出新的特征。

（二）媒介的转型——公共文化信息服务

以石版印刷术、摄影术和声音复制技术为代表的机械复制时代重构了人们的时间观和空间观。② 以新一代信息技术为代表的多智时代推动了各类产业的数字化、智能化、跨界和融合。媒介在物联网技术的驱动下，其触角将一直延伸到新闻生产一线。在大数据技术的驱动下，其视野将回溯到新闻热点缘起的历史信息中。媒介的"供给"和"索取"方式实现了单向度供求关系向多向度互动关系的转变，并衍生出与之相应的知识和文化形态。

传统媒介的转型，不仅需要拥抱新一代信息技术，融合新媒介形式，不断扩展所触及的时空维度，还需要对技术路线进行社会改造，通过扩展对上、对下的服务功能，实现自身的再生和与之相应的文化创新。其一，社会的飞速发展使得诸多领域的成本趋于零，有学者称之为零边际成本③。这一点体现在新闻传播方面就是由于传播成本降低导致的大量泛化媒体的涌现。针对这类零边际成本带来的媒体泛化挑战，传统媒介对上转型为一种半媒介、半智库的"智媒"，用于解决网络民主化引发的数字野蛮主义问题④。其二，传统媒介还要下沉到社区，对下转为政府、社区、居民多元参与的媒介网络，构建信息服务网络，整合公共服务功能，为本地提供公共信息和文化服务。这样才能破除强势集团，特别是商业巨鳄因信息优势导致的媒介特权放纵和媒介专制问题⑤，同时防止自身在融合中被全面网络化、计算化和算法化，避免因技术导致边缘化而失能、失语的危险。

三、新型智慧城市文化信息空间的重构

新型智慧城市文化信息空间的重构过程跨越二维时空、三个平行域，包括物理

---

① 段鹏. 智能媒体语境下的未来影像：概念、现状与前景［J］. 现代传播，2018（10）：3.
② ［德］瓦尔特·本雅明. 机械复制时代的艺术［M］. 重庆：重庆出版社，2006：2.
③ ［美］杰里米·里夫金. 零边际成本社会［M］. 北京：中信出版社，2014：61.
④ 刘晗. 参与式互联网与数字野蛮主义［J］. 读书，2011（2）：81-88.
⑤ 马正华. 传媒"泛娱乐化"及其伦理困境［J］. 东南大学学报（哲学社会科学版），2015（6）：51-58.

域中的新型信息基础设施建设和信息域中的智能媒介数据化架构，以及认知域中文化信息空间重构本身。智慧城市建设中的新型信息基础设施建设是文化信息空间的基石，媒介的智能化建设隐匿其中，是文化信息空间重构的物质性需求。面向公共文化信息服务的智能媒介数据化架构，是优化文化信息现实和虚拟空间对接模式的技术性选择。在认知域，城市文化信息空间形态是城市整体演变的衍生结果，城市建设管理者通过城市建设表达价值观，而居住者则通过城市文化信息空间来刻画个人的状态（人格性），从而表现自身的意识。

（一）智慧城市新型信息基础设施建设

城市的产生，从一开始就源于人类特意的创办活动[1]，为多元要素共同塑造现代世界提供了最重要的物理空间。城市自我吞食、消化、排泄，并以几何量级的速度增长[2]，而智慧城市则是移动互联条件下新一代信息技术与城市互为驱动的方向性选择。建设智慧城市，首先要构建新型信息基础设施，在此基础上才能开展智慧服务，发展智慧产业，综合利用信息、知识、经验等资源，重构文化信息空间，提供便捷高效服务，提高城市管理效率。

智慧城市是指运用新一代信息技术进行协同与整合，将现代信息通信技术与城市传统基础设施有机结合起来的网络化城市，智慧城市需要具备全面感测、充分整合、激励创新和协同运作等四大特征，需要对城市民生、环保、交通、医疗等公共问题做出快速智能反应。在网络视阈下，智慧城市的新型信息基础设施建设，主要指运用计算机网络等技术，将物理传感网络设备与城市基础设施链接融合，并通过人工智能技术实现社会智能管理。

（二）智慧城市中智能媒介数据化架构

智慧城市中的智能媒介数据化架构，需要解决以下三个问题，即：

其一，怎样的数据存储能满足智慧城市和智能媒体的智化要求。

其二，怎样的数据处理能适合智能媒体的融合需要。

其三，怎样的数据传播能构建物理—信息—社会层面的链接网络，满足文化信息空间重构需求。

在数据存储方面，我们要采用超融合架构和软件定义存储的方式构建软件定义媒介数据中心。超融合架构是一种集成虚拟计算资源和存储设备的信息基础架构，

---

[1] 闫克文. 城市：现代性的途径之一[J]. 读书，2014（6）：64-71.
[2] 王炎. 阅读城市空间——曼哈顿景观与文化身份[J]. 读书，2012（10）：46-62.

通过采取计算虚拟化、存储虚拟化、网络虚拟化，使数据中心同一单元不仅具备计算、网络、存储和服务器虚拟化等资源和技术，而且多个单元及多个数据中心可以通过网络聚合起来，实现模块化的无缝横向扩展，形成统一的数据资源池。软件定义存储则是对硬件存储的抽象，它不受物理系统限制，能够保证系统存储访问在一个精准的水平上更灵活地管理。采取超融合架构和软件定义存储技术，推动了数据的深度融合，确保了智慧城市和智能媒体面向智化的"可编程"能力。

在数据处理方面，我们可以采取数据推动型的生成模式，实现由运营式（传统媒体）、用户原创式（自媒体）向感知式生成模式转变。具体而言，就是通过媒体网络平台，实时共享智能互联的采编设备、海量分散的数据生产能力、开放协同的行业数据资源，将消费者、设计者、制造者、供应者，以及越来越多的社会参与者连接起来，形成超大规模分工协作的媒体数据处理生态系统。数据推动型生成模式突破了媒介的边界约束，推动了各种媒介资源、生产要素的有效整合，通过内容、渠道、平台、经营、管理的深度融合，实现了由过去大规模、单一中心的规模媒介向以共享能力为核心的范围媒介转变，完成了数据处理的流程再造。

在数据传播方面，我们可以以数据牵引智慧城市故事和智慧城市叙事的方式，从人、事、物、场、境五个维度进行可编程叙事传播框架、元叙事传播网络、泛叙事传播计划实现，形成一个新的数据传播"故事框架"[①]。五维叙事中，"人"要区分在地居民、移民和外来游客；"事"要区分文化、经济、体育、政治和综合事件；物要包括人文建筑、自然景观和特产风物及由此限定的空间；场主要涉及带有公共属性的博物馆、学校、广场、街道等；境则指反映城市整体意境和气质的天际线、林冠线、林缘线和地缘线等。围绕上述五个维度，梳理归并历史数据，采集归纳现时数据，生成可编程叙事传播框架，并通过一系列合法化策略和进程，在媒介网络中对一般性事物进行总体叙事（元叙事）[②]，在认知网络中进行文化价值观（文化理念）、文化信仰、文化仪式、文化符号、文化产品的泛叙事，实现从公传播到共传播（从自上而下到自下而上讲故事），从内传播到外传播（从对内说向对外说），从自传播到他传播（从自己讲自己好到别人都说好）的转变[③]，推动智能媒介话语权和软实力的不断扩大和提升。

---

① 詹卓.城市传播的五维叙事策略［D］.武汉：华中科技大学，2018：27.
② 陈先红.讲好"中国故事"：五维"元叙事"传播战略［N］.中国青年报，2016-07-18（2）.
③ 陈先红.用公关理念讲好中国故事［EB/OL］.（2017-04-16）［2020-09-04］.http://news.scut.edu.cn/2017/0405/c41a32297/page.htm.

(三)智慧城市中文化信息空间重构及其形态

智慧城市文化信息空间的重构,其一,要采用具有合法化功能的元叙事,以城市文化话语为分析框架,重构代表城市软实力的文化价值观(文化理念)、文化信仰、文化仪式、文化符号、文化产品①。其二,要从文化延续性着眼,对文化本体及附着物进行技术修复,同时在数据层面不断归结城市建设的文化经验,接续城市文化发展脉络。其三,要重构城市文化信息的现实空间、扩展虚拟空间,实现不同文化的交织互渗,推进文化建设的可持续发展。新一代信息技术由于其自身的先进性,对城市文化信息空间的塑造则高效得多。比如物联网,它开启了分享经济,推动了"近乎零边际成本的社会",产生了由政府、市场和共享的混合体经济模式等。在智慧城市中,依托新一代信息技术催化智能媒介网络与文化信息空间的相互融合,实现文化信息空间的迭代发展,是智慧城市文化信息空间重构的必然选择。

在城市文化话语重构方面,我们要坚持守正创新,以守正为本、以创新为要,重构代表城市软实力的文化价值观(文化理念)、文化信仰、文化仪式、文化符号、文化产品,讲好城市故事,筑牢意识形态阵地,践行社会责任。文化价值观和文化信仰作为精神内涵,属于内在价值文化范畴;文化仪式、文化产品、文化符号三者作为客观可感知的对象,属于外在表现文化范畴。在这五个方面,内在价值与外在表现两个层面之间既相互区别,又相互作用、相互依赖,共同构成了提升智慧城市文化软实力的智能媒介叙事框架。

在文化本体及附着物修复方面,我们主要关注文化本体的耗散和文化附着物的破坏。②传统文化经历了从连续到离散的过程,文化离散在限制自身延续和创新的同时,也影响了文化呈现,弱化了文化魅力。附着物可通过物理方式修复,无法修复的可通过技术再现。文化本体修复则需要通过智能化媒介网络,在数据、业务和服务三个层面融合文化资源,构建数据分析模型、文化传播模型和文化生命体模型,通过文化接续和交互,实现文化空间的自我修复和生长。

在文化空间的拓展方面,需要发展现实空间,拓展虚拟空间,并实现两个空间的文化自在交互。智能媒介网络已经逐渐实现了文化的表达自由,开始作用于文化的逻辑自由,并逐渐向先进文化的创新自由拓展。在传统文化中,文化空间主要聚

---

① 江薇薇. 提升中国软实力的文化叙事五维策略[D]. 武汉:华中科技大学,2019:42.
② "文化本体"是指文化得以立足的基础、发展的源泉,也就是意识形态的文化,文化的意蕴或意象。"文化附着物"是指文化的形:街区、建筑、工商、交通等等以及历史沿革、人生故事、诗词典故、民俗民艺、著名人物等。

焦于人、事、物、场、境五个维度。在智能媒体网络条件下，通过虚拟仿真人、事、物、场、境，使其相互交织互渗，生成互为一体的现实和虚拟空间。现实空间中以人为主线，延续文化脉络；以物为主线，扩充文化筋骨；以事为主线，丰富文化内涵。虚拟空间中，依托物联网络，实现物化文化呈现；依托社会网络，实现多元文化交互；依托知识网络，实现在地文化再生。

智慧城市文化信息空间在传统媒介对上、对下的智能化转型中得以重构。在叙事表达方面从"故事—话语—语境"三个维度建立了清晰而明确的城市叙事框架，在文化脉络方面通过构建数据分析模型、文化传播模型和文化生命体模型，实现文化接续交互和文化空间的自我修复和生长。在空间再造方面通过虚拟仿真人、事、物、场、境，使其相互交织互渗，生成互为一体的现实和虚拟空间。

文化信息空间成为一种重要的城市媒介空间和文化空间，流动性、交互性和杂合性成为城市文化空间显著的特点。首先，智慧城市在城市建设管理中将生成大量信息，这些信息通过智能化媒介物理域内大量的分布式传感器进行实时的感应和采集。其次，智慧城市在信息域内通过对各类数据的融合处理，以确保信息可靠传输，并精确感知市民意见和社会情绪。再次，智慧城市在复杂度颇高的社会网络中，承载着城市民众对所在城市的认知、情感和意见。这些认知域信息在社会、政治、文化和地理层面分布广泛，由公共服务平台酝酿发酵，由信息域拓展融合，最终形成城市文化的内核。最后，各类认知可根据需要在熟人空间和陌生人空间中过滤再生互渗，在公共权力的享有、社会资源的获取、政治活动的参与等各个方面发挥其最大价值。主流文化在"党性"和"人民性"的坚持下，打通了个人与群体内部及之间的不同知识，开始吸收、协调各类在地文化。个人以分子化结构形成在地知识网络，互动过程中开始交织、互渗和协力，互为媒介，进入"我们思"的多元认知时代。

四、结 语

习近平总书记对以雄安新区为代表的新型智慧城市建设和媒介融合发展提出的具体指示和要求为媒介转型及城市文化信息空间建设指明了方向。雄安新区、深圳特区等新型智慧城市的文化建设及在媒介融合领域不断发展的建设需求为媒介转型及智慧城市文化信息空间建设提供了理论实践平台，大数据、云计算和物联网理论与技术为其提供了技术支撑，以社会网络为主的三域（物理域、信息域和社会域）分析方法则为其提供了全新的视角。针对当前传统媒介和泛在媒介的关系变化，分析和归结媒介"智化"、服务下沉及智能化过程对智慧文化信息空间的重构，有助于增强对于数据在媒介融合领域中的地位作用的认识，有助于对媒介融合在不同层次形态的认识，有助于找到切合智慧城市文化信息空间建设发展的方法和手段，对于智慧城市文化空间的媒介竞合发展和文化建设质量提升具有借鉴价值，可为智慧城市的城市形象推介和城市功能管理提供理论支撑。

新时代九江利用浔阳文化打造地域品牌、提升城市品位的对策研究①

王荣亮②

摘　要：党的十九大提出，推动中华优秀传统文化创造性转化创新性发展，构筑中国精神，为人民提供精神指引。实施中华传统文化传承发展工程是建设文化强国的战略任务，这对于传承中华文脉、提升人民文化素养和增强文化软实力具有重要意义。九江文化底蕴是形成浔阳文化的基础，也是传承发展浔阳文化的优势。本文介绍了浔阳文化的渊源内涵和社会价值，结合九江文化资源优势指出了其借助浔阳文化打造地域品牌、提升城市品位的对策。

关键词：新时代；九江；浔阳文化；地域品牌；城市品位；研究

前　言

九江自古人文荟萃，经济富庶，社会安定，百姓安居。数千年来，九江在长江流经地历经变迁，孕育出了光辉灿烂的浔阳文化。书院、码头和杏林等人文元素在浔阳文化的形成中起到了重要推动作用。庐山以雄、奇、险、秀闻名于世，素有"匡庐奇秀甲天下"之誉，众多历史典故道出了九江在中国历史上的重要战略地位。③近代以来，九江因占据通江达海的地理优势，成为较早的开埠城市。近年来，九江先后被评为"最具国际影响力旅游城市""中国十大魅力城市""中国最美文化旅游城市""中国最美生态旅游城市""中国最美人文休闲旅游城市"，这为九江地域

---

① 本文系扬州市红色文化研究推广中心资助项目阶段性成果。
② 王荣亮，男，1982年生，汉族，山东潍坊人，内蒙古大学博士，主要研究领域为党史军史与红色文化。
③ 江西省测绘局. 江西省地图册 [M]. 长沙：湖南地图出版社，2012：48.

文化发展创造了有利条件。在全面复兴传统文化背景下，我们应以弘扬社会主义核心价值观、传承中华优秀传统文化为主线，挖掘提炼浔阳文化的主要内涵和时代价值，结合地域文化的时代价值加大浔阳文化研究，讲好浔阳故事，让浔阳文化活起来，让更多人记得住，唱响浔阳地域品牌，提升九江的城市品位。

一、浔阳文化的历史渊源、基本内涵和社会价值

习近平总书记指出，要把优秀传统文化的精神标识提炼出来、展示出来，把优秀传统文化中具有当代价值、世界意义的文化精髓提炼出来、展示出来；要完善国际传播工作格局，创新宣传理念、创新运行机制，汇聚更多资源力量。

浔阳文化特征最明显的是民俗文化，经过历史积淀形成了独具特色的方言、宗教、戏曲和饮食。

（一）历史渊源

九江历史悠久，《尚书·禹贡》载："九江孔殷""过九江至东陵""以为湖汉九水入彭蠡泽也"。先秦时期出现了以浔阳文化为特征的古代文明。浔阳文化是长江文明和江南文化的融合产物，是南方主流文化的重要组成部分，其传承变迁过程说明了长江文明与江南文化的内在关系。在江南文化中，浔阳文化是源流。从源的方面讲，浔阳文化与长江文化有共生的深厚历史积淀，是对江南文化精髓一脉相承的传扬。从流的方面讲，它不同于吴越等文化，有其独特的发展走向，传承中吸取了丰富的地域文化滋养。在浔阳文化源流中，书院文明是一个源于唐代，生成于宋代，绵延于当代社会的新型文化体系，是丰富中华传统文化的独立文化圈，是一个完整的区域文化体系。浔阳文化是长江文明与江南文化聚集交融的典型代表，具有多种文化碰撞交融的独特特征和强烈的包容性。研究浔阳文化的形成过程，对于探寻我国江南地区开发史，丰富中华传统文化内涵和外延，提高区域文化影响力，提高地方知名度，促进九江经济社会发展具有现实意义。

（二）基本内涵

浔阳文化形式独特、寓意深刻、内涵丰富，具有深刻的时代精神，具体表现为书院文化的"德"，理学文化的"廉"，贤母文化的"忠"，义门陈文化的"义"，杏林文化的"仁"等。

1.民俗旅游文化

《尚书·禹贡》载："九江孔殷""过九江至东陵"，这成为九江的最早称谓的

来源。九江即"众水汇集的地方,以为湖汉九水(即赣水、鄱水、余水、修水、淦水、盱水、蜀水、南水、彭水)入彭蠡泽也",即九条江河汇集之地。九江市地处赣、皖、鄂、湘结合部,主要方言有赣语、江淮官话和客家话等,依江靠湖、物产丰富造就了其独特的饮食特色,各大菜系在此交会,饮食业发达,九江菜独具特色。九江宗教历史源远流长,教派门类完备,文化特色鲜明,在长江流域文化史上占有独特地位。九江戏曲有采茶戏、文曲戏、弹腔、青阳腔和黄梅戏,主要特产有庐山三石、武宁棍子鱼、庐山云雾茶、湖口豆豉、九江茶饼、修水哨子、瑞昌山药等,[①]以上特点构成了九江独具特色的民俗文化。九江境内拥有烟水亭、琵琶亭、浔阳楼、能仁寺、天花宫、浪井等人文景观,以及石钟山、鞋山、落星墩等自然景观,经过长期历史积淀形成了悠久的旅游文化。白居易在《题浔阳楼》诗中描写了浔阳楼周围景色,《水浒传》中"宋江题反诗""李逵劫法场"等使浔阳楼闻名天下,成为江南十大名楼之一。[②]庐山具有极高旅游观赏价值,被称为田园诗、山水文学和纪游文学的孕育地。陶渊明通过描绘庐山清奇秀丽风光开创了田园诗风;顾恺之以庐山为题材创作了意境高远的绘画;谢灵运通过创作大量山水诗歌增强了庐山的知名度,为中国古典诗歌开辟了更加广阔的视野和崭新的境界;徐霞客在游记中用大量篇幅描述了庐山山水胜景;等等。历代名人通过诗词歌赋为庐山成为"世界遗产"积淀了文化宝藏,众多游记文章将九江美景尽收其中,促进了旅游文化的发展。

2.园林建筑文化

九江人杰地灵,是陶渊明、黄庭坚、陶侃等历史名人的故里,白居易和周敦颐等人在此留下了深厚的历史足迹,写下了《题浔阳楼》《琵琶行》等不朽名篇,成就了烟水亭、琵琶亭等一系列人文建筑景观。[③]园林景观与建筑文化密不可分,相互渗透,相互融合,九江在长期历史积淀中形成了独特的园林建筑文化。唐代元和年间,江州司马白乐天赞叹"匡庐奇秀甲天下山",其庐山草堂堪称中国最早的园林建筑。[④]19世纪末,英国传教士李德立在规划莲谷和长冲河两岸"强行租借地"时,在长冲河中段两岸设计了林赛公园,成为中国最早的国家公园的雏形。至今保存完好的近千栋别墅彰显了中西文化交融的独特魅力,这些构成了九江独具色彩的园林建筑文化。

---

① 九江文化志编纂委员会.九江市文化志[M].九江:九江市文化局,1995:29.
② 陈进玉,等.中国地域文化通览[M].北京:中华书局,2016:148.
③ 江西省测绘局.江西省地图册[M].长沙:湖南地图出版社,2012:49.
④ 九江文化志编纂委员会.九江市文化志[M].九江:九江市文化局,1995:27.

3. 杏林贤母文化

杏林文化以庐山杏林园为象征，以杏林精神的价值取向为理念反映，通过董奉在庐山所创杏林园的典故告诉人们，医学蕴含着丰富的哲学思想和人文关怀，医生应是德艺双馨守护健康的使者。董奉为后世医家树立了"医乃仁术"的楷模，为历代医家所尊崇。"杏林春暖""敷浴治疠"等历史典故体现了董奉对百姓的天良善意，以及对自然疗法、环境调适与心理调适的妙用；受治百姓把董奉供为消灾救命的"活神仙"。[①]"仁"体现了中医仁者爱人、生命至上的伦理思想，以救死扶伤、济世活人为宗旨，表现为尊重生命的理念。一千多年来，杏林已成为中华传统医学的代名词。我们可从民间传说和历史典故中把握杏林文化"仁"的内涵，改善医德医风，加强医生道德素质教育，丰富浔阳文化体系。位于九江的中华贤母文化园已被授予"中华优秀传统文化教育基地""中华贤母文化教育基地"等称号。贤母文化是历史赐予九江的文化瑰宝，古代四大贤母有两位与九江有关。当前，九江通过深入挖掘丰富的贤母文化内涵，精心打造中华贤母园文化载体，推动贤母文化传播。我们深入挖掘贤母文化"忠"的内涵，从这些典故中受到启发，使其与社会主义核心价值观相融相通，做到古为今用。

4. 书院理学文化

理学是两宋时期产生的主要哲学流派，其天理是道德神学，是儒家神权和王权合法性的依据，至南宋末期被采纳为官方哲学。周敦颐、朱熹的哲学中心观念是"理"，把"理"说成是产生世界万物精神的东西。理学开山鼻祖周敦颐和代表人物朱熹都曾在九江任职，主办了白鹿洞书院和濂溪书院，在九江历史文化中占有重要地位，对浔阳文化的形成发展产生了深远影响。北宋年间，理学鼻祖周敦颐通过《爱莲说》《拙赋》开创了理学文化先河，表达了清廉思想。1988年1月13日，白鹿洞书院被国务院公布为第三批全国重点文物保护单位。1996年，包括白鹿洞书院在内的庐山作为"世界文化景观"被列入《世界遗产名录》。[②]书院是当时培养高层次人才的教育场所，其德育思想中既蕴含着修身教育、人伦教育、为人处世教育的德育内容，也包含着因材施教、榜样示范、知行结合的德育方法。朱熹重视白鹿洞书院建设，对书院教学目的、学习内容和训练纲目等都作了明确规定，通过订立《白鹿洞书院学规》把世界观与政治要求、教育方向及学习途径结合起来，纠正了

---

① 九江文化志编纂委员会. 九江市文化志 [M]. 九江：九江市文化局，1995：129.
② 九江文化志编纂委员会. 九江市文化志 [M]. 九江：九江市文化局，1995：128.

"务记览,为词章,以钓声名取利禄"的官学学风。这一学规是大学教育的雏形,形成了完整的古代教育理论,包含了学以致用的教学措施,对封建教育产生了巨大影响。朱熹学说和白鹿洞教规遍布国内书院,在东亚各国影响深远,日、韩等国多次派人参观白鹿洞书院,对中外文化交流史作出了贡献。自2000年开始,白鹿洞书院每年召开一次学术研讨会,出版《中国书院论坛》,促进了中国传统书院文化的传承发展。①

5. 红色文化

九江全市90%以上乡镇属革命老区,比如修水、都昌、德安等。②周恩来、朱德、叶挺、贺龙、叶剑英等无产阶级革命家都在九江留下了红色印记,成为红色文化的重要组成部分。1925年7月,九江建立地方党组织,是继安源、南昌后江西第三个建立中共党组织的城市。③1927年3月15日,九江正式收回英租界。1927年7月中下旬,叶挺等人曾在九江酝酿八一南昌起义。据统计,中国革命斗争中有名可考的九江籍烈士达16581人。④九江有一个"九八抗洪精神"广场,成为改革开放历史新时期的重要红色文化地标。近年来,全市各界积极行动起来,开发红色旅游资源,结合党史教育丰富红色文化旅游内涵,把红色资源优势转化为高质量发展优势。

(三)社会价值

浔阳文化是江南文明的重要组成部分,是长江文明的魅力所在。历史上,长江在九江留下了丰富的文化资源。夏商周文化的丰富遗存昭示着九江是华夏文明的重要起源地。先秦时期,华夏先祖开始对长江源头进行探索。宋代以来,江西得益于九江在沟通南北交通的重要地位成为一个经济大省。明清至民国时期,江西物产从九江出发,通过长江航道运往京津地区并远销海外。⑤当前,保护长江流域生态环境,推进长江流域高质量发展已经成为国家战略。近年来,九江主动融入长江经济带战略,挖掘浔阳文化人文内涵,通过典型示范引领形成文明风尚,弘扬传统美德、凝聚社会正能量,在实践中探索出一条落实社会主义核心价值观的有效途径。千百年来,九江一直倡导"爱民、廉正、和谐、创新"的理学文化,世代相传,历久弥坚,直到今天仍具有丰富的时代内涵。我们通过研究浔阳文化可延续中华文明历史文脉,

---

① 九江地方志编委会. 九江市志(1991—2010):第四册[M]. 北京:方志出版社,2016:177.
② 九江文化志编纂委员会. 九江市文化志[M]. 九江:九江市文化局,1995:146.
③ 张静如. 中国共产党通志:卷一[M]. 北京:中央文献出版社,2001:277.
④ 中共九江市委党史办公室. 赣北英烈[M]. 1990.
⑤ 九江文化志编纂委员会. 九江市文化志[M]. 九江:九江市文化局,1995:178.

为实施文化强国凝聚更多精神力量。九江书院文化所蕴含的德育精华，对于贯彻落实立德树人的根本任务，突出德育内容的日常化与时代化，增强德育方法的体验性与实践性，具有重要启示作用和借鉴价值；九江正依托中华贤母文化园独有的资源优势和社会影响力，大力开展"九江十大创业女标兵""九江十大廉政贤内助"等评选活动，扩大贤母文化的社会影响力。

二、九江传承发扬浔阳文化的资源优势

九江是中国优秀旅游城市，石钟山、鞋山、落星墩等隔水相望，生态良好；九江境内风景名胜已形成五区（牯岭景区、山南景区、浔阳景区、沙河景区、永修景区）、两点（石钟山、龙宫洞）和一线（鄱阳湖水上游览线）的良好格局，[①]这些都成为九江传承发扬浔阳文化的资源优势。

（一）历史文化底蕴深厚

九江是一座拥有2200年历史的文化名城，自古就是江南著名的游览胜地，素有"九派浔阳郡，分明似图画"的美誉。佛教净土宗在此发祥，道教经典《道藏》在此诞生，书院、政治、军事、商业、建筑等文化在此汇聚。陶渊明、白居易、朱熹等在此留下了遗迹，构成了弥足珍贵的历史文化财富。九江境内拥有两千多处景点，古迹荟萃，众多自然景观与人文景观交相辉映，这一系列资源优势成为九江依托浔阳文化打造地域品牌、提升城市品位的重要基础。

（二）文化产业体系健全

为落实文化强市战略，九江计划引进一批有利于完善产业链的关键项目和产业层次高、经济效益好、生态环保的产业项目，形成新的文化产业发展集群，实现集约化发展。近年来，九江市文化旅游休闲业、文化娱乐业、网络文化业、印刷业、演艺业、图书报刊业和民间艺术工艺业发展良好，为服务社会经济发展起到了重大助推作用。截至2020年底，全市文化产业单位超过三千家，文化产业增加值约占GDP的5%。全市登记文物点万余处，其中全国重点文物保护单位8处，省级文物保护单位56处；拥有15家博物馆和纪念馆，馆藏文物34282件（套），包括一级文物312件（套）；非物质文化遗产共收集有音乐3699首，舞蹈123支，美术1598件等。[②]

---

① 江西省测绘局.江西省地图册[M].长沙：湖南地图出版社，2012：47.
② 九江统计局.九江市2020年国民经济和社会发展统计公报[R].

(三)发展规划高端起步

九江市委十届一次全会树立了"文化强市"的奋斗目标,把加快文化产业发展作为实施文化强市战略的重要支撑,这对推进浔阳文化传承发展提供了有利契机。九江文化旅游定位由"红色人文"向"鄱湖山水"和"人杰地灵"转变,使文化产业发展拥有了更为广阔的空间。深厚的文化底蕴和丰富的旅游资源为浔阳文化发掘提供了重要机遇,星子东林大佛、陶渊明文化村、温泉休闲文化园和中国庐山音乐石刻园等被列为重点发展项目。凭借深厚的山水名人文化资源,九江积极打造名人文化、红色文化和书院文化等品牌,形成一批具有国内外影响的文化品牌。

三、新时代九江依托浔阳文化打造地域品牌、提升城市品位的主要对策

中华优秀传统文化是中华民族的文化根脉,其蕴含的思想观念、人文精神、道德规范,不仅是我们中国人思想和精神的内核,对解决人类问题也有重要价值。要把优秀传统文化的精神标识提炼出来、展示出来,把优秀传统文化中具有当代价值、世界意义的文化精髓提炼出来、展示出来;要完善国际传播工作格局,创新宣传理念、创新运行机制,汇聚更多资源力量。当前,我们需要借助浔阳文化加快构建中华传统文化传承创新体系,不断丰富中华传统文化宝库,坚定文化自信,为打造地域品牌、提升城市品位提供文化支撑。

(一)走生态立市道路,加强生态环境体系保护

党的十九大提出,建设生态文明是中华民族永续发展的千年大计,坚持节约资源和保护环境的基本国策,统筹山水林田湖草系统治理。九江山水风光迷人,名胜古迹荟萃,众多的自然景观与人文景观相映成趣,230多处景点景观星罗棋布,构成以庐山、鄱阳湖为主体,融古今高僧、名士妙文、书院翰香、建筑艺术和政治风云于一体的独具特色的风景名胜区。[①]在浔阳文化指引下,九江大力推进生态文明建设,贯彻绿色发展理念的自觉性和主动性,重大生态保护工程进展顺利,森林覆盖率持续提高;生态环境治理明显加强,环境状况得到改善,成为生态文明建设的重要贡献者。

九江应借助鄱阳湖生态经济区开展红色文化保护传承工作,将浔阳文化、生态

---

① 江西测绘局.江西省地图册[M].长沙:湖南地图出版社,2012:48.

资源与旅游业态有机融合，打造具有国际影响力的浔阳文化旅游带。推进红色文化保护传承规划编制，启动九江红色资源梳理、浔阳文化艺术创作、革命遗址保护利用等工作；整合优势资源，规划建设浔阳文化主题博物馆，讲好浔阳故事；推动建立省级浔阳文化公园，弘扬中华优秀传统文化，延续红色文化根脉；打造浔阳文化旅游带，推介浔阳文化精品线路旅游，通过鄱阳湖之旅和庐山风景区体验之旅，让红色文化在新时代大放异彩。建议编制《浔阳文化保护传承弘扬专项规划》，打造著名地域文化品牌。以鄱阳湖生态文化旅游名地、庐山风景名胜地、九江红色文化旅游地为依托，打造具有国家影响力的旅游目的地。推进生态环境保护，加快生态文化和旅游名地建设，展现绿色风貌，推进九江成为生态保护和高质量发展样板城市。

（二）建设书院文化公园，提升城市文化带动力

2019年7月24日，中央全面深化改革委员会会议审议通过了《长城、大运河、长征国家文化公园建设方案》，这对九江依托白鹿洞书院建设书院文化公园具有重要借鉴。本文认为九江应依托白鹿洞书院建设书院文化公园，书院文化公园建成后将具有公益性、历史性、精神性、民族性和激励性等特征，是一部反映书院文化题材的"电视连续剧"，我们这一代人要写好剧本，当好建设者和守护者。九江建设书院文化公园具有先天优势，白鹿洞书院等资源具有本土性、丰富性、记忆性和典型性等特点，九江浔阳段是红色飘带、绿色锦带、生态彩带、旅游宽带和产业金带。九江书院文化公园规划建设应坚持保护、试点和整合原则，一系列与书院文化密切相关的元素均构成建设九江书院文化公园的资源基础。

九江应与周边城市加强合作，从五个维度打造江西文化高质量发展样板城市。一是立足浔阳文化的丰富内涵，通过陶渊明、黄庭坚、陶侃、陈寅恪和袁隆平等著名历史人物的名人效应打造国内中华传统文化交流互鉴高地。二是依托浔阳楼、烟水亭、琵琶亭、锁江楼、真如寺和庐山风景名胜区等打造浔阳文化保护传承弘扬及旅游业高质量发展的魅力旅游城市。三是整合全市红色资源，打造国内红色文化保护传承弘扬和旅游业高质量发展示范先行区。九江是八一南昌起义策源地，是中国工农革命军军旗升起之地，全市拥有红色遗迹近200处，国家、省、市（县）级重点文物保护单位40多处，应重点对八一起义叶挺九江指挥部、秋收起义中国工农革命军师团部驻地和庐山会议等红色旧址进行规划建设，打造红色文化旅游带，推进红色旅游项目建设。四是深入挖掘红色资源，推进文物保护、文化展示与生态旅游融合功能，讲好"浔阳故事"，让浔阳文化活起来。五是推进文旅公共服务设施建设，加快完善浔阳文化旅游发展规划，打造浔阳文化特色文旅项目，以文化创新带动旅游业创新，创新实施浔阳文化全域旅游实验清单。从建构中华优秀传统文化标识、建立文化自信和保护传承民族文化高度认识浔阳文化弘扬宣传的意义。通过构建全域旅游文化带，形成可体验的文化旅游景观。根据自然生态和地域文化类型融合建设独具特色的浔阳文化主题公园，促成浔阳文化旅游带的形成发展。

（三）培育城市精神，开展"浔阳文化年"活动

党的十九大提出，中国特色社会主义文化是激励全党全国各族人民奋勇前进的强大精神力量。在新的历史条件下发扬浔阳文化，汲取不忘初心的前进动力，提炼升华浔阳文化的文化价值内涵，激发担当创新的时代力量，发挥浔阳文化实践引领，探索推动经济社会发展的巨大动力。九江是浔阳文化的发源地，浔阳文化是历史资源之宝和特色文化资源。正是崇尚浔阳文化，九江成就了"融汇九川、敢为人先、勇创实干、追求卓越"的城市精神，浔阳文化融入了九江儿女的精神血脉。新时代，九江市要想实施高质量发展，迫切需要有体现城市精神的浔阳文化去激发斗志。当前，九江被定位为中国百强城市、国家区域中心城市、国家Ⅱ型大城市、全国性综合交通枢纽、鄱阳湖生态科技城、国家先进制造业基地、长江航运枢纽国际化门户和江西区域合作创新示范区，九江都市区是江西省重点培育和发展的三大都市区之一。九江是中国首批五个沿江对外开放城市之一和江西唯一国际贸易口岸城市，九江港为长江第四大港口和国家一类口岸。[①]2020年4月27日，国务院同意在九江设立跨境电子商务综合试验区。这些优势都成为九江实施高质量发展的基础，九江通过打造有影响力的浔阳文化整体和系列旅游产品，借助开展文化宣传，推动文化旅游协调发展，让文化焕发出更强生命力，为实施高质量发展提供强大精神动力。

浔阳文化蕴含着一种中国精神、中国价值、中国力量，指引着九江人民为追求美好幸福生活去奋斗。浔阳文化内涵丰富，古老厚重，我们要保持各类文化的差异性，松散耦合，从中精准找到九江城市文化定位，打造九江城市精神。我们要系统发掘浔阳文化内涵，经营好这一城市文化品牌，建立起中华文化智库。为激发浔阳文化传承创新、培育城市精神，九江应在党史教育中开展"浔阳文化年"系列活动：一是广场文化活动系列，包括浔阳鱼席饮食节、书画剪纸美术摄影展、广场文化活动周等。二是节庆文化活动系列，包括春节文艺联欢会、送节目赠春联、文化"三下乡"、社区文艺展演等。三是红色文化活动系列，在党史学习教育中开展主题党日活动，从浔阳文化中解读党的初心和使命，感受中国共产党人的力量和品质，增强

---

① 九江地方志编委会.九江市志（1991—2010）：第四册［M］.北京：方志出版社，2016：189.

责任担当意识，彰显党史学习教育的红色本质。四是社区文化活动系列，包括城乡社区互动共建、和谐文化乐万家、和睦邻里活动周、社区纳凉周文艺展演等。五是校园文化活动系列，包括教师风尚大赛、浔阳文化进校园，开展浔阳区少儿艺术节、大合唱、文艺汇演和书画摄影展等。

　　文化是民族的血脉，是人民的精神家园，我们要在新时代传承和发扬浔阳文化，坚持与时代同步，坚持以人民为中心的文化发展理念，传承和发展浔阳文化为人民服务，激发文化创新，推进浔阳文化有序保护。在党史学习教育中，我们应从党的光辉历史中坚定来时的初心，从九江"九八抗洪精神"中解读中国共产党人的初心和使命，感受中国共产党人的力量和品质，增强责任担当意识，彰显党史学习教育的红色本质。我们应推进浔阳文化有序保护，打造有影响力的高质量浔阳文化整体系列旅游产品，借助党史教育开展红色文化宣传，推动浔阳文化旅游高质量发展，让九江城市品牌焕发出更强生命力。

参考文献

［1］中央办公厅，国务院办公厅.关于实施中华优秀传统文化传承发展工程的意见［R］.2017-01-25.

［2］习近平.习近平谈治国理政：第一卷［M］.北京：外文出版社，2014.

［3］蒋宝德.中国地域文化［M］.济南：山东美术出版社，1997.

［4］陈进玉，等.中国地域文化通览［M］.北京：中华书局，2016.

［5］九江市史志办.明·嘉靖《九江府志》（点校本）［M］.郑州：中州古籍出版社，2019.

［6］九江市地方志编委会.九江市志（1991—2010）［M］.北京：方志出版社，2016.

［7］戴晓慧，张国宏.甘棠风情［M］.南昌：江西美术出版社，2012.

［8］王霁，许鹏，何怡男.中国传统文化［M］.北京：清华大学出版社，2014.

［9］九江文化志编纂委员会.九江市文化志［M］.九江：九江市文化局，1995.

政策观察·文化传播

◆ 政策观察·文化传播

新技术驱动传统文化产品的创造性转化模式研究

金 韶 肖屈瑶[①]

摘 要：随着大数据、人工智能、虚拟现实等数字技术的不断发展，传统文化产品借助应用新技术不断地实现创造性转化和创新性发展。本文选取《清明上河图》沉浸展、河南卫视《唐宫夜宴》节目、《飞越千里江山》乐园、云游敦煌等传统文化典型案例，分析传统文化产品与新技术融合的方式和创造性转化的模式，提炼其进阶式的演进规律，从而为数字文化产业的创新性发展提供思路，同时也为数字经济和文旅产业的结合提供策略建议。

关键词：传统文化；新兴技术；创造性转化；模式演进

习近平同志在省部级主要领导干部学习贯彻十八届三中全会精神全面深化改革专题研讨班开班式上指出："要加强对中华优秀传统文化的挖掘和阐发，努力实现中华传统美德的创造性转化、创新性发展。"[②] 在智媒时代，随着人工智能、虚拟现实、云计算等新技术的不断发展，出现许多传统文化与科技高质量融合发展的成功案例。从2010年上海世博会所展出的借助数字技术动态呈现的《清明上河图》开始，到后来河南卫视《唐宫夜宴》节目的出圈，到华强方特以《千里江山图》为IP推出的主题乐园，再到敦煌研究院推出的数字敦煌项目，在新技术的驱动下，传统文化产品不断创新其生产和传播方式，迸发新的活力，并推动了沉浸式产业等新兴业态的发展。本文结合重点案例，分析新技术在传统文化产品中的应用方式和传播效果，提炼传统文化的创造性转化模式，以期对数字文化产业、文旅产业的创新发展提供参考和借鉴。

---

① 金韶，北京联合大学应用文理学院副教授；肖屈瑶，北京联合大学应用文理学院在读研究生。
② 中国政府网.习近平强调：推进国家治理体系和治理能力现代化［EB/OL］.（2014-02-17）. http://www.gov.cn/xinwen/2014-02/17/content_2612860.htm.

一、新技术驱动传统文化创造性转化的必然性

（一）走近大众的内在动力

中国传统文化是中华民族的灵魂，深深影响着每个人。广大青年要形成正确的三观和修炼深厚的文化涵养，需要有中华民族优秀传统文化的熏陶。当今，传统文化借助新兴技术出圈现象频增，吸引越来越多的年轻人关注传统文化及其产品。年青一代对中国优秀传统文化的高度认可正是促进传统文化不断传播的内在动力，催生传统文化更强的创造力和生命力，有效地提升了我国传统文化的软实力。

（二）新技术的驱动和赋能

在科技发展高潮迭起的多元社会中，新的技术和工具开启了更加广阔的互联网空间，以数字化、信息化、网络化为特点的现代科学技术渗透到了经济社会的各个领域当中，新一代年轻人的生活正在被更加多样、海量的信息所占据，同样，新技术也为传统文化走进大众生活提供了新的机遇与选择。以往，有些中国传统文化的内涵不易被大众尤其是年轻人所理解，而在当下"科技向善"的政策指引下，用科技化的方式则能够将传统文化的精粹更好、更有效地传递给年轻人，也能让更多人了解到传统文化中的美学与内涵。

现今，各大新旧媒体、平台争先与 AR、XR、4D 动感球幕影院等科技相融合，推动传统文化与现代科技交互发展。传统文化数字化是时代发展的必然要求，也是文化传承的必然要求，更是新时代发展我国文化产业的必然选择和路径。要提高国家文化软实力，需要不断挖掘传统文化的现代化发展模式。

（三）政府引导和政策推动

为了加强传统文化的保护和传承，我国出台了很多政策。2017 年，中共中央办公厅、国务院办公厅印发的《关于实施中华优秀传统文化传承发展工程的意见》指出，从中华文化资源宝库中提炼题材、获取灵感、汲取养分，推出一批优秀文艺作品，积极推动传统文化内涵更好更多地融入生产生活、贯穿国民教育始终；2021 年，中宣部印发《中华优秀传统文化传承发展工程"十四五"重点项目规划》部署传承工作。在信息技术革命的背景下，传统文化与科技的深度融合不仅成为传统文化迸发新活力的重要驱动力，而且也是突破当前我国文化界改革发展"瓶颈"的重要动力。

2020 年 9 月 17 日，习近平总书记在长沙市考察调研时指出，文化和科技融合，既催生新的文化业态、延伸文化产业链，又聚集大量创新人才，是朝阳产业，大有前途。此外，在党的十九届六中全会上通过的《中共中央关于党的百年奋斗重大成

就和历史经验的决议》,深刻总结了党的十八大以来我们党推进文化建设的战略部署和重大成就,强调"推动中华优秀传统文化创造性转化、创新性发展"。[①]坚定文化自信,建设文化强国,需要我们结合新的时代条件传承好、弘扬好中华优秀传统文化,对传统文化守正创新、推陈出新,让中华文化绽放出新的时代光彩。

二、新技术驱动传统文化创造性转化的典型模式

(一)1.0模式:化静为动的"清明上河图"

在2010年的上海世博会中国馆内,《清明上河图》这幅静态的画卷以动态的形式呈现给受众。这种化静为动的模式,是通过三维动态制作、电影投影等技术手段,将平面文化作品以动态的方式传达出来的。《清明上河图》化静为动的模式为其他的馆藏文物、地方传统平面类展览提供了指导思路和参考模式。对于地域类传统文化,在技术经费有限的情况下,可以参照此模式,并结合自身文化独特魅力进行创新展览,突破传统展览的桎梏,嫁接高新技术给受众以全新体验,以吸引更多人尤其是年轻人走进博物馆,走进瑰丽的历史遗产文物中。

1."会动"的汴京市井

张择端的《清明上河图》是一幅百科全书式的画作,也是中国十大名画之一。2010年,在上海世博会的中国馆中,一幅"会动的"《清明上河图》成为万众瞩目的焦点。

这幅全长约128米、高7米的动态画作采用了三维制作技术、电影艺术与投影技术相结合的方式,使用数十台世界级的专业激光投影幕布及电影投影设备,充分利用原画中数目庞大的人物、船只、房屋等极具宋代特色的元素作为重要的数字资源基础,把它们转化为动态形式,用白天和黑夜两种模式展览,动静结合,让现场参观者仿佛置身于汴京那个时期的市井景象中。

2.电影级画面特征

2.1 实景再造的特性

对《清明上河图》的内容进行实景再造,即用数字绘画的方式将原画当中的场景描摹出来,同时,主创团队还根据原画进行了再创造,即在合理的前提下加以想象,从而更好地挖掘原画背后的故事。此外,主创团队十分注重细节,例如,由于

---

① 准确把握党的百年奋斗重大成就和历史经验[N/OL]. 光明日报,2021-12-17. http://theory.people.com.cn/n1/2021/1217/c40531-32310408.html.

宋代取消"宵禁"制度，且市坊合一，于是他们便在再创作过程中加入了夜景特效，希望能给观众带来更真实的宋代生活体验感。

2.2 声音融合的特性

平面画作只能够给观众带来视觉上的享受，而主创团队通过使用数字技术和电影技术，使观众在观赏画作的同时还能听到熙熙攘攘的叫卖声、桥下涓涓流水声、外来商人队伍传来的悠悠驼铃声等声音，此种视听相辅相成的方式，让画面显得更加鲜活和真实。

2.3 场景转换的特性

原画当中只有三大主要城郊、船只以及市内街道的场景，而这幅动态画作运用三维的屏幕运动技术，将每个场景下的人物等元素随着故事情节不断转换，并且融合投影技术使画面显得更加自然连贯。这不仅展示出了主创团队超高的绘画技术，也体现了电影、投影技术的重要性，使画面更具内涵和情趣。

（二）2.0 模式：虚实交互的"唐宫夜宴"

虚实交互模式是以《唐宫夜宴》这类创新型广电视听节目为代表的传统文化电视节目的新模式，这种模式主要利用虚拟现实技术，通过视觉、听觉及其他知觉多方交互的形式，创新传统语言叙事的单一表现形式，以群众更喜闻乐见的表达形式赋予传统文化以新的活力。《唐宫夜宴》这一节目的出圈，对于其他传统文化影视类节目的发展提供了指导思路和借鉴模式，它的出圈为河南带来了一系列周边文创产品，河南卫视更是紧跟热度推出《元宵奇妙夜》《中秋奇妙游》等系列节目，被网友评价为"爆款制造机"的河南卫视通过对国风的全新演绎，给传统广电节目提供了可借鉴的操作方式。《唐宫夜宴》节目的成功表明在技术的辅助下，"传统"是可以变得可感可亲可近的。

1. 唐朝的"视听盛宴"

2021 年，河南卫视春晚节目《唐宫夜宴》成功出圈，不仅引起各大社交媒体平台的转发、无数网友的点赞和追捧，还使该舞台剧中舞台演员的形象成为河南省的文化 IP 形象。更重要的是，它使河南中原地域文化得以蓬勃发展，并突破大众文化的圈层壁垒，实现了传统文化的现代型转化。

《唐宫夜宴》使观众以第三视角的形式观看乐舞伎的穿越。节目以夜宴的乐舞伎为主角，讲述了同众多国宝一起展览的乐舞俑在博物馆"醒来"，好奇的"她们"在博物馆中穿梭，在《簪花仕女图》《捣练图》中游历；镜头一转，她们在夜幕下的湖边嬉戏，也在庞大的宫殿内翩翩起舞。此节目的创意来源于河南博物馆所展出的产品——出土于隋朝时期、河南安阳张盛墓的乐舞俑。

2. AR+5G 全息特性

2.1 虚实结合的特性

虚实结合即节目呈现采用 VR+ 电视的模式，在计算机生成的虚拟环境中呈现三维动态视景，让舞者在虚拟的唐朝时期与现实的场景中切换自如。此外，节目还将博物馆文物的全景影像搬上了荧屏，例如妇好鸮尊、贾湖骨笛等众多国宝级文物，它们所带来的感官突围让观众得到前所未有的视觉体验，极大地提高了视听内容的感染力和艺术性。形象逼真地再现现场是电视媒体的追求和向往，而技术的创新能够实现这一目标，例如节目运用到的 VR 技术，它能够使观众视听多感官交互融合，同时对"场景"的传送更加便捷，能够让观众从"观看者"转变为"参与者"。

2.2 5G 赋能的特性

5G 高速率、低时延的特点，使《唐宫夜宴》的整个舞台表达更加顺畅，也增强了舞台整体场景的真实感，推进了剧情的发展，放大了作品的"历史感"和"文化感"。《唐宫夜宴》运用 5G+ 传输全景的立体影像，实现了艺术与技术、虚与实的融合，且有效提升了受众的观影感受。

2.3 "前期录制"+"后期抠图"

"前期录制"+"后期抠图"的方式，是先让舞者在背景前录制，后期再抠图。如节目中的"侍女俑复活"片段，先将蓝色的幕布换成三维的动态宫廷，再后期加上以舞台为基调的实景录制，给人一种"人在宫中游"的画面感。场景的叠加重组打破了传统的表演形式，别出心裁，同时也增强了人的想象力。

（三）3.0 模式：沉浸体验的"千里江山图"

沉浸体验模式是在智媒时代背景下应运而生的文旅产业的主要运营模式，是从受众角度出发，将传统只能观赏的文化作品转变为融入多感官交互体验形式的"文化+文旅"模式，强调与受众的交互性、给受众带来沉浸体验。《飞越千里江山》作为文旅产业数字化、沉浸式创新项目的典型代表，它的出现为国内主题乐园的打造提供了可借鉴思路和参考价值。《飞越千里江山》的主创团队华强方特，也一直用自身的科技之长，传承国宝文化，推陈出新。

1. 飞越的"千里江山"

2018 年，华强方特打造的中国画题材球幕影院《飞越千里江山》开启，在方特主题乐园里，游客可通过"飞行观画"模式，在巨幅球形银幕前领略《千里江山图》

的传世风采，感受青绿山水巅峰之作的美妙意境与磅礴气势。①

深圳华强方特集团曾以"代工"和电子制造闻名全国，随着科技水平与行业的不断发展，自2001年起华强方特开始向自主研发转型，并涉足文化产业领域。华强方特的科技实力优势使其在产品生产上不断融入文化内涵，最终形成并实施"文化+科技"的发展策略。2017年，华强方特副总裁丁亮在观看了北京故宫博物院展出的《千里江山图》后深受启发，决心带领华强方特集团在项目中展现中国的文化瑰宝，提升文化影响力，随即便组织数字技术团队，打造《飞越千里江山》这一项目。②

2. 飞行赏画视觉奇观

2.1　3D复刻的特点

《飞越千里江山》以北宋王希孟创作的绢本画卷作品《千里江山图》为背景，运用三维视觉技术，改变原画横向的构图方式，竖向构图突出画卷中所展现的雄伟壮观的形态，使画卷的空间结构感更强。由于王希孟在绘制《千里江山图》时精雕细琢，先后进行了五道工序，华强方特主创人员则在数字复刻时更是仔细，反复观察原作，根据原画绘制的大概步骤，先后进行了十次数字着色，最终完美实现国画的3D数字复刻"。③

2.2　飞行+球幕的特点

《飞越千里江山》影院有着独特的悬挂座椅，并采用超高分辨率的球幕，使游客可以通过悬空乘坐动感座椅，上升到直径达22米的半球形全包围银幕，从而获得沉浸式的体验。在观看电影的过程中，一方面座椅通过模拟上升、俯冲、滑翔等动作，让游客体验到自由飞翔以及强烈的超重、飘浮等感觉；另一方面在4K分辨率的巨型球幕前，可以近距离感受到北宋传世名画的精美绝伦，以全新的方式领略中华传统文化与现代科技融合所迸发出的魅力。

3. 历史叙事增强沉浸

为增强游客的沉浸体验感，主创团队还融入许多画卷背后的故事元素，如宋徽宗《瑞鹤图》中仙鹤元素的使用，通过复刻仙鹤并运用虚拟现实技术，使它成为带领游客进入画卷的吉祥物，既体现了球幕影院"飞翔"的特色，又增强了神秘感和

---

① 商旅地产前沿.国宝活起来了！华强方特带你进入《千里江山图》[EB/OL].(2018-08-11). https://www.sohu.com/a/246608241_238598.
② 新华网.华强方特新突破 数字3D创意重现《千里江山图》[EB/OL].(2018-07-06).http://www.xinhuanet.com/travel/2018-07/06/c_1123088823.htm.
③ 商旅地产前沿.国宝活起来了！华强方特带你进入《千里江山图》[EB/OL].(2018-08-11). https://www.sohu.com/a/246608241_238598.

想象力。在科技上攻坚克难，在文化上深耕细作，是引领以华强方特为代表的企业在未来道路上不断前行的重要指导思想。

（四）4.0 模式：虚实共融的"云游敦煌"

敦煌石窟是中国古代文明的璀璨艺术宝库，是古代丝绸之路上文明交汇的历史见证，敦煌研究院一直以来都在努力建设世界文化遗产保护典范和敦煌学研究的高地，并为实现此目标不断进行文化传承与保护形式的创新。疫情期间，敦煌研究院通过线上线下融合的形式，借助虚拟现实等技术打造线上移动端，同时结合线下实体文旅产业的发展，推出了沉浸式音画大赏等项目，吸引更多的年轻人投入对敦煌历史文化遗产的保护与传承中来。

1. 数字敦煌，文化科技融合的数字资产库

敦煌研究院提出"数字敦煌"的构想，旨在利用计算机技术和数字图像技术，实现敦煌石窟文物的永久保存、永续利用。"数字敦煌"运用虚拟现实、增强现实和交互现实等新技术，使敦煌瑰宝数字化，打破了时间和空间的限制，满足人们线上游览、观赏、研究等全方位需求。此外，"数字敦煌"项目还利用先进的文物保护理念，对敦煌石窟和相关文物进行全面的数字化采集、加工和存储，将敦煌的图像、视频、三维等多种数据和文献数据汇集起来，打造成规模化、多元化、智能化的石窟文物数字资源库，并通过互联网实现全球共享的敦煌数字资产管理系统。

2. 云上敦煌，专注移动端的虚拟现实体验

敦煌研究院与人民日报新媒体、腾讯联合开发并推出了"云游敦煌"小程序。该小程序用移动应用技术和创新传播的方式，将敦煌"搬到"小程序里，使各地用户通过"云现场"领略敦煌石窟艺术的风采，探索敦煌石窟是如何一壁一画生长起来。用户通过感知敦煌壁画中丰富的文化内涵、体会文化遗产的魅力和价值，从而提升自身文化遗产保护的意识。此外，该小程序还是文博行业首个集知识探索、线上游览、公益保护等功能于一体的产品，并以创新互动的方式推出了"今日画语""敦煌动画剧"等板块，其中"敦煌动画剧"板块还邀请敦煌研究院院长赵声良、腾讯集团副总裁程武担任敦煌"说书人"，为动画剧配音，进一步加深用户对敦煌文化的认知。

3. 音画大赏，打造国风感的沉浸艺术展

除了线上小程序的开发，线下敦煌文化也在与文旅等产业结合，不断创新发展。在第十届郎园国际创意文化节期间，北京市商务局、朝阳区人民政府在北京市首创朗园 Station（园区）推出了"域见东西——国内首个沉浸式五感敦煌之旅"活动。该

活动以千年敦煌为IP，重塑消费新场景，以数字化、视觉化、场景化为主，呈现了一场视、听、触、味、嗅五感多元交互的盛宴。在活动中的艺术展环节中，《乐舞》《霓裳》《城关》《声色》等作品，以敦煌历史文化为背景，利用声光电等科技手段，营造出盛大的音画艺术沉浸世界，让观众感受到艺术与科技交织带来的震撼美感。此外，园区内还设置了集逛、吃、拍、玩于一体的市集，让参展观众解锁五感敦煌新玩法，使观众全身心沉浸在敦煌文化的"国风魅力"中。

三、推动传统文化产品创新性发展的策略建议

（一）传统文化产品创新发展模式的演进规律

在新技术驱动下，传统文化产品不断推陈出新，得以良性发展。基于上述1.0—4.0模式的演进过程，从整体来看，虽然阶段和模式不同，但其共性在于这些模式下的传统文化产品都在政策引领下坚定不移地走着借助技术进行创造性转化的正确发展道路；从技术层面来看，从1.0阶段的视听技术、电影技术等纯技术式体验，到2.0阶段的VR、AR技术和真实场景虚实结合的体验，再到3.0阶段延伸到线下空间的沉浸交互体验，最后演变为4.0线上线下融合的数字化生态体验和创新发展，这一技术演变过程说明传统文化必须紧跟技术的发展进行创新，不断以新形式、新体验传送给受众，以此吸引更多人群投身到对传统文化的保护和传承中来。

（二）推动传统文化产品创新性发展的优化策略

1. 深度挖掘传统文化，提升受众互动体验感

新技术把传统文化的创新发展引向了新的阶段，在把握好传统文化内核的基础上，应当深挖传统文化产品背后的故事，强调产品的故事性、艺术性、创意性等性能，同时积极借助数字化、移动设备甚至人工智能等新技术，开发系列创新型数字内容和互动产品。此外，也要用受众喜闻乐见的形式与其进行互动，大力提升受众互动的体验感，从而使受众正确理解和真切感受传统文化产品所传递的文化信息，更好地构建文化认同感。

2. 优化研发和营销机制，不断引进专业人才

在传统文化产品嫁接新技术进行创新发展的同时，仍要以优化创新机制为保障。通过优化传统文化产品研发和营销的机制，为发展文化产业提供动力，为优秀传统文化创造性转化、创新性发展提供助推力。同时，通过不断引进专业人才、与专业团队合作以及改善自主研发团队结构等措施，保障研发工作的创新性和专业性。

3. 提防"唯技术论",用心用情创新文化产品

虽然传统文化产品借助新技术能够得以有效发展,但也不能一味地"唯技术论",仍要深耕于文化本身,结合文化自身内涵去创新传统文化产品的呈现方式。此外,也要用心用情打造数字化文化产品,结合大众特别是青少年的接受心理和习惯,利用现下流行的新媒体平台对传统文化产品进行广泛传播,丰富优秀传统文化的时代化表达、艺术化呈现,从而才能更好地在创新和利用中延续中华文脉。

参考文献

[1] 欧达. 当代社会文化遗产展示方式创新探析——以"会动的《清明上河图》"为例 [J]. 美与时代(上), 2020(3): 108-109.

[2] 高红波, 张筱菡. 技术赋能与传统文化的视听表达创新——以河南卫视《唐宫夜宴》系列节目为例 [J]. 现代视听, 2021(3): 23-25.

[3] 雷蕾. 致敬古典 华强方特创意重现《千里江山图》 [J]. 国家人文历史, 2018(16): 99.

[4] 欧阳建军. 中国古画作品数字化视觉传达设计转化——以3D动画《清明上河图》为例 [J]. 黑河学院学报, 2019, 10(4): 181-183.

[5] 胡濛驿. "5G+AR" 技术支撑下的宫廷文化创意传播研究——以河南春晚《唐宫夜宴》节目为例 [J]. 新媒体研究, 2021, 7(7): 108-110.

[6] 刘志新. 传统文化与现代科技融合发展 [J]. 中小企业管理与科技(中旬刊), 2019(7): 94-95.

[7] 李国东, 傅才武. 推进文化与科技深度融合是突破文化发展困局的基本政策路径 [J]. 中国海洋大学学报(社会科学版), 2017(3): 46-54.

[8] 李亘. 5G时代电视的进路：载体重构、文本创新与融合传播 [J]. 传媒, 2020(23): 69-71.

[9] 曾一果, 李蓓蕾. 破壁：媒体融合下视频节目的"文化出圈"——以河南卫视《唐宫夜宴》系列节目为例 [J]. 新闻与写作, 2021(6): 30-35.

[10] 潘志庚, 袁庆曙, 陈胜男, 张明敏. 文化遗产数字化展示与互动技术研究与进展 [J]. 浙江大学学报(理学版), 2020, 47(3): 261-273.

[11] 张志顺, 王法睿. 新时代传承中华优秀传统文化的价值探析 [J]. 学校党建与思想教育, 2021(16): 11-13.

[12] 贺登茹. 浅析地域文化影视作品《唐宫夜宴》的创新之处 [J]. 视听, 2021(9): 48-49.

[13] 白云鹏. 《唐宫夜宴》对新媒体时代文化类节目创新的启发 [J]. 传媒论坛, 2021, 4(17): 171-172.

新时代语境下汉字文化的创新传播与应用[①]

李 莉[②]

摘　要：本文聚焦新时代语境下中华文化的典型符号——汉字的创新应用这一主题。从汉字发展历史来看，汉字在作为记录思想、表情达意的工具的语言意蕴之外，汉字还拥有美学意蕴、社会意蕴等更为丰富的面向。当下，汉字作为中华文化的载体受到了越来越多的重视，本文分别从汉字作为美学元素在艺术创作和设计工作中的应用，汉字IP具有的产业价值和商业价值，汉字文化传播在国际交往语境中具有提升国家软实力的重要价值等三个方面分析汉字文化创新应用的大量案例与做法，并分析了这些现象背后值得我们深思的后现代文化语境中汉字文化所面临的机遇与挑战。

关键词：汉字文化；创新应用；美学意蕴；产业价值

语言文字学家王宁先生在《汉字与中国文化》一文中写道："（汉字）书写了中华民族的历史，载负了光辉灿烂的中华文化；它具有超越方言分歧的能量，长期承载着数亿人用书面语交流思想的任务；它生发出篆刻、书法等世界第一流的艺术；在当代，它又以多种方式解决了现代化信息处理问题而进入计算机，迎接了高科技的挑战。汉字是中国文化的基石。"[③]

我们可以从索绪尔的结构主义语言学角度理解汉字。在索绪尔的符号系统中，能指和所指是符号的两个构成要素。汉字首先是用来记录汉语的衍生工具，具有以书面语进行思想记录和交流、表情达意的功能。因此，每一个汉字字符作为一个能

[①] 本成果由中央高校基本科研业务费专项资金资助（supported by the Fundamental Research Funds for the Central Universities）。
[②] 李莉，博士，北京师范大学文化创新与传播研究院讲师，洛杉矶加州大学（UCLA）访问学者。主要研究方向为文化产业、文化政策、文创运营等。
[③] 王宁.王宁先生：汉字与中国文化［EB］.北京师范大学文学院微信公众号"章黄国学"，2018-05-05。

指，其所指则是这个字具体指示的物或事。同时，汉字更是拥有数千年历史的中华文化的代表性符号。在这个层面上，如果说汉字字符或者汉字系统作为能指的话，其所指则是文化渊源、社会价值、审美意蕴等。

汉字是世界上唯一未曾中断使用而延续至今的表意文字系统，这是经常被提到的汉字的重要特点之一。尽管经历了漫长的发展，特别是进入简化字阶段之后，大量汉字中的表意根源已经很难辨认。当代汉字仍旧保留了约300个具有象形性的字，以及约占汉字总量85%的形声字，尽管大部分时候声与义只标明了大概的方向。同时，汉字又是单音节语素文字，也就是说，除去极个别情况，每一个汉字都是单音节，都等于一个词，都传递了一个基本意思。

在书面语的交流功能之外，将汉字自身作为一个文化事项，以及中华文化的一个载体和面向去观察汉字，我们不仅能够突破汉字日常使用所带来的盲点，对这一宝贵的传统文化符号有更深入更自觉的理解和应用。更能够通过汉字这一载体，开辟和理解中华文化的崭新路径。这对于提升当代中国人的文化自信具有至关重要的作用。

从汉字的发展历史来看，表情达意的功能已经与其他的功能和意蕴同时发展成熟起来。在现代社会中，特别是视觉文化高度发达，文化传播形态与媒介日益复杂的背景下，比起字母文字，汉字作为方块字和表意文字系统表现出更多文化传播和文化创新层面的可能性。当下，更多的艺术创作、文化产业和文化传播的实践者围绕汉字这一传统文化符号做了大量的尝试，取得了丰富生动的成果，值得我们关注。

一、从汉字发展历史来看

（一）汉字构形中携带着文化信息

文化学者于丹在《字解人生》一书中以诗意的语言这样表达汉字与中华文化的关系："汉字是握在中华民族掌心里的纹路，循着它的指事象形，可以触摸到所有观念由来的秘密。"[①] 在一个文明的发展历程中，基于地理环境因素逐渐形成的生产生活方式，随着人口增长拓展生存领域，出现迁徙流动，随着生产力的发展，导致生产生活方式的不断演变。直到社会形成，出现了复杂的社会管理制度。而汉字从雏形到成熟，从古文字到今文字所经历的漫长的发展过程正伴随着华夏民族生产生活

---

① 于丹.字解人生[M].北京：东方出版社，2014.

方式和社会组织形式的不断变化而变化。汉字发展从来都是一个不断演变和不断调整的过程。

"汉字是根据它所记录的词的意义而构形的。构形时，需要选择一种形象或形象的组合，将其生成字符，来描述它所记录的意义，我们把这个选择形象生成字符的做法称作取象，取象所表达出的构字意图称作构意。构意和取象都要受到造字者和用字者文化环境和文化心理的影响。因而，汉字的原始构形理据中必然带有一定的历史文化信息。"① 王宁先生在《汉字与中华文化十讲》②一书中，详细分析了很多早期文字中所传达出的具体文化信息。例如，通过观察甲骨文关于动物的字可以发现，这些初期的象形汉字，对于很多动物的生理形态的典型性把握得很准确，并且以相对抽象的方式固定在甲骨文字符中，这体现了在这一阶段我们先民的生活与这些动物的关系十分密切，对于驯化动物和猛兽的观察都非常细微准确。可见这是狩猎生活在文字构形上的体现。

而至《说文解字》里所收录的汉字中，带有"草、木、竹、禾"这些表意部首的汉字占了全书总收录字数的12%。这一类植物类部首文字的增多体现了秦汉时代中原地区的先民们已经逐渐进入以农耕为主的生活，与植物的关系更为密切。诸多关于古代生产力、生产关系的变化及相并生的文化观念的形成都可以在汉字中得以溯源。

---

① 王宁.王宁先生：汉字与中国文化[EB].北京师范大学文学院微信公众号"章黄国学"，2018-05-05.
② 王宁.汉字与中国文化十讲[M].北京：生活·读书·新知三联书店，2018.

(二)汉字同时拥有社会意蕴、语言意蕴和审美意蕴

汉学家梅维恒在《哥伦比亚文学史》一书中表达了汉字拥有"社会意蕴、语言意蕴和审美意蕴"[1]的观点。其中,语言意蕴为本体功能,而社会意蕴不仅指上文所提到的汉字构形中所包含的文化信息,也指汉字所充当的社会功能,体现的社会价值。

大多数人对于甲骨文记载的故事已经颇为熟悉,刻有象形文字的龟甲在商代的主要功能是王朝卜筮。大名鼎鼎的商王武丁的配偶妇好(妣辛)是一位英勇善战的女将军,妇好墓发掘的文物曾经在首都博物馆展出,被称为一场现象级展览。殷墟与妇好墓出土的甲骨中以卜辞的方式记录了妇好多次征集兵员、带兵出征的经历。同时,商周直至战国的青铜礼器上"钟鼎文"又称"金文",也是汉字起源时期的重要组成部分,其主要功能是祭祀。"这暗示着汉字为贵族或神职人员及其后继者这一小团体所垄断,他们小心翼翼地护卫着自己书写汉字的技能。"[2]

妇好盘金文[3]

之后的汉字发展与书写使用则从贵族阶层逐渐拓展至文人士大夫阶层,像李斯、蔡邕、钟繇等,他们通过不断推动和改进书法书写,参与着汉字的发展历史,垄断

---

[1] [美]梅维恒.哥伦比亚文学史[M].马小悟,张治,刘文楠,译.北京:新星出版社,2013:46.
[2] [美]梅维恒.哥伦比亚文学史[M].马小悟,张治,刘文楠,译.北京:新星出版社,2013:37.
[3] 图片来源:陈楠.汉字的诱惑(第二版)[M].武汉:湖北美术出版社,2017:19.

着汉字的使用。古代的汉字使用无疑成为一种文化资本，帮助完成社会阶层的区隔。这本身也体现了汉字所包含的社会意蕴。

汉字的审美意蕴可以从文人士大夫参与汉字发展和使用汉字讲起，其中书法在这一阶层的生活中占有极其重要的位置。在秦汉时期，汉字字形的变化过程与书法艺术的发展过程几乎合而为一。汉字具有高度的视觉性，书法家们通过弥补和改变字形来完成自己情感的抒发和艺术创作的实现。同时，快速书写、书写规范化也推动着汉字字形的发展。

秦统一六国之后，"书同文"政策以文化的统一性保障了政权管理的有效实现。李斯统一小篆，把大篆中倾斜的笔画都尽量规范为横或竖，增加了字体的庄重感，使不同笔画的文字看起来大小一致，也使原本左右两部分不均匀的文字看起来更加协调、左右对称、整齐划一地跃然纸上。尽管更规范更标准的小篆成为全国官方书体，但小篆的生命周期并不长。为了形式统一，小篆的结构非常复杂。但统一的大帝国需要大量典章案卷的誊抄来保障行政管理，于是为了书写的便利性，隶书出现。隶书自小篆而来，将方圆周正的圆弧笔画变为更加简单的横或竖，蚕头雁尾成为隶书最主要的特点。汉字由此从线条文字变为点画文字，这也成了古文字和今文字的重要分界线。直至当代，在书法、篆刻这些艺术形式中仍旧为小篆、隶书保有空间。

（三）汉字的设计思想与设计方法论

从当代生活的应用场景角度来看，从书报、网站、影视剧片头，到商店招牌、产品包装，从美术字到汉字设计，也为我们提供了一种重要的观察汉字发展历史的思路和视角。清华大学美术学院教授陈楠，同时也是一位视觉传达设计师，他所著的《汉字的诱惑》[①]一书，从视觉造型和设计方法论的角度重新对汉字的发展历史做了阐述和介绍。从这一角度，陈楠提出了"真、草、音、饰"四条线索，反思了汉字设计传承与创新的进化文脉。

其中，"真"代表着官方推行使用的标准化正体字标准，也就是汉字形象标准化的规范设计。李斯统一六国文字确立小篆作为秦帝国的标准化正体字，但因为其不适应官方典籍誊抄所需要的便捷性，所以被隶书所替代。"楷书又名真书，是楷模的文字、真正的文字、标准的书体、官方字体的意思。明代的宋体，近代的仿宋体、

---

① 陈楠.汉字的诱惑（第二版）[M].武汉：湖北美术出版社，2017.

黑体都具有这种身份。"①"草"是汉字快速书写的规范化设计之路，是在使用层面谋求简化与快捷性的提高，也是在艺术创作层面追求创作风格的多元性与可能性。"草书并不是快写的楷书，而是源于隶书与楷书平行发展的写法，许多笔画是特殊的写法，有简化有代替，也有异体字、俗体字的应用。"②"音"则是汉字发音层面的线索。由于汉语有大量同音字，需通过汉字的形象差异来解决这一问题。比如，古琴谱的汉字字符，以汉字的变异体来体现发音的江永女书，以及注音符号、汉语拼音等都是这条线索的典型例子。"饰"则指汉字的装饰化、艺术化设计之路。不论是"招财进宝"的合体字，还是月饼模子和钱币上的汉字，汉字在日常生活的各个细节中起到装饰性功能自古有之。

二、视觉文化时代下汉字的创新应用

从古代贵族、文人士大夫对汉字的垄断使用，到1955年80%的全国农村青壮年还是不识字的文盲、半文盲③，再到当代视觉文化的背景下，创意经济、体验经济的氛围下，全球化与民族文化身份认同的诉求下，汉字这一文化元素继续被不断跨界应用、创新使用，汉字的日常化、扁平化、去严肃化呈现在令人眼花缭乱的媒介环境中，汉字文化也呈现出更为复杂、含混、多元的文化面向。

（一）作为美学元素的汉字在艺术作品和设计产品中被拆解重组

全球知名的当代艺术家徐冰的《天书》（1987—1991）、《英文方块字书法》（1994年至今）、《汉字的性格》（2012）等作品都在通过先锋的艺术手段尝试将汉字纳入艺术语境中加以使用和解读。20世纪80年代末，徐冰通过模仿汉字的间架结构创造出毫无意指功能的伪汉字，并且用复原活字印刷和宋代书籍装帧的方式制作出了无法阅读的书。《天书》中的"汉字"成为被剥夺了所指的字符号。而《英文方块字书法》中将英文的26个字母逐一改造为书法形式的汉字偏旁部首的样子，然后通过将几个部首组合为一个看起来像汉字的英文单词，再以这些单词重现已翻译为英文的中国古诗。通过这种方式，艺术家以汉字间架结构和书法的方式对英文进行了重组。此

---

① 陈楠.用设计的维度重新审视汉字发展历程[M]//于丹，李莉.汉字之美：汉字与设计的创意融合.北京：北京师范大学出版社，2018：47.
② 陈楠.用设计的维度重新审视汉字发展历程[M]//于丹，李莉.汉字之美：汉字与设计的创意融合.北京：北京师范大学出版社，2018：47.
③ 叶凤琴.中华人民共和国的文化壮举——扫盲运动[J].北京档案，2020（2）.

时，作为处在艺术实践语境中的汉字，其本体要素和文化外延都被推向了创新的前沿。同时，拥有插队经验和移居美国生活经验的徐冰身处中西文化的碰撞与交融中，选取了汉字这一元素作为中国文化与历史的代表符号进行艺术创作，汉字一方面是中国历史遥远而观念化的存在，另一方面又包含着某种潜在的可能成为中西方文化嫁接与融合的形态，尽管这种形态又呈现出某种荒诞性和多义性。

徐冰《英文方块字书法教科书》[①]

汉字的造字逻辑成为徐冰艺术实践的文化根基，而中西文化的对抗与互动又为其提供了一种叙事模式。越来越多艺术家，特别是身处在跨文化语境下，以汉字文化所代表的根性文化作为养料，将汉字的视觉性特点充分融入创作手段中，产生了更多有趣的作品形态。在"字为体　书为舆"展览上，我们可以看到诸多此类作品。展览集结了生活在美国或有在美教育背景的中国艺术家关于汉字的大量作品。以周洪涛的《茅屋为秋风所破歌》为例，作品采用3D打印技术，打印了杜甫的名句"安得广厦千万间，大庇天下寒士俱欢颜"。传统意义上的汉字或印刷术都是文字在平面上进行复制形成并携带一定意义。这个作品以三维打印的"文本景观"，即城市楼宇的景观，使作品在汉字的所指意义之外，又进一步将汉字的能指形态拓展到新的维度，使其具有了新的一层内涵，即在高度发达的城市化进程中，居住环境中包含的贫富差距的现实。

---

① 图片来源："字为体　书为舆"展览刊物，"穿越分界"论坛展览项目，2017年10月—2018年1月。

周洪涛《茅屋为秋风所破歌》① 　　周洪涛《茅屋为秋风所破歌》②

　　前文提及的在汉字设计方法领域有着独到见解的陈楠教授，也通过其设计实践工作推进着汉字设计的当代化使用，将汉字的美学属性与功能性充分融合。陈楠教授所选取的加工对象为汉字的原始形态——甲骨文。2017年，他推出汉仪陈体甲骨文。陈体甲骨文是一款甲骨文设计字体，其创意来源为"甲骨文书法"。"甲骨文书法一般是以商周甲骨文字体结构、书法特征为依据，进行一定艺术化处理的书法作品，通常表现为工整的摹写形式。书写的内容往往是采用古字集合成今人的诗句短语。"③ 已读解的甲骨文字数毕竟非常有限，当在书写时遇到没有的字时，书法家往往采用拆解偏旁部首重组，或者从同时代其他古文字中寻找元素。陈楠在进行陈体甲骨文设计时采用相似的思路，首先通过分析已读解的甲骨文的构字与造型的逻辑，利用现代几何与图案学确定"方""圆"结合的设计网格，同时结合读图时代年轻人的审美习惯与读取信息的习惯，最终完成当代设计思维下的甲骨文字体，以及可以在新媒体环境下使用的三千多字的字库，而且这一字库还在不断扩充中。陈楠基于这一字体衍生设计出多款融合了甲骨文元素和实用功能的文创产品。

---

① 　图片来源："字为体　书为舆"展览刊物，"穿越分界"论坛展览项目，2017年10月—2018年1月。
② 　图片来源："字为体　书为舆"展览刊物，"穿越分界"论坛展览项目，2017年10月—2018年1月。
③ 　陈楠．汉字的诱惑（第二版）[M]．武汉：湖北美术出版社，2017：214．

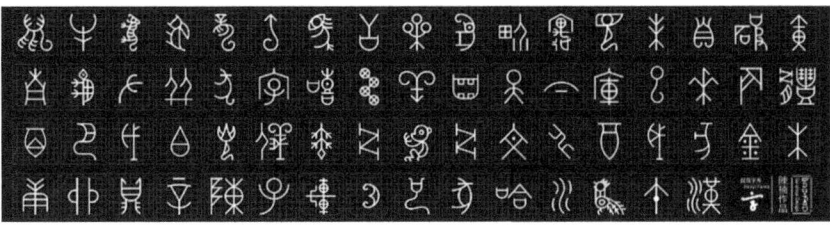

陈楠《汉仪陈体甲骨文》①

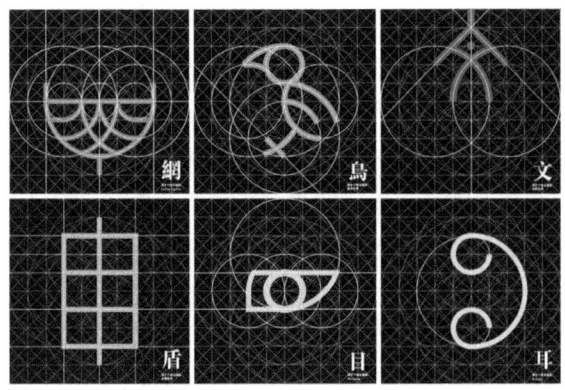

陈楠《汉仪陈体甲骨文》②

虽然同样利用和放大了汉字的美学价值，但陈楠的设计实践不同于前文提到的艺术创作，其特点是系统化和方法论化。陈楠倡导研究型设计方法，其甲骨文字体设计须建立在总结古人甲骨文书法的创作逻辑的基础上，形成自成体系的设计逻辑，并通过这种设计逻辑赋予甲骨文这一古老汉字以当代化的生命形态，在汉字的视觉性方面做进一步的延展，为汉字文化的保护性利用做了深入的探索。

（二）汉字 IP 的产业化实现

文化产业的核心逻辑之一在于借助文化元素和文化 IP 增强消费体验感和提升经济附加值。文化溢价是拉动消费升级的内驱力。在不改变基础投入的情况下，文化内容的增值对于 GDP 有着大幅拉升的作用。越来越多文化产业的参与者感受到传统文化元素拥有巨大的文化势能，并希望能将其转化为经济动能，汉字则是其中一个重要元素。汉字文化 IP 化的前提在于其被认知和接受的广泛性，以及与各类产品形

---

① 图片来源：陈楠.汉字的诱惑（第二版）[M].武汉：湖北美术出版社，2017.
② 图片来源：陈楠.汉字的诱惑（第二版）[M].武汉：湖北美术出版社，2017.

态进行嫁接、为其提供丰厚内涵的延展性。更多创意人士和市场主体开始通过自己创作和运营，将汉字符号背后巨大的文化势能转化为产业动能，形成基于汉字内容的IP和文化产品。

在内容产品开发方面，主要包括教育产品与文化综艺节目两大类。由于学习汉字的刚性需求，儿童汉字教育产品与非汉语母语人群汉字学习教育产品都有着很大的市场需求。当下，汉字教育产品不再只停留在教材、课程、教辅等模式，而呈现出品牌化、产品系统化、渠道互联网化等趋势。以"小象汉字"和"赳赳说字"为例，两个品牌都专注于汉字启蒙类教育产品，首先是互联网知识付费大潮下的优秀产品，通过在喜马拉雅音频平台上推出付费/免费音频课程，以优质内容塑造品牌认知度。音频课程同时推出图书、绘本、识字卡、动画短视频甚至文创周边产品等。汉字文化的博大精深，汉字发展源流中包含了大量的历史知识、文化观念、人物故事，这些都为汉字类内容产品的生产提供了大量素材。优秀的内容产品不仅使每个品牌自身成为汉字IP矩阵中的子IP，更通过累计粉丝，以系列产品实现粉丝转化变现。同时，通过IP产品实现传统文化内容和元素的创新传播。在教育产品之外，诸如《汉字英雄》《中国汉字听写大会》等文化类综艺节目也取得了较好的传播效果。虽然汉字的使用是最为日常的行为，但通过与带有竞技性的节目形式结合，则更碰撞出精彩的效果，激发观众的兴趣。

在品牌传播方面的尝试，字库品牌汉仪就做得很好。"汉仪字库"原本是一家生产新媒体环境下的中文字体字库的品牌，业务类型为toB类型，专业化程度高，难以形成广泛的品牌认知。随着业务的发展，汉仪逐渐将推广"汉字文化"树立为品牌发展战略目标，并通过自身产品优势做了有趣的尝试。2017年世界阿尔茨海默病日，汉仪字库推出一套笔画缺失的独特字体库——阿尔茨海默病字体，形象化地展示了阿尔茨海默病患者认知能力减退和记忆缺失的主观感受，唤醒大家对这些患者的共情和关注。这套字库的生产显然无法直接获得经济效益，汉仪将其开放给大众和企业免费使用，通过公益行动实现品牌传播的目的。汉仪的这一有创意的产品设计进一步证明了汉字视觉化的潜质可以被拓展。有创意的品牌营销策略吸引了大量商业品牌的联动。在公益和汉字文化的加持下，汉仪实现了商业利益的最大化。汉仪的这一尝试证明了汉字元素拥有商业化运作的可能，而创意是商业目的实现的必要手段。

新时代语境下汉字文化的创新传播与应用

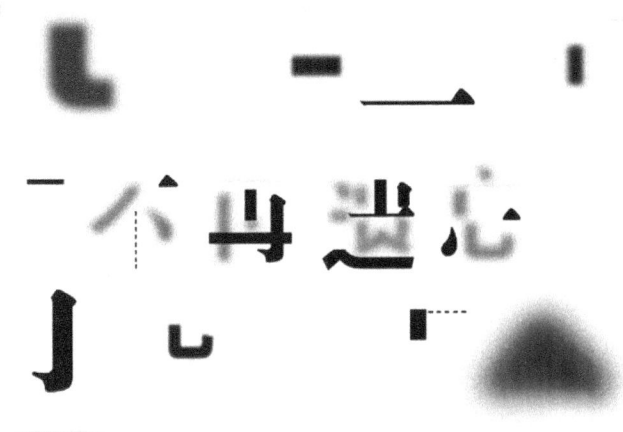

汉仪阿尔茨海默病字体[①]

在日用产品溢价方面，汉字元素的加入，提升了一件普通日用品的溢价空间。将汉字重新拆解附着在器物之上，提升器物在被使用过程中的用户体验感，使该产品在同类产品中拥有独特性，产品的定价方也拥有了独家的定价权。"字在"是一个设计生产带有汉字元素的日用品品牌，每一款产品都力求精致实用。"字在"将汉字元素有机地融入产品中，借此突出产品的文化品质，使当代审美诉求和传统文化传承在日常生活中达到完美统一。其经典产品"得印者顺"，以印刷活字插入木质插槽做成个人印章，延续了自古以来文人士大夫的印戳文化；将活字印刷工艺和汉字元素活用于彰显个人身份和品位的个人物品中。"文化茶"系列又将汉字笔画制成模子，将普洱茶抠制成笔画形状的沱茶，泡茶时可以观察到汉字笔画在杯中逐渐解体。茶文化与汉字文化在这款产品中融合，让泡茶这一仪式变得更为美妙有趣，同时不失文化体验感，更符合年轻受众的消费习惯。

在文旅融合的背景下，更多城市和地区需要完成地方文化品牌的提炼和传播，以及内容填充，从而吸引游客来消费，而汉字 IP 的文化价值和商业价值恰恰符合这种行业需求。河南省安阳市作为殷墟和甲骨文的发掘地，可称得上汉字的发源地。安阳市将"汉字之都"作为城市品牌，于 2015 年首次举办国际汉字大会，希望以汉字为魂，充实城市品牌内涵；以节事活动为抓手，拉动城市品牌传播影响力。国际

---

① 图片来源：公益广告。

"字在"系列产品[①]

汉字大会由安阳市政府牵头,召集省市各级文化机构和全国范围内多家高校,邀请海内外汉字专家及政界要员,大会包含展览、论坛、主题演出、进校园主题活动等多个板块,并且联动了包括中国文字博物馆、红旗渠在内的文化地标机构和旅游景点,为未来安阳市城市品牌推广和旅游业的发展作出了贡献。

(三)国际交往语境中,汉字是中国文化软实力的集中体现

作为方块字的汉字,其间架结构笔画的巧妙配合使其更具高度的美感。笔者曾拜访汉学家白乐桑。白乐桑说,在法国,有完全不认识汉字的家庭主妇买来他所编撰的汉字教学课本作为刺绣纹样图册,可见,汉字的表形之美使它在跨文化交流的过程中占据了独特的优势。17世纪来到中国的传教士托马斯·霍尔曼在游记中写道:"最可怕的是,他们不使用字母,他们用一种符号或者象形文字来表达一切。这种象形文字还往往拥有两到三种意思,甚至有时候可以一个字组成一个句子。"[②] 这成为跨文化交流语境下,西方世界对中国这一神秘古老的东方大国最早的认识汉字成为中国文化最具代表性的符号。

汉字是我们中华民族文化身份认同最显著的标志。自古以来,中华民族都不

---

① 图片来源:产品宣传页面。
② Thomas O. Höllmann. Chinese Script: History, Characters, Calligraphy [M]. Columbia University Press, 2017.

是一个单一民族的概念，在语言层面由多民族语言和地方方言构成，但是在文字层面，自秦代"书同文"以来，汉字就成为中华民族唯一广泛使用的文字。在当代国际交往语境中，国家/民族文化身份的认同是国家软实力提升的深层动因。因此，有效的汉字文化国际传播，一方面为更多国家了解中国提供了形象化的载体；另一方面增强了国人的文化自信，使其在和外国人交往过程中主动实现中华文化和国家形象的人际传播。前文提到的"字为体　书为舆"展览，展品大多为生活在美国的中国艺术家以汉字为主题或元素进行的艺术创作。在某种程度上，生活在一个异质文化的环境中，对自己根性文化的自觉思考所达成的文化身份认同或反思，能够帮助他们在陌生的环境中找到自己的定位和表达方式，此时，汉字无疑成为一种重要寄托。

汉字文化的国际传播需要选择合适的传播方法实现对象化传播，有很多品牌项目正在通过各种方式推进这一工作。例如，安阳市的中国文字博物馆的"汉字"展览，梳理和介绍汉字发展的源流变化，并通过国际巡展完成汉字文化的交流传播。泰山汉字记忆空间展览的展品则以泰山摩崖石刻拓片为主，也在进行着国际交流活动。由北京师范大学主办的"汉字之美"全球青年设计大赛，尝试汉字文化与创意设计的跨界融合，通过创意设计提炼和放大汉字的美学价值和视觉性，以汉字为创意设计提供文化内涵支撑、素材来源和灵感来源。

"汉字之美"获奖作品《"家"茶》，作者郭冰奇[①]

---

① 图片来源："汉字之美"大赛官网。

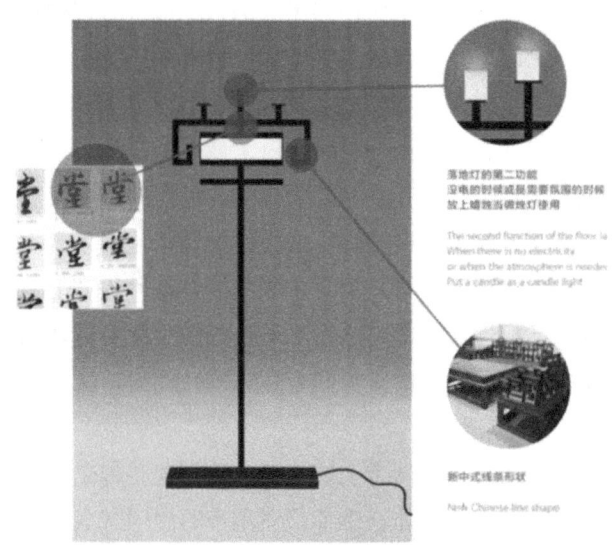

"汉字之美"获奖作品《堂字落地灯》，作者靖德森[①]

通过汉字传播实现国家文化传播过程中，需要格外重视汉字文化共同体的几个国家：日本、韩国、越南。虽然汉字已经不再是这三个亚洲国家所使用的官方文字，但这些国家都共享着由汉字主宰或参与的历史。汉字更容易成为与这些国家完成文化沟通的触发点。事实上，日本有很多设计师将汉字作为宝贵的文化遗产，尝试着与汉字相关的设计，这些作品同样折射出汉字视觉化的巨大潜力。"汉字之美"获奖作品在日本福冈太宰府天满宫博物馆展出时，日本观众表示对于自己所熟悉的汉字得到设计师的再造和重组感到震惊，也觉得作品很有趣，很有启发性。天满宫博物馆同时展出武则天时期遣唐使带回的一卷国书，其中有很多武则天时期文字改革中的异体字，也与"汉字之美"系列作品形成了某种互文。

三、结　　语

前文我们总结了汉字在历史发展中形成的独特性及与中华文化的关系，并在此基础上分析了在文化产业和文化传播事业中诸多创新使用汉字符号的案例和做法，为汉字文化的传播和产品的推广做着各种各样的努力。然而，在这些现象背后，我

---

① 图片来源："汉字之美"大赛官网。

们也看到，尽管汉字系统高度凝练了中华民族的历史和文化观念，更在历史车轮不断向前的过程中完成着自我更新和蜕变，但在现今这一后现代主义文化语境中，汉字不论作为字符还是文化表达系统都在经受着深刻的考验。

汉字曾经是贵族与文人士大夫等文化特权阶层独享的记录和交流思想的工具，而在当代，在这个"景观社会"中，"个人被景观弄得目眩神迷，被动地存在于大众的消费文化之中，唯一渴望的是获得更多的产品"①，汉字也不可避免地成为景观社会中消费文化的组成部分，被不断产品化、扁平化和去严肃化。在互联网媒介环境下，汉字符号成为微信表情包（陈楠甲骨文表情包）；粉丝们把自己热爱的明星的手写字体安装在手机上，通过使用这款字体展现自己的粉丝身份获得社群认同（汉仪唐嫣体，汉仪井柏然体等）；综艺节目上、节目包装效果中，汉字被做成五颜六色的动画，呈现出萌感二次元感。每一个观看汉字主题电视节目的观看者、带有汉字元素的产品的使用者都不再单单是汉字文化的继承者，而成了汉字文化的消费者。在今天，汉字的高度视觉化的特征，让它逐渐融入了其他供视觉消费的图像矩阵之中，成为光怪陆离的消费主义视觉景观的一部分。

在"景观社会"中，文化元素的严肃意义被不断稀释甚至剥离，传播行为的唯一驱动力是资本流动和购买消费。我们对于视觉景观的"观看"行为往往是表面化的和拒绝深度的，然而汉字与其他供视觉消费的图像的区别在于，每个汉字字符背后必然携带着某种意义和深度。这种消费主义地"观看"和意义深度之间的矛盾应该怎样解决呢？或许在意义传达层面上进一步纯化和简单化，剔除精微甚至不易理解的意涵，拒绝思想的丰富和自我反思，才是汉字解读的悲哀。例如，茶是"人在草木间"作为一句有极强感染力的营销话语出现在很多商业推广中，但是从字源来分析，茶乃"荼"的变体字，生硬拆解为草、人和木三个部分并不准确。

"后现代主义文化语境中，生命的意义和文本的深度同时消失，消费意识的渗透使自然与人类意识这两个领域日益商品化"②，汉字的 IP 化使汉字文化也具有了商业价值，被裹挟进不断复制、消费的系统中。带有汉字元素的日常用品借汉字的审美意蕴和文化意蕴提升了一般商品的审美价值，从而可以以更高的价格出售。汉字符号或偏旁部首逐渐成为后现代主义文化代码，与越来越多的视觉图画、消费品实现着拼贴和杂糅，并不停地供给消费者。

---

① ［美］尼古拉斯·米尔佐夫.视觉文化导论［M］.倪伟，译.南京：江苏人民出版社，2006：34.
② 王岳川，尚水.后现代主义文化与美学［M］.北京：北京大学出版社，1992：2.

在新时代语境下,优秀传统文化的创造性转化和创新性传播是摆在创意人士、产业运营人士和媒介批评学者、文字学家甚至哲学家面前的共同课题。汉字所代表的中国传统文化符号蕴含了巨大的文化能量和商业价值,也保有中华文化传承的重要使命。一直以来,保持原生文化主体性的纯粹和激发文化的创新力与传播力之间的争论从未停止,也恰恰在这一争论过程中,汉字文化乃至中华文化面对的机遇与挑战并存。一方面,通过更多创新实践使中华文化以更具国际风范和未来感的面貌呈现在青年人或国际人群面前,焕发出更为饱满的魅力和生命力,是越来越多以文化传播为使命的人士肩上最大的责任。另一方面,保持民族文化遗产的主体性、深刻性、复杂性,支持和鼓励更多自由、先锋甚至看起来曲高和寡的文化表达也同样具有更为长远的社会意义。

参考文献

[1] 于丹.字解人生[M].北京:东方出版社,2014.
[2] 王宁.汉字与中国文化十讲[M].北京:生活·读书·新知三联书店,2018.
[3] [美]梅维恒.哥伦比亚文学史[M].马小悟,张治,刘文楠,译.北京:新星出版社,2013.
[4] 陈楠.汉字的诱惑(第二版)[M].武汉:湖北美术出版社,2017.
[5] 陈楠.用设计的维度重新审视汉字发展历程[M]//于丹,李莉.汉字之美:汉字与设计的创意融合.北京:北京师范大学出版社,2018.
[6] Thomas O. Höllmann. Chinese Script: History, Characters, Calligraphy [M]. Columbia University Press, 2017.
[7] [美]尼古拉斯·米尔佐夫.视觉文化导论[M].倪伟,译.南京:江苏人民出版社,2006.
[8] 王岳川,尚水.后现代主义文化与美学[M].北京:北京大学出版社,1992.

基于理论视角的文旅融合研究

王克敏 杨 明 张 翱[①]

摘 要：随着体制机制的进一步理顺，文旅融合迎来了新的发展机遇。本研究基于理论溯源，得出文化和旅游在理论层面的三大关系。第一，文化是游戏的产物，旅游可以用游戏的特征来解释。第二，休闲是文化的基础，"放空思考"式休闲促进文化的产生。第三，旅游是文化的一部分，广义文化涵盖整体生活方式，旅游是生活方式的一种。通过理论研究贯通文旅融合关系脉络，以期更好地指导文化和旅游工作实践。

关键词：文化；休闲；旅游；理论研究；文旅融合

2018年，中华人民共和国文化和旅游部批准成立，文化和旅游融合的体制机制进一步理顺，文旅融合迎来新的发展机遇。文化和旅游融合有助于增强文化自信，统筹文化事业、文化产业发展和旅游资源开发。为了更好地推动文化和旅游的深度融合，明晰文旅融合的形式、特征和方向，有必要从理论层面去厘清二者的关系。

一、研究目的

文旅融合是个新的战略命题，具有较高的复杂性和困难性。本文通过文献综述梳理发现，国内外关于文旅融合的研究以规划实践和方法应用偏多，理论探讨较少，尚未形成从理论到方法论再到方法的一以贯之的技术体系。从研究内容看，文化理

---

① 王克敏（1989— ），女，山西阳泉人，中级旅游经济师，工程师，北京清华同衡旅游一所项目经理，北京林业大学硕士，研究方向为文化旅游和旅游规划。
杨明（1979— ），男，山东青岛人，教授级高级工程师，北京清华同衡旅游一所所长，荷兰瓦格宁根大学硕士，研究方向为休闲与旅游、旅游规划。
张翱（1988— ），男，北京人，中级旅游经济师，工程师，北京清华同衡旅游一所项目经理，北京第二外国语学院学士，研究方向为旅游规划。

论主要涉及社会学和人类学等领域，研究重点在单个文化理论的探索，缺乏对于文化理论的系统性梳理；旅游理论研究多在学科层面，深层次的旅游和休闲内涵和发展历程探究较少。

随着文化与旅游融合的实践发展及政策的推动，文旅融合的概念、内涵、特征等问题也引发多方面的关注与讨论。国内外文化与旅游产业融合的初期研究主要集中在产业概念、关系、特性、意义等方面。近年来，研究者的探索焦点转向文化与旅游产业的融合动因、过程、路径、模式、效益等议题（闫秦勤，2016）[1]。现阶段，文旅融合更多表现为以文化的名义开发的旅游产品与活动，缺乏对深层次文化内涵的挖掘与文化氛围感知方面的营造（厉新建、刘国荣，2018）[2]。

基于学界对文旅融合的理论关系研究不足的问题，本文基于理论溯源，深层次探讨文化和旅游的内涵，思考融合方法背后的理论支撑，以进一步明确文旅融合在理论层面的关系，为文旅融合提供方法论的支撑，从而更好地指导工作实践。

二、文化理论

关于文化的概念，一直是一个争论不休的问题。从古代欧洲和中国"文化"一词的起源，到18世纪近代"文化"概念在德国的诞生，在英美的发展，直至今天对于"文化"的定义仍众说纷纭[3]。目前，学术界公认的是英国人类学家泰勒（Edward Burnett Tylor）所下的定义。泰勒在《原始文化》一书中说："文化或文明，就其广泛的民族学意义来讲，是一个复合整体，包括知识、信仰、艺术、法律、道德、风俗及作为一个社会成员所获得的能力与习惯的复杂整体。"[4]研究通过对文化理论发展脉络进行梳理，总结出文化理解的四种角度，以更好地理解文化内涵。

（一）文化理论的发展

文化理论的研究经历了18—19世纪的近代文化研究发端，到马克思主义文化理论，以及20世纪50年代以后的文化理论分化。

18—19世纪的文化理论主要包括以泰勒（Edward Burnett Tylor）和摩尔根（Lewis

---

[1] 闫秦勤. 国内外旅游产业与文化产业融合研究述评［J］. 湖北理工学院学报（人文社会科学版），2016，33（6）：17-23.
[2] 厉新建，刘国荣. 文旅融合切忌简单捆绑［N］. 中国文化报，2018-12-01（5）.
[3] Kroeber, Alfred and Kluckhohn, Clyde. Culture：A Critical Review of Concept and Definitions［M］. Cambridge, MA. Peabody Museum, 1952.
[4] Edward Tylor. Primitive Culture［M］. New York：Harter & Row，1871.

Henry Morgan）为代表的文化进化论、以博厄斯（Franz Boas）为代表的文化决定论，而马克思主义文化理论则在经济文化生活中产生了深远的影响①。18世纪的法国启蒙运动被认为是近代文化研究的发端。对封建传统文化的反思和批判，引起人们对于文化问题的重视。在19世纪，实证主义思想延展到社会科学领域，人类学家试图通过客观方法解决人类社会多样性带来的社会问题，主要形成了两大理论派系：一个是以英国人类学家泰勒为代表的"文化进化论"派系，另一个是以博厄斯为代表的"文化决定论"派系②。"文化进化论"提倡运用文化演进的普遍规律来解释文化现象。"文化决定论"提出以特殊的文化情境来理解文化的理论框架。马克思资本主义社会学对文化社会学进行了广泛的涉猎，奠定了马克思主义文化理论的基础。20世纪的马克思主义思想家试图让文化在社会生活调节和资本主义经济秩序维护中产生积极自主的角色。

20世纪50年代之后，文化理论分化共存，产生了结构主义、后现代主义和女性主义等文化思潮。结构主义的特色是探寻文化的深层结构和模式，尤其是用语言中的结构和模式来解释文化现象，其影响拓展到社会科学、文学批评、历史学乃至哲学等领域。后现代主义的起源可追溯到20世纪50年代，旨在对抗现代主义的文化精英主义的思想观念，意指因支持大众文化而导致的现代主义的衰微③，推动了价值多元主义时代的来临。二战后，女性主义独立成为一种波及所有人文学科门类的声势浩大的社会思潮，并形成了不同的流派。

（二）文化内涵的理解

纵观文化理论发展，人类学和社会学对于文化内涵的理解总体可以归纳为四大角度。

1. 文化作为背景和语境

"文化"被认为属于人类独有的，与"自然"相对应的范畴。日本社会学家富永健一认为："广义的文化是与自然相对应的范畴。在这种情况下，技术、经济、政治、法律、宗教等都可以被认为属于文化领域。狭义的文化产生于人类行动，又独立于这些客观存在的符号系统"④。因此，广义文化可看作是人与自然相区分的标志，是人作为社会成员而获得的能力和习惯在内的复杂整体。狭义文化更倾向于将其融入

---

① ［美］杰里·D.穆尔.人类学家的文化见解［M］.欧阳敏，邹乔，王晶晶，译.北京：商务印书馆，2009.
② 张生祥.浅析文化理论流派的历史衍变［J］.中共长春市委党校学报，2006（3）：80-84.
③ ［英］阿兰·斯威伍德.文化理论与现代性问题［M］.黄世权，桂琳，译.北京：中国人民大学出版社，2013.
④ 庄锡昌，等.多维视野中的文化理论［M］.杭州：浙江人民出版社，1987.

文学和美学分析之中，通过要素解构阐释独特的功能意义。

2. 文化体现了社会化的过程

文化被纳入社会结构、社会制度和社会变迁的研究之中，体现了社会化的过程。文化理论研究是人类对自然和自身认识史发展的必然结果，因此文化自然被纳入对社会的分析之中。文化研究的社会化特征与研究者所在国家的政治和社会发展息息相关。在资产阶级革命完成得较早的英法，从泰勒的进化论到博厄斯的决定论，都反映了文化的社会化倾向。而早期德国文化研究，由于难以解决资本主义的文化矛盾，使人们求助于各种文化哲学的思考。随着资本主义社会进入稳定期，个人—文化—社会的关系成为文化理论的核心问题。社会学家帕森斯（Talcott Parsons）建立了结构功能主义的社会文化系统，用一系列社会学概念分析文化、制度、规范和个人之间的互动关系[1]。

3. 文化被视为一种意识形态的形式

文化被作为特殊阶级和政治利益的反映来分析，意识形态和霸权曾经是早期文化研究中的关键词。在马克思主义文化理论中，文化研究成为意识形态思想建设和完善制度的一种重要组成部分。以文化问题为旗帜，着手解决现实社会变革和发展问题。在马克思（Karl Heinrich Marx）的历史唯物主义理论中提出，"文化是一种附属性的上层建筑，文化是一种支配性意识形态"。葛兰西（Antonio Gramsci）提出，"国家是阶级统治的工具"，霸权式信仰成为居于支配地位的文化主题[2]。

4. 文化被作为商业化的表现形式

历史上曾有高雅文化和低俗文化之分，而后随着商业化的发展争议逐渐消失，最终倾向于对于大众文化的探讨。随着资本主义的发展，文化在现实生活中的地位和功能在不断发展，逐渐演化为商业化的一种表现形式。19世纪的法国产生了"高雅文化"（或称为精英文化）和"低俗文化"（或称为大众文化），社会赋予高雅文化以更高的价值[3]。20世纪20年代中期到90年代末，文化相关理论发展经历了诞生、发展和基本成型三个时期，并造就了法兰克福学派、英国文化学派和美国文化产业学派[4]。随着资本主义商业化的发展，后现代主义思潮逐渐消除了高雅文化与低俗文

---

[1] T. Parsons. The Social System [M]. New York: Free Press, 1951.
[2] [英] 史密斯. 文化理论：导论 [M]. 张鲲, 译. 北京：商务印书馆, 2008.
[3] [英] 约翰·斯道雷地. 文化理论与大众文化导论（第五版）[M]. 常江, 译. 北京：北京大学出版社, 2010.
[4] 江奔东. 文化产业经济学 [M]. 济南：泰山出版社, 2008.

化的鸿沟①。在当今社会，随着大众媒体的发展，大众文化已被民众广泛接受，甚至成为一种社会生活方式，引领了大众消费潮流。

三、旅游理论

旅游作为人类的活动，古已有之。从我国古代文人墨客的"云游""周游"，到欧洲中世纪大旅游时代（Grand Tour），都是旅游在不同时期的表现与发展。旅游的发展衍生出旅游理论，现代意义上的旅游理论研究起源于西方学术界，一般认为现代旅游业起源于托马斯·库克时代，且19世纪20—30年代是传统旅游向现代旅游转变的重要阶段。随着旅游内涵的不断扩张，旅游理论的发展也更多地涉及旅游学、历史学、地理学、社会学等多学科，成为一门综合复杂性的交叉学科。

在国际学术界，"旅游"和"游憩"通常被认为是从属于"休闲"这个更为广泛的概念。因此，旅游研究应当置于更广阔的"休闲"理论框架下进行探讨。从休闲、游憩与旅游关系的概述、休闲理论不同历史发展时期脉络的梳理等方面，以动态发展的形式，对旅游理论进行梳理和阐述。霍尔（Hall）和佩奇（Page）阐释了三者的关系，如图1所示②。工作与休闲是相对独立的，它们之间存在两个重叠区域，即商务旅行和目的性休闲。游憩（recreation）和旅游（tourism）常被认为是休闲的组成部分。但随着社会的发展变化，旅游与游憩之间的界限已经变得十分模糊，二者的相互重叠已成常态。

（一）休闲理论的发展

休闲在欧洲已经存在了2000多年，它是一个古老和精英化的概念。工业化前的西方休闲主要分为古希腊时期及古罗马时期（公元前753年—5世纪中期）、中世纪时期（5世纪后期—15世纪中期）、文艺复兴时期（14—16世纪）③。古希腊时期是西方休闲理论的起源时期，亚里士多德是古希腊著名的哲学家，被称为"休闲之父"。这一时期，休闲被认为是一种理想和一种生活方式，是属于精英"公民"阶层才有的权利，是高尚的、优于劳动的。古罗马时期，统治阶级开始利用宗教及法律管理

---

① A. Huyssen. After the Great Divide: Modernism, Mass Culture, Postmodernism: A Reader [M]. London: Macmillan, 1986.
② C.Michael Hall, Stephen J. Page. The Geography of Tourism and Recreation—Environment, Place and Space [M]. Rouledge, 2002.
③ [美]托马斯·古德尔，杰弗瑞·戈比. 人类思想史中的休闲 [M]. 成素梅，等译. 昆明：云南人民出版社，2000.

◆ 政策观察·文化传播

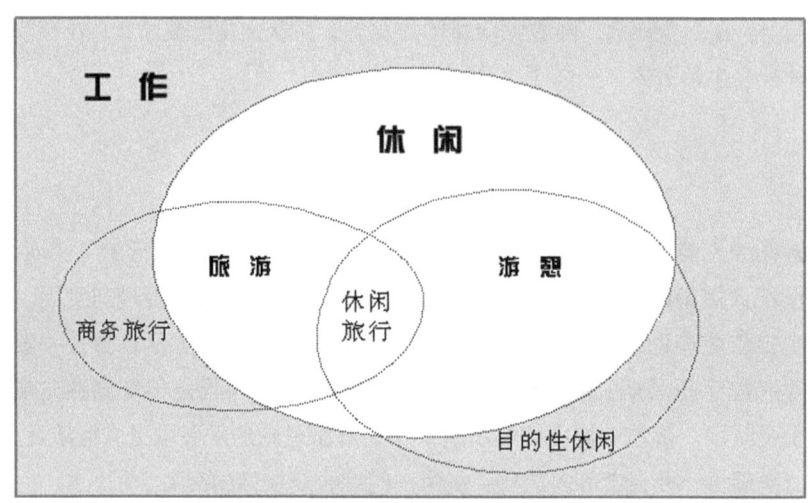

图 1 休闲、旅游和游憩的关系
（资料来源：C Michael Hall, Stephen J. Page, 2002）

国家，基督教得以兴起并快速发展。这一时期，古希腊式休闲被约束和遏制，劳动开始被重视起来。中世纪时期的休闲对于近现代的休闲产生了深远的影响。随着基督教成为欧洲主导的宗教，辛勤劳动被重视、被歌颂，休闲活动主要表现为宗教礼拜和节日祭典，而古希腊式休闲被严重地鄙视。文艺复兴时期，随着个人享乐、自由平等权利及阶级的产生，人们重新定义了劳动、生产及财富的分配方式，休闲的定义也随之有了新的变化——"个人生活的幸福是核心，每天生活不是为了下世的惩罚与赏赐"。

以 18 世纪 60 年代工业革命为开端的工业社会时期，休闲随着有闲阶级和工人阶级的阶级分化区别为截然不同的方式，且呈现出标准化的特征。随着后工业化社会物质生活的极大丰富及信息化、商业化的影响，休闲呈现出多元化和个性化特征，并成为人们生活中不可或缺的部分。

（二）休闲内涵的理解

1. 休闲

"休闲"的概念是多向度的，人们一般从时间、活动和心理状态三种视角来定义休闲。从时间角度看，休闲被认为是除了工作和其他责任之外的时间。从活动维度看，休闲可以是自由娱乐、休息，也可以是非功利性的增长技能、增长知识。在古希腊，"休闲"一词意为休闲和教育活动。从心理状态看，有学者主张休闲生活方式的概念，强调休闲体验的重要性。它是一种主观概念，休闲活动只有与个体精神体验和信仰体系结合才能产生意义。

在休闲日益增长的社会里，我们有必要重新认识"游戏""畅爽"及"目的性休闲"等相关概念，以便更好地理解休闲。游戏，英文为Play。早期理论认为，人们之所以游戏，是因为人们需要从工作和其他非游戏性的能量消耗中解脱出来。有学者从"一般性"和"补偿性"角度来解释游戏。"一般性"是指将生活中的其他领域中的快乐体验带到游戏世界中来，"补偿性"则指在游戏中寻找其他生活领域中无法得到的快乐。荷兰历史学家约翰·赫伊津哈（Johan Huizinga）阐述了游戏与人的文化进化的相关性[1]，提出了游戏的6个特征：自愿的行为、在"日常生活"之外、在时间和空间上是隔离的和有限的、无目的性/不正式却包含有玩耍者的热情、有规则、促进了社会群体的形成。畅爽，英文为Flow。心理学家米哈里·契克森特米哈赖（Mihaly Csikszentmihalyi）认为畅爽是一种以自身为目的的活动，是一种可以在"工作"或者"休闲"时产生的一种最佳体验，能够超越工作和休闲的界限[2]。目的性休闲由斯特宾斯（Stebbins）提出，用来解释业余爱好者、嗜好者系统地追求价值趣味而自愿参与的行为，与之相对的是随意休闲。人们将目的性休闲作为职业般来对待，从中获取或展示他们的特殊技巧、知识和体验[3]。斯特宾斯认为，目的性休闲大体上占据了人类休闲的30%。

2. 游憩

"游憩"一般是指当地居民在邻近区域所进行的休闲活动，资金只是在当地社区进行流通、循环，强调对社会和资源的关注。"游憩"，英文为Recreation，有着较为特定的适用范围。游憩传统上被定义为与工作相对立的，在休闲时间所进行的各种活动，可以使人恢复体力和精力的行为。游憩被普遍认为是一件非严肃的事情，即取乐/娱乐（Fun）和竞赛/游戏（Game）。在西方，游憩有时还特指体育运动。比如在西方的"游憩中心"有时包含体育活动和体育比赛。游憩不仅仅是一系列的活动，也指人们产生自我满足感和幸福舒适感的精神状态[4]。它强调了活动带来的结果，而非活动本身。

---

[1] [美]约翰·凯利. 走向自由：休闲社会学新论[M]. 赵冉, 译. 昆明：云南人民出版社, 2000.
[2] Mihaly Csikszentmihalyi. Beyond Boredom and Anxiety [M]. San Francisco: Jossey-Bass, 1975.
[3] Stebbins Robert, A. Serious Leisure: A conceptual statement [J]. Pacific Sociological Review, 1982.
[4] [美]托马斯·古德尔, 杰弗瑞·戈比. 人类思想史中的休闲[M]. 成素梅, 等译. 昆明：云南人民出版社, 2000.

3. 旅游①②

"旅游"主要是指旅行者离开原来的居住环境到一个特定的目的地所发生的休闲和商务旅行行为,包含了资金从游客到当地区域经济的转移,更多的是一种商业经济现象。由于旅游是客观活动,社会科学又各自以自己的方法来研究它。因此,需要从经济学、社会学、人类学等不同视角进行理解。学术界对于旅游定义的着眼点不同。过去一般采用艾斯特定义:"旅游是非定居者的旅行和逗留而引起的各种现象和关系的总和。这些人不会长期定居,并且不从事任何赚钱的活动。"世界旅游组织(UNWTO)对旅游下的定义是"人们为了休闲、商务和其他目的,离开惯常的居住环境,到某些地方停留,但连续不超过一年的活动"。商界人士将旅游看作一种盈利机会,即通过为旅游市场提供其所需要的商品和服务实现盈利。从社会学角度来考虑,旅游是在吸引和接待游客的过程中,游客、供应商、当地政府和社区之间相互关系和现象的总和。从供给和需求角度,旅游业是包括旅游者所需求的直接和间接的供给、商品和服务的一切行为活动的产业。人类学主要从出游目的、旅行距离和逗留时间三个方面来看待旅游。

四、文化和旅游理论的关系

研究发现,文化和旅游在理论层面的关系主要体现在三个方面。

1. 文化是游戏的产物,旅游可以用游戏的特征来解释和研究

游戏是文化的基础,文化是游戏的产物。约翰·赫伊津哈认为,"文化在最初阶段是以游戏形态出现的"③。——"游戏的人"(Homo Ludens)从动物中脱颖而出并释放更多的力量去创造更高级的文化成就。在有组织的群体游戏中,有序活动的产生使得游戏和文化联系更为紧密。这种形态的游戏主要是一帮群体或两帮对立群体的有序活动,独自游戏只能产生有限度的文化。游戏存在于文化的各个方面,如法律、战争、哲学、知识、诗歌、艺术等。游戏与文化彼此渗透交融,游戏元素产生了众多基本的社会生活形态。游戏式竞赛、仪式、诗歌、音乐、舞蹈、表达智慧与哲学的词语、战争规则、高贵的生活习俗都是在游戏模式中发展出来的。

---

① 李天元. 旅游学概论(第七版)[M]. 天津:南开大学出版社,2014.
② 申葆嘉. 旅游学原理[M]. 北京:中国旅游出版社,2010.
③ Johann. Huizinga Homo Ludens:A Study of the Play Element in Culture[M]. Boston:Beacon Press,1955.

约翰·赫伊津哈还发现旅游似乎具有游戏的每一个特征[①]。包括：在正常生活之外，受到时间和空间的限制，绝对专注甚至有点虚幻，存在一些危险，有不确定的结果，可能促进某一社会群体的形成等。如果把旅游解释为一种追求新奇的行为，那么也可以用游戏的心理学理论进行解释。即个体天生拥有处理信息到接受刺激的本能需要，新奇和紧张感驱使个体对目标和环境进行探索，以了解旅游吸引人的地方。可见，旅游可以被理解为游戏，或者说旅游问题可用游戏的特征来理解和阐释。

2. 休闲是文化的基础，"放空思考"式休闲促进了文化的产生

古希腊时期的柏拉图和亚里士多德等哲学家多次论证，休闲是他们最珍贵的哲学概念，更是高贵文化的根源和基础。在亚里士多德的《形而上学》中对休闲的解释是：Musse，即英文的 Leisure，词源是 scola，德文翻译为 Suhule，指"学习和教育的场所"。在古希腊时期，这种场所被称为"休闲"，而不是我们熟知的"School"这个词。由此可见，古代哲人关于休闲与文化关系的思考是建立在"沉静下来思考"的基础上的。

"放空思考"式休闲促进了文化的产生。古代人在劳动之余举办的节庆崇拜等文化活动是休闲的源头，休闲是带有节庆文化性质的一种活动。人们在这些空闲时间所做的思考，促进了文化的产生。休闲是有空闲时间放空大脑去思考的"温床"，人类历史上许多文明与文化的推进都是在这种"放空思考"的不断累积中酝酿出的。如果没有这种休闲时间所做的思考，人就会成为劳动和工作的奴隶，眼界也不会拓宽，思想也就不会进步，文化也就不会诞生。休闲的起源是古代的节庆崇拜活动，在节庆活动中空闲沉静下来的思考又对文化的发展起到了关键的作用。休闲离不开文化，文化离不开节庆崇拜。就如同柏拉图所说，"以节庆方式和众神沟通往来"。人们在休闲节庆中思考自我，产生文化，并存在于世界之中。

被誉为"西方休闲学研究的经典之作"的《休闲：文化的基础》一书明确提出休闲是人工作生活的最终目的[②]。因为有了休闲，我们才能有时间进行更多的思考，去追求平静的生活，从而创造更丰富的文化。休闲是一种人生哲学，是一种生活观念。我们要处在"沉静"的状态中去观看和倾听世界。人类文明是借由大多数人努力工作创造的，但人的存在意义不是为了工作，工作只是手段，休闲才是目的。有

---

① Johann. Huizinga Homo Ludens：A Study of the Play Element in Culture [M]. Boston：Beacon Press, 1955.

② Josef. Pieper Leisure：The Basis of Culture [M]. New York：New American Library, 1952.

了休闲，我们才能完成更高层次的人生理想，才能创造更丰富完美的文化果实，因此，休闲是文化的基础。

3. 旅游是文化的一部分，是生活方式的一种

文化的内涵和外延远大于旅游。日本社会学家富永健一认为，"广义的文化是人与自然相区分的标志"。英国文化人类学奠基人、古典进化论的主要代表人物泰勒（Tylor）认为，"文化是与社会生活的人类所特有的状态相关联的东西"。人具有生物性和文化性两种属性，生物性的探索和文化性的感悟便构成旅游体验。任何自然旅游资源要转化为旅游产品，都必然引入人的活动，而人的活动就构成文化本身。通过旅游活动，能够更加广泛深入地感知物质和非物质文化资源，实现旅游的价值。

文化是人类生活方式的复合整体，旅游是人们生活的一种现象，一种精神享受。所以旅游是文化"整体"生活方式中的一种，即旅游是文化的一部分。泰勒的文化定义涵盖三个层面：一是涵盖物质文化与非物质文化，体现为基于人的活动在大地上的留存。从这个层面看，很多文化均可作为旅游资源。二是人类制度文化，既是精神文化的产物，又是物质文化的工具，比如民间传统和地域特色礼仪俗规等，本就是具有高度吸引力的文化旅游资源。而古今中外的行政管理和法律制度体系，也为当代文化旅游部门管理提供了良好基础。三是精神文化，这是人类各种意识观念形态的集合，具有人类文化基因的继承性，并保持可以不断丰富完善的待完成性，为物质文化的发展提供内在动力，其中包括宗教、信仰等在内，都是不可或缺的旅游资源。

五、结　语

基于理论视角，本文系统梳理了文化概念的发展和文化内涵的四大方面，阐释了旅游在国际休闲理论框架下的内涵，继而总结了文化和旅游在理论层面的三大关系。通过理论攻关和系统研究，为文旅深度融合提供了理论支撑，使得文旅融合从浅层表述走向深度贯通，为进一步搭建文旅融合形成"理论—方法论—方法"的技术体系提供指导和依据。

参考文献

[1] 闫秦勤.国内外旅游产业与文化产业融合研究述评[J].湖北理工学院学报（人文社会科学版），2016，33（6）：17-23.

[2] 厉新建，刘国荣.文旅融合切忌简单捆绑[N].中国文化报，2018-12-01（5）.

[3] Kroeber, Alfred and Kluckhohn, Clyde. Culture: A Critical Review of Concept and Definitions [M]. Cambridge, MA. Peabody Museum, 1952.

[4] Edward Tylor. Primitive Culture [M]. New York: Harter & Row, 1871.

[5]［美］杰里·D.穆尔.人类学家的文化见解[M].欧阳敏，邹乔，王晶晶，译.北京：商务印书馆，2009.

[6] 张生祥.浅析文化理论流派的历史衍变[J].中共长春市委党校学报，2006（3）：80-84.

[7]［英］阿兰·斯威伍德.文化理论与现代性问题[M].黄世权，桂琳，译.北京：中国人民大学出版社，2013.

[8] 庄锡昌，等.多维视野中的文化理论[M].杭州：浙江人民出版社，1987.

[9] T. Parsons. The Social System [M]. New York: Free Press, 1951.

[10]［英］史密斯.文化理论：导论[M].张鲲译.北京：商务印书馆，2008.

[11]［英］约翰·斯道雷地.文化理论与大众文化导论（第五版）[M].常江，译.北京：北京大学出版社，2010.

[12] 江奔东.文化产业经济学[M].济南：泰山出版社，2008.

[13] A. Huyssen. After the Great Divide: Modernism, Mass Culture, Postmodernism: A Reader [M]. London: Macmillan, 1986.

[14] C.Michael Hall, Stephen J. Page. The Geography of Tourism and Recreation—Environment, Place and Space [M]. Rouledge, 2002.

[15]［美］托马斯·古德尔，杰弗瑞·戈比.人类思想史中的休闲[M].成素梅，等译.昆明：云南人民出版社，2000.

[16]［美］约翰·凯利.走向自由：休闲社会学新论[M].赵冉，译.昆明：云南人民出版社，2000.

[17] Mihaly Csikszentmihalyi. Beyond Boredom and Anxiety [M]. San Francisco: Jossey-Bass, 1975.

[18] Stebbins Robert, A. Serious Leisure: A conceptual statement [J]. Pacific Sociological Review, 1982.

[19] 李天元.旅游学概论（第七版）[M].天津：南开大学出版社，2014.

[20] 申葆嘉.旅游学原理[M].北京：中国旅游出版社，2010.

[21] Johann. Huizinga Homo Ludens: A Study of the Play Element in Culture [M]. Boston: Beacon Press, 1955.

[22] Josef. Pieper Leisure: The Basis of Culture [M]. New York: New American Library, 1952.

物质文化与全球视野下的中国茶文化研究：
一项历史学的考察

宋永林

摘　要：从"文化转向"到"全球转向"，大致反映了近几十年来西方史学研究的发展趋势。在这一过程中，物质文化史和全球史这两种范式对于中国茶文化研究具有积极的借鉴意义，体现在资料、内容、角度、叙事和方法等多个方面。而《茶在中国》和《茶叶帝国》这两部西方学者的近著则是最好的实践范例。在物质文化和全球视野下重新检视中国茶文化研究，不仅有助于中国茶文化研究走向深入，而且对于推动中国茶文化研究的理论体系建设大有裨益。

关键词：物质文化史；全球史；中国茶文化；理论与方法

"茶文化"一词，是当代社会的产物，尤其是随着20世纪80年代以来"文化热"的兴盛，中国学界对于茶文化的关注和研究逐渐增多，呈现出持续炽热的发展态势。学科意识的自觉和学术研究的拓展，促成了茶研究作为一门独立学科的形成，包含茶学、茶业学和茶文化学等3个互相独立而又密切联系的子学科。围绕茶文化，一些人文社会科学领域的学者，从哲学、文化学、民俗学、文献学、艺术学等多学科角度出发，对茶文化进行了广泛的研究，涌现出一批产生巨大社会反响的茶文化论著。在热潮之下，有学者反思当今中国茶文化研究的利弊得失，提出要改变"在理论探索上的贫困状况"[3]，建构茶文化研究的完整体系。鉴于此，本文拟从历史学的研究视角，

---

① 本文系国家社科基金重大项目"中国近代科学社团资料的整理、研究及数据库建设"（19ZDA214）阶段性成果。
② 宋永林，男，山东冠县人，首都师范大学历史学院博士研究生，研究方向为中国近代政治史、文化史。
③ 凯亚.略论我国现代茶学在理论探索上的贫困现象[J].农业考古，1999（4）：1-4.

在缕析近几十年以来西方史学理论成就的基础上,结合本土语境,借鉴物质文化史和全球史的研究范式,对中国茶文化研究的理论建构作一有益的探讨。

一、趋势:从"文化转向"到"全球转向"

20世纪以来的西方史学发展经历了两次重要转变:一是60年代"新史学"或"社会史"挑战了传统史学,逐渐成为历史学研究的主流;一是80年代,"新文化史"取代"新史学"中的社会、经济史成为学界的宠儿。[1]新文化史的兴起是同以"文化转向"(或"语言转向")为标志的整个当代西方社会思潮和人文社会科学研究风气的转变相一致的[2]。概言之,新文化史是历史学领域发生"文化转向"的主要体现。这一转变在20世纪70年代已开始勃兴。1989年,美国历史学家林·亨特(Lynn Hunt)主编《新文化史》一书,正式揭橥"新文化史"的大旗。新文化史家彼得·伯克(Peter Burke)认为这一转向的主要特征有五点:"文化建构、语言、历史人类学、微观史学及历史叙述。"[3]这实际上反映了新文化史的研究模式和取向,主要有以下几个方面。

第一,从选题来源上看,呈现出明显的多样性,一些诸如气味、垃圾、厕所、镜子、烟草、乳房等过去不入流的课题成为研究对象,而政治、经济类的老命题也在政治文化史、消费文化史的新视野下被重新检视。[4]第二,从研究方法上看,多学科交融并存,借鉴了文化学、人类学、心理学、社会学等人文社会科学的理论,方法更加多元化。第三,从解释理论上看,将历史人物和事件纳入文化分析的框架中,受到格尔兹(Clifford Geertz)"文化阐释"等理论的影响,运用"深描"手法解释仪式、符号、信仰等文化象征的意义,因此文化的分析成为"一种探索意义的阐释性科学"[5]。第四,从宏观与微观的关系上看,较多地注重微观史研究,聚焦以往被忽略和边缘化的小人物,通过解读个体所属的社会群体(或社会阶层)及其时代,折射下层社会的日常生活和"大众文化"样貌。第五,从历史表述方式上看,吸纳了后现代主义文学批评和叙述史学的相关成果,在"讲故事"的过程中向读者描绘一

---

[1] 蒋竹山.当代史学研究的趋势、方法与实践:从新文化史到全球史[M].台北:五南图书出版股份有限公司,2012:13.
[2] 周兵.新文化史与历史学的"文化转向"[J].江海学刊,2007(4):152-158.
[3] [英]彼得·伯克.西方新社会文化史[J].刘华,译.历史教学问题,2000(4):25-29.
[4] 张仲民.新文化史与中国研究[J].复旦学报,2008(1):100-108.
[5] [美]格尔兹.文化的解释[M].纳日碧力戈,译.上海:上海人民出版社,1999:5.

个生动的历史场景。第六，从研究资料上看，史料范围大为拓展，小说、民间传说、实物等以往不受关注的史料都被利用起来，重视史料的语境分析，亦常采取合理的演绎、推理等手段对有限的史料作深度解读。①

新文化史之"新"，最主要体现在研究内容方面。彼得·伯克将新文化史的研究课题分为七大类别：物质文化史，身体史（包括性别史、情感史），表象史，记忆史，政治文化史，语言社会史，旅行史。在彼得·伯克看来"物质文化史"即是饮食、服饰、居所、书籍等物品本身及其被消费的历史。②在西方新文化史家那里，食盐③、香料④等在日常生活中占有重要地位的食物都被视为一种文化的象征和符号，诠释社会权力和价值观念的变迁及其中的文化意义。"物质文化"的概念具有一定的模糊性，不同学科领域的学者依据各自的研究背景试图给物质文化下定义。虽然众说纷纭，但其定义多指向物品本身、物与文化、物与人这3个关键点及其关系方面，逐渐将研究视野投向物的社会意义与文化内涵。⑤西方物质文化史的研究对象可以是广义上的物质世界，如日常生活物品、自然人文景观与历史遗迹、工艺品与工业产品、宗教物质文化等，涉及人文社科和自然科学等诸多领域，总体来说其核心仍是围绕物质文化与人的关系而展开。⑥物质文化史研究的兴起，是对以文本为依赖的传统史学的超越和突破，物品成为"历史证据"，开启了文化和历史研究中的一波"物质转向"⑦。

20世纪90年代末，新文化史开始在大陆学界流行并逐渐成熟起来。近十年来，西方史学界又悄然发生"全球转向"，表现在对全球史研究的热烈讨论。包括物质文化史在内的许多历史学次级学科都受到"全球转向"的影响，全球史的视野使史学家跨越民族和国家的疆界，相关课题有：分流与合作、跨国贸易、物种传播、文化碰撞、疾病与传染、移民与离散社群等。⑧国内有学者认为全球史的核心理念是"互

---

① 王晴佳.新史学讲演录[M].北京：中国人民大学出版社，2010：63-64.
② [英]彼得·伯克.西方新社会文化史[J].刘华，译.历史教学问题，2000（4）：25-29.
③ [法]皮埃尔·拉斯洛.盐：生命的食粮[M].吴自选，胡方，译.天津：百花文艺出版社，2004.
④ [英]安德鲁·多尔比.危险的味道：香料的历史[M].李蔚虹，等译.天津：百花文艺出版社，2004.
⑤ 韩启群.物质文化研究——当代西方文化研究的"物质转向"[J].江苏社会科学，2015（3）：73-81.
⑥ 肖文超.西方物质文化史研究的兴起及其影响[J].史学理论研究，2017（3）：92-104.
⑦ Tony Bennett and Patrick Joyce. Material Powers: Cultural Studies, History and the Material Turn [M]. London and New York: Routledge, 2010: 5.
⑧ 蒋竹山.当代历史学新趋势[M].台北：联经出版事业股份有限公司，2019：11.

动"，即不同地域、不同民族、不同文化的人群通过经济、政治、文化等多重领域实现互动，所以全球史研究则是"大范围的互动研究"。①越来越多的学者在研究中纳入"全球视野"或径直标榜"全球史研究"，在当今全球化浪潮日益深化的背景下，全球史甚至成为学界具有普遍性的"世界观"②。台湾地区学者蒋竹山将全球史研究的趋势总结为以下几个特点：第一，跳出了以往狭隘民族国家的历史书写，努力探寻地方、区域、国家乃至全球之间的联系。第二，宏观研究与微观研究相结合，强调全球史不仅有宏观，仍可兼顾微观。第三，举凡社会史、经济史、环境史、物质文化史等都不约而同地以一种全球视野来看问题。第四，除了历史学家，社会学、心理学、政治学、地理学等各学科的学者也参与其中。第五，有关全球史研究的专业学术期刊和研究机构也陆续出现。③总体而言，全球史的主要研究方向跨越民族、政治、地域与文化的界限，探究不同地区和社会之间的交流、互动与整合状况，破除各自孤立、画地为牢的研究方法，追寻更广泛的历史意义。

从"文化转向"到"全球转向"，体现出近几十年来西方史学界的发展趋势和主流取向，即从新文化史到全球史的当代历史研究的变化特色。在这两次转变中，物质文化史一直是被关注的焦点，其中的一些理论和方法也可为中国茶文化研究提供丰富的养料。

二、实践：《茶在中国》与《茶叶帝国》

在物质文化史和全球史研究的热潮中，茶文化的研究也取得新进展。有两部西方学者的近著值得格外关注，分别是贝剑铭（James A. Benn）著《茶在中国：一部宗教与文化史》④（以下简称《茶在中国》），马克曼·埃利斯（Markman Ellis）、理查德·库尔顿（Richard Coulton）、马修·莫格（Matthew Mauger）合著《茶叶帝国：征服世界的亚洲树叶》⑤（以下简称《茶叶帝国》）。两部著作都以茶为探讨对象，

---

① 刘新成. 在互动中构建世界历史[N]. 光明日报，2009-02-17.
② Patrick O'Brien. Historiographical Traditions and Modern Imperatives for the Restoration of Global History[J]. Journal of Global History, 2006, 1 (1): 3–39.
③ 蒋竹山. 探寻世界的关联：全球史研究趋势与实践[J]. 历史研究，2013 (1): 11–17.
④ [加]贝剑铭. 茶在中国：一部宗教与文化史[M]. 朱慧颖，译. 北京：中国工人出版社，2019.
⑤ [英]马克曼·埃利斯，理查德·库尔顿，马修·莫格. 茶叶帝国：征服世界的亚洲树叶[M]. 高领亚，徐波，译. 北京：中国友谊出版公司，2019.

但却遵循着不同的研究理路:《茶在中国》将中国茶视为宗教和文化商品,将侧重点放在物质文化的考察而非全球市场上;而《茶叶帝国》则恰恰相反,以宏观视野探究了英式茶文化的历史变迁,以及茶叶这种舶来品是如何融入英国社会和消费市场,并展现其与大英帝国扩张轨迹的密切联系。

贝剑铭是加拿大麦克马斯特大学佛教与东亚宗教教授,主要致力于中国中古宗教史研究。《茶在中国》一书选择茶这种日常生活中的饮品为切入点,追溯了饮茶从具有神话色彩的起源到19世纪尚未成为全球商品的中国茶的发展状况,为我们提供了一个认识传统中国宗教与文化变迁的全新视角。正如书中所说:"不提供中国茶的完整历史,只创新地阐述某些特定时空中茶的宗教与文化面向。"[①]作者将茶视为"宗教与文化商品",缘于茶作为商品或饮品可以"在宗教、文化背景下存在或发挥作用"[②]。一方面,茶可以供佛或以茶为祭,是一些寺院重要仪式场合中的基本元素,而且茶在成为全国性的大众饮品中,佛教思想、僧侣和宗教机构发挥了重要的作用;另一方面,茶还是一种文化标志,在兴起初期成为财富、地位及品位的象征,与历史上众多复杂的社会关系和思想变动息息相关。透过传统中国茶文化发展史上的一系列关键点,《茶在中国》一书试图探索商品、物质和文化体系之间的关联及其建构方式。

值得注意的是,《茶在中国》一书在资料的选取和利用上,除了搜集文本文献(茶经、诗歌、游记、小说等),还关注到了那些"幸存于世的人工制品和图像资料"[③],如唐代画家阎立本的画作、法门寺出土的皇家茶具等。书中在勾勒中国茶历史轨迹的同时,还从茶与其他饮品,尤其是酒和各种流行汤药的相互竞争角度入手,呈现彼此间紧张的关系如何影响了文学语言和艺术创造,又形成了独特的品鉴文化。《茶在中国》以唐代茶史为重点,接续宋、明、清,兼及东传日本的研究,考察了宗教思想、机构及人物对饮茶之风的贡献,揭示出茶这一物品对审美、仪式、知识、精神等方面造成的变化。

马克曼·埃利斯、理查德·库尔顿和马修·莫格均是英国学者,对饮品文化的研究造诣颇深。《茶叶帝国》一书吸收了植物学、医学、文学、历史学等领域的研究

---

① [加]贝剑铭.茶在中国:一部宗教与文化史[M].朱慧颖,译.北京:中国工人出版社,2019:3.
② [加]贝剑铭.茶在中国:一部宗教与文化史[M].朱慧颖,译.北京:中国工人出版社,2019:13.
③ [加]贝剑铭.茶在中国:一部宗教与文化史[M].朱慧颖,译.北京:中国工人出版社,2019:3.

成果,"并不想把茶叶仅仅看作一个毫无生命的物品来研究"①,而是以长时段、大范围的镜头观察几个世纪以来茶叶对英国社会经济、文化习惯和日常生活的影响。在这部书中,宏观视野被发挥得淋漓尽致,在全球文化交流的框架下解释了茶叶如何成为一种具有国际性的全球化商品,如何"创造"了现代的流行消费文化。作者旁征博引,大量的图片资料让文本叙述更加生动形象,给予了来自茶叶故乡的中国读者全新的阅读感受。

茶叶这种饮品最早起源于亚洲,直至17世纪才传入英国。在英国与茶叶相遇的初期,科学家、商人及宫廷贵妇三种人扮演了重要的角色,他们基于各自的理解,对英国的茶文化也产生了不同的影响。在各类科学家、医药师看来,茶叶具有明显的药效,能够治疗疾病;在商人看来,经营茶叶可以激发大众的消费欲望,利润可观;在宫廷贵妇看来,茶叶是极其昂贵的奢侈品,饮茶是自身地位的一种展示和炫耀,代表了贵族文化。尽管三种人群的活动刺激了欧洲对茶叶的需求,但到18世纪对茶叶的争论依然喋喋不休,喜茶者与厌茶者相互攻讦,有人认为这种新型饮品是奢侈腐败的象征,是价值体系的崩溃;也有人认为茶叶是一种能让人心境平和的补品,是文明时代的先驱。在这个过程中,出现了一系列赞美茶叶的文化作品(大部分是诗歌,也有散文、喜剧和绘画),这让茶叶得到了进一步升华,同时为英国广大家庭所接受,茶叶也被融入了英国特有的文化体系。②

饮茶最初局限于英国的上流社会和贵族圈,是凸显高贵地位的一个标志。至18世纪晚期,茶叶已经成为英国社会各阶层的日常必需品,"在英国文化、习惯,时尚甚至(通过茶叶消费税和关税)财政安全方面加强了控制"③。19世纪,英国对茶叶的需求量攀升,但仍必须从中国大量进口,这不免导致英国在中英贸易中处于不利地位。为扭转连续的贸易逆差,英国开始向中国倾销鸦片这种可致人上瘾的物品。以中国禁烟运动为导火索,1840—1842年间爆发了第一次中英战争。这场战争是一场"鸦片战争",同时也是一场"茶叶战争",因为英国需要"依靠鸦片贸易为购买茶叶这种全民'必需奢侈品'提供资金",发动战争也是为了保护茶叶贸易这一重要

---

① [英]马克曼·埃利斯,理查德·库尔顿,马修·莫格.茶叶帝国:征服世界的亚洲树叶[M].高领亚,徐波,译.北京:中国友谊出版公司,2019:4.
② [英]马克曼·埃利斯,理查德·库尔顿,马修·莫格.茶叶帝国:征服世界的亚洲树叶[M].高领亚,徐波,译.北京:中国友谊出版公司,2019:87.
③ [英]马克曼·埃利斯,理查德·库尔顿,马修·莫格.茶叶帝国:征服世界的亚洲树叶[M].高领亚,徐波,译.北京:中国友谊出版公司,2019:258.

的财政收入来源。① 随着大英帝国的扩张步伐加快,茶叶也传播到了包括英属殖民地在内的世界各地。毫无疑问的是,英国是一个被茶叶"征服"的国家,而英国在全球的殖民扩张中也助推了茶作为一种世界性饮品的形成。可见,一片小小的茶叶,却与大英帝国的崛起和世界格局的变动密切联系,这也就是书中"茶叶帝国"的内在含义。

《茶叶帝国》一书探讨的是英国的"茶叶饮食文化",研究重点和目的是某种看似矛盾的复杂性:茶叶这一物品原本来自亚洲,当它进入英国大众市场,又绝对充满了英国情调。② 作者最后强调:茶叶不仅是一种产品,更是一种文化,是全球化重要的早期范例。③

三、方法:物质文化史与全球史视野下的中国茶研究

当代中国需要构筑茶文化研究的理论体系,尤其是与历史学相关的研究,是最有可能使茶文化研究产生较强影响力的一个方面。④ 简要梳理近几十年来西方史学发展历程,物质文化史和全球史一直是主流研究取向。汲取"文化转向"和"全球转向"中的相关理论和方法,在物质文化史和全球史的视野下重新检视中国茶文化研究,大有裨益。

(一)物质文化史:由茶透视社会关系的微妙

物质文化史研究的着力点是通过实实在在的物品来发掘背后承载的文化意义和内涵,这一典范"不但包括了物品本身的研究,而且也包括物品研究的目的,即文化的研究"⑤。承载茶文化的不仅有文本资料,那些遗留在社会中的物质资料也值得我们关注。尤其是通过对与茶有关的物质器具进行分析和解读,在一定程度上可以弥补文本资料欠缺的弊端,两者相互印证、补充,有助于我们增加对历史和文化的认识。在新文化史家那里,特别重视在具体的历史情境中分析资料。在传统中国,

---

① [英]马克曼·埃利斯,理查德·库尔顿,马修·莫格.茶叶帝国:征服世界的亚洲树叶[M].高领亚,徐波,译.北京:中国友谊出版公司,2019:278.
② [英]马克曼·埃利斯,理查德·库尔顿,马修·莫格.茶叶帝国:征服世界的亚洲树叶[M].高领亚,徐波,译.北京:中国友谊出版公司,2019:10.
③ [英]马克曼·埃利斯,理查德·库尔顿,马修·莫格.茶叶帝国:征服世界的亚洲树叶[M].高领亚,徐波,译.北京:中国友谊出版公司,2019:344.
④ 余悦.中国茶文化研究的当代历程和未来走向[J].江西社会科学,2005(7):7-18.
⑤ Jules David Prown. The Truth of Material Culture: History and Fiction [C] // History From Things: Essays on Material Culture. Washington, D.C.: Smithsonian Institution Press, 1993: 2.

茶是一种日常生活的商品，在不同的场合却表达出不同的含义：作为赏赐的茶体现了上级对下级的肯定；作为礼物互赠的茶传递了彼此间的友好情感。所以对中国茶文化研究而言，要关注茶"被制作和使用的相关语境和文化"[①]，强调"语境的分析"，厘清不同的历史阶段中茶在社会生活和文化体系中所扮演的不同角色。

物与人的关系，是物质文化史的另一核心内容。关注个体（和群体）的身份认同、物与人的关系，是物质文化史研究的纵深领域，这体现了对"物的社会生命"（或称作"物的社会意义"）的关注。茶在传统中国一直充当了社会交往的润滑剂，品茗有时还成为某些文人结社中一项必不可少甚至带有仪式性的活动，是彰显身份认同和建构群体情感的催化剂，这种习惯一直延续到近代。将茶纳入物与人的关系的维度，不仅可以反映个体（和群体）的思想观念，而且"从更大范围来说，反映了个体们所处社会的观念"[②]，透视茶对整个社会文化的塑造和影响。以往的茶文化研究，多集中在那些位于历史舞台中心的著名茶人等其他精英人物身上。鉴于此，有必要"重新发现"下层民众的制作、消费和饮茶的历史，"寻找下层民众的声音"[③]，展现大众文化与精英文化之间错综复杂的互动关系。

理解空间，对于认识居所内物与人的关系变得日益重要，这包括"宗教场所和世俗场所的空间，公众的和私人的空间，男性的和女性的空间，等等"[④]。正如茶在中国茶馆里，在某些特定的时空环境中，不再仅仅是一种物品，而是更多地成为社会地位的符号、社会身份的象征和社会表达的方式，茶存在于消费者的关系网络中，"被一些特殊的权力关系建构，反过来又积极地建构这些关系"[⑤]。茶馆一直是中国民众的日常消费和娱乐去处，作为一个"公共空间"，不同阶层的人会集于此，亦是观察社会关系的极好场所，而这一研究无疑是微观史的取向。王笛对于中国茶馆的研究颇值得关注，他将茶馆看作一个"微观世界"[⑥]来分析，不仅折射了特定历史条件下的饮茶习俗和茶馆文化，而且展现了"物质"的空间如何成为政治和社会的空间，反映出茶馆在日常生活、人际交往、信息交流和政治博弈等方面的多重作用。

---

① Ann Smart Martin and J.Ritchie Garrison. American Material Culture：The Shape of the Field [M]. Knoxville：University of Tennessee Press，1997：3.
② Thomas Schlereth. Material Culture Studies in America，1876-1976 [M] // Material Culture Studies in America. Nashville：American Association for State and Local History，1982：3.
③ 王笛. 走进中国城市内部——从社会的最底层看历史 [M]. 北京：清华大学出版社，2013：61.
④ [英]彼得·伯克. 什么是文化史 [M]. 蔡玉辉，译. 北京：北京大学出版社，2009：72.
⑤ Ian Woodward. Understanding Material Culture [M]. London：Sage Publications，2007：113.
⑥ 王笛. 茶馆：成都的公共生活和微观世界1900—1950 [M]. 北京：社会科学文献出版社，2010.

（二）全球史：探寻茶与世界的关联

全球史视角使我们的研究跨越了国家、地方和区域的界限，尤其是在当今全球合作日益深化的局面下，"民族国家和个体社会都不能孤立地决定自身的命运。易言之，所有国家和社会的命运，都不可避免地卷入全球的网络体系中"①。而在早期全球化阶段，中国茶向世界播散的过程亦是如此。茶在成为一种世界性商品的过程中，带来的不仅是全球贸易（或称"跨国贸易"，包括生产、制作和销售）的增长，更是不同文化之间"相遇"，具体来说则是中国茶文化与世界文化之间频繁的接触、碰撞和互动。在这场异质文化的"相遇"中，无论是"自我"还是"他者"的形象都实现了重塑，最明显地体现在来自东方的茶竟融入某些西方国家的文化体系中，甚至成为这些国家的主流文化。因而自地理大发现以来全球化勃兴，在中西文化的接触中，"并非单纯地由欧洲中心转向地区文化"②，而是一种双向的交流。所以，在全球的视野下开展中国茶文化的研究，可以使我们明晰中国茶在世界范围内活跃的两条脉络，一个是经济方面的，另一个是文化方面的。

在研究方法上，可以采取以下几种模式：第一，探讨中国茶在走向世界过程中存在的各种类型的传播渠道、方式和网络。第二，了解产生于中国某个地区的茶及其文化创造，是如何在全球范围内引起关注的。第三，认识中国茶文化与异域文化相遇之后，彼此之间复杂的竞争、互动过程。第四，对不同国家、地方和区域的茶文化进行比较，等等。具体的研究课题则涉及茶的国际贸易、有关茶的组织和团体、中国茶的传播、茶的消费、茶文化的交流等多个方面。尤为重要的是，全球史的书写典范也要求研究者关注个体的生命史，思考"如何从全球的视野来写个人历史的问题"③，这也是"全球微观史"的一种研究取向。如在陆羽及《茶经》的传播过程中，不同社会阶层、不同国家的受众"由于心理或认识结构上的个人差异"④，必然导致其对同一人物和信息产生迥然有别的感受、体验和认识，采取多种形式的接受活动。实际上，探讨茶在世界范围内的传播，聚焦于这一具有实证性的个案研究，本身就是一种"全球微观史"研究。虽然研究小的问题，但从宏大的视野出发，运用全球史的研究理念，亦能观察整体历史的面貌，而"以小见大"的意义就在

---

① 蒋竹山. 当代历史学新趋势 [M]. 台北：联经出版事业股份有限公司，2019：290.
② 蒋竹山. 当代历史学新趋势 [M]. 台北：联经出版事业股份有限公司，2019：9.
③ Tonio Andrade. A Chinese Farmer, Two African Boys, and A Warlord: Toward A Global Microhistory [J]. Journal of World History, 2010, 21 (4): 573-591.
④ 邵培仁. 传播学 [M]. 北京：高等教育出版社，2000：204.

于此。

在西方史学界发生"全球转向"的浪潮中,物质文化史也受益匪浅。在以往对中国茶的全球传播研究中,多集中在17世纪地理大发现以来茶作为一种物品的流通及贸易过程,较少谈及茶在不同地区交流及对文化重塑的影响。因此,物质文化史研究也应纳入全球视野,正如研究中国物质文明史的美国学者柯律格(Craig Clunas)所言,应当"走出东西二元论的框架之外,重视全球不同地域多元互动的历史背景"[1]。在对中国茶文化的研究中扩展观察的视野,从古代到近代,延伸到现代乃至当代,重新审视东方物质文化研究与西方史学之间的关系。

四、结　语

近几十年来,西方史学界先后发生"文化转向"和"全球转向",也深刻影响了中国的学术研究走向。其间,物质文化史和全球史两种取向尤为值得中国茶文化研究学者借鉴,诸如发掘图像与物质所承载的文化意义,眼光下移并关注底层民众,从全球视野考察商品的流通等理论和方法,均为中国茶文化研究走向深化提供了新的活力。虽然物质文化史和全球史研究各有侧重点,但彼此间也并不相斥,统筹两种范式的有益之处,将宏观研究与微观研究相结合。既要将全球视野引入学术研究中,也不能忽视本民族、国家的历史叙事。加强对个体(和群体)生命及社会关系的关怀,透视茶与人之间关系的微妙和深邃,注重跨学科的整合与研究,既能讲一个精彩的中国本土的茶文化故事,又能凸显其背后的全球意义,则是在今后研究中需要努力的方向。

参考文献

[1] 凯亚. 略论我国现代茶学在理论探索上的贫困现象 [J]. 农业考古, 1999 (4): 1-4.

[2] 蒋竹山. 当代史学研究的趋势、方法与实践: 从新文化史到全球史 [M]. 台北: 五南图书出版股份有限公司, 2012.

[3] 周兵. 新文化史与历史学的"文化转向" [J]. 江海学刊, 2007 (4): 152-158.

[4] [英] 彼得·伯克. 西方新社会文化史 [J]. 刘华, 译. 历史教学问题, 2000 (4): 25-29.

---

① 蒋竹山. 当代史学研究的趋势、方法与实践: 从新文化史到全球史 [M]. 台北: 五南图书出版股份有限公司, 2012: 205.

[5] 张仲民.新文化史与中国研究[J].复旦学报，2008（1）：100-108.
[6] [美]格尔兹.文化的解释[M].纳日碧力戈，译.上海：上海人民出版社，1999.
[7] 王晴佳.新史学讲演录[M].北京：中国人民大学出版社，2010.
[8] [法]皮埃尔·拉斯洛.盐：生命的食粮[M].吴自选，胡方，译.天津：百花文艺出版社，2004.
[9] [英]安德鲁·多尔比.危险的味道：香料的历史[M].李蔚虹，等译.天津：百花文艺出版社，2004.
[10] 韩启群.物质文化研究——当代西方文化研究的"物质转向"[J].江苏社会科学，2015（3）：73-81.
[11] 肖文超.西方物质文化史研究的兴起及其影响[J].史学理论研究，2017（3）：92-104.
[12] Tony Bennett and Patrick Joyce. Material Powers：Cultural Studies，History and the Material Turn[M]. London and New York：Routledge，2010.
[13] 蒋竹山.当代历史学新趋势[M].台北：联经出版事业股份有限公司，2019.
[14] 刘新成.在互动中构建世界历史[N].光明日报，2009-02-17.
[15] Patrick O'Brien. Historiographical Traditions and Modern Imperatives for the Restoration of Global History[J]. Journal of Global History，2006，1（1）：3-39.
[16] 蒋竹山.探寻世界的关联：全球史研究趋势与实践[J].历史研究，2013（1）：11-17.
[17] [加]贝剑铭.茶在中国：一部宗教与文化史[M].朱慧颖，译.北京：中国工人出版社，2019.
[18] [英]马克曼·埃利斯，理查德·库尔顿，马修·莫格.茶叶帝国：征服世界的亚洲树叶[M].高领亚，徐波，译.北京：中国友谊出版公司，2019.
[19] 余悦.中国茶文化研究的当代历程和未来走向[J].江西社会科学，2005（7）：7-18.
[20] Jules David Prown. The Truth of Material Culture：History and Fiction[C]// History From Things：Essays on Material Culture. Washington，D.C.：Smithsonian Institution Press，1993：2.
[21] Ann Smart Martin and J.Ritchie Garrison. American Material Culture：The Shape of the Field[M]. Knoxville：University of Tennessee Press，1997.
[22] Thomas Schlereth. Material Culture Studies in America，1876-1976[M]// Material Culture Studies in America. Nashville：American Association for State and Local History，1982：3.
[23] 王笛.走进中国城市内部——从社会的最底层看历史[M].北京：清华大学出版社，2013.
[24] [英]彼得·伯克.什么是文化史[M].蔡玉辉，译.北京：北京大学出版社，2009.
[25] Ian Woodward. Understanding Material Culture[M]. London：Sage Publications，2007.
[26] 王笛.茶馆：成都的公共生活和微观世界1900—1950[M].北京：社会科学文献出版社，2010.
[27] Tonio Andrade. A Chinese Farmer，Two African Boys，and A Warlord：Toward A Global Microhistory[J]. Journal of World History，2010，21（4）：573-591.
[28] 邵培仁.传播学[M].北京：高等教育出版社，2000.

文化建设·乡村振兴

◆ 文化建设·乡村振兴

基于建成环境的传统村落资料收集与研究
——以浙江省仙居县为例

庞乾奎　申志锋　马　骁[①]

摘　要：传统村落沉淀了深厚的历史文化，某种程度是城市发展的原型。为很好地保护和发展传统村落，需要资料收集和深入研究。对此，在比较不同学科的有关村落调查研究基础上，本文提出从建成环境出发的资料收集方法，包括村落格局、街巷肌理、历史建筑、环境要素。聚焦建成环境意味着注重物质性，还需要在此基础上深入研究其文化性。

关键词：传统村落；建成环境；资料收集与研究；浙江仙居

乡村振兴战略是国家重要战略之一，传统村落更是承载着传统文化基因的特殊存在。其发展经历了开基、中兴、衰退等历史阶段，与建成环境因子完完整整地融合在一起，因而有着丰富的历史积淀。快速城镇化背景下，传统村落保护与发展既迎来了大好机遇，也面临着严峻挑战。当然，无论走向如何，其前提是需要对传统有一个很好的认知和调查，包括以建筑空间为主的物质文化和其他非物质文化。那么，如何对传统村落进行调查研究和资料收集呢？

对此，各学科各有侧重点，人类学强调田野调查为根本，而历史学却侧重文献分析，规划学注重用地功能，建筑学始终以空间使用为依归。本文以浙江山区

[①] 庞乾奎，浙江工业大学之江学院建筑学院副教授、高级工程师、国家注册城市规划师；申志锋，郑州大学历史学院助理研究员；马骁，高级工程师、国家注册规划师，现任职于台州市住房和城乡建设局。

县仙居县为例,从基本物质空间——建成环境①出发,思考传统村落资料的收集与研究。

一、基于建成环境的资料收集方法

纵观人类聚居地文明史,发现建设传统村落其重要目的之一就是对建成环境的塑造——阿摩斯·拉普卜特称之为"凝结了的信息"②,这也决定了传统村落的功能性、人为性、物质性及层累性等特征。

(一)传统村落及其特征

传统村落,指形成较早,拥有较丰富的文化与自然资源,具有一定历史、文化、科学、艺术、经济、社会价值,应予以保护的村落。③这些传统村落历史沿革完整,村落选址和格局从未受到破坏,建筑风貌和环境详尽细致,村风民俗独特,且一直为人们所生活使用的村落。因此,"活着"是界定传统村落的基本条件④。在此基础上,本文重在思考传统村落独特的空间特性,主要有物质性、功能性、人为性,以及历史层累性等特征。

其物质性是首要特征。中国传统村落如果没有古祠堂、古宅院、古牌坊、古驿道、古井、古树等,是无论如何称不上传统村落的。传统村落申报的具体过程中,如果没有一定数量(四五处以上)、一定类型(三四种以上)的历史建筑和遗存,是难以成功申报的。因此,物质条件成了传统村落的充分必要条件。

功能性意味着村落是否为村民生活而"活着"。传统村落保护规划常常存在着某些认识误区,将其等同于文物,认为任何建设活动都不能开展。这样一来,许多有

---

① 建成环境被广泛运用于建筑学和环境心理学、景观设计及城市规划中,基于此的研究也大多与这些领域关联,如 Duanfang Lu, *Remarking Chinese Urban Form: Modernity, Scarcity and Space, 1949-2005*(London and New York:Routledge,1995),从建成环境角度评论了中国城市形态;此外,还有大量集中研究历史街区与环境的论文,如梁乔、胡绍学:《历史街区保护性建成环境的质量评析》(《建筑学报》2007 年第 6 期),陆慧敏:《杭州中山中路历史街区建成环境评价》(浙江大学硕士学位论文,2012 年),李和平:《重庆历史建成环境保护研究》(重庆大学博士学位论文,2004 年),等等,而且多集中于从建成环境的评价角度进行分析,从建成环境角度论述传统村落资料收集的研究尚且没有。
② [美]阿摩斯·拉普卜特.建成环境的意义——非言语表达方法[M].黄兰谷,等译.北京:中国建筑工业出版社,1992:72.
③ 2012 年 9 月,传统村落保护和发展专家委员会第一次会议决定,将"古村落"改为"传统村落",以突出其文明价值及传承意义。
④ 雷晚蓉.乡村旅游资源开发利用研究[M].长沙:湖南大学出版社,2012:131.

价值的历史建筑反而因为得不到及时整饬而更快衰败。此外，也有将传统村落进行旅游业开发，使历史文化沦落为商业符号的。由此可见，需要重新思考和评估传统村落的功能性。

人为性是另一个重要特征。传统村落因历史漫长而与自然共生存，其中包括依据不同技术文化而对自然环境进行的适度改造，从而使村落具有了"人为事实"（Artifacts）[1]而具有人为性。

历史层累性是最后的特征。每一阶段的"人为事实"对于历史长河来说，都是历史碎片，不断沉淀，层层累积，最终构成了坚实的历史地层。

（二）建成环境视角的资料收集方法

建成环境在建筑学和环境心理学语境中指因人类活动而成的人造环境[2]。扩展开来，既包含自然环境，也包含人文环境。前者是与村落营建有关的物理空间，后者是与空间象征与意义表达有关的文化空间[3]。

本文选择建成环境视野下的传统村落资料收集研究，是针对不同学科研究方法的一种补充性思考。最擅长收集资料的历史学重视文献资料和档案馆，其优势是基于史料精确性，"有一份资料，说一句话"。其局限性同样来自史料，注重田野的人类学家科大卫指出："经过层层筛选，最终流入图书馆和档案馆的文献只属极少数。"[4]这么一来，人类学家走出书斋扎根田野，试图在田野中发现聚落社会文化，"重要的不在于人们说什么，而在于他们如何说"[5]。

与以非物质文化为着眼点的历史学和人类学不同，建筑学与规划学的重点在于聚落空间形态。前者重视建筑类型、空间形态、建筑材料、建造技术等，后者关注聚落用地功能构成、建设容量、开发强度等。

上述学科侧重于自身领域，从聚落宝库中各取所需，滋养了各学科充足发展的同时，也疏离了其他学科。本文试图离开学科限制，回到作为客观实存的建成环境，仅仅将其视为一个单元——无论其是文化单元或空间单元。以建成环境作为研究视

---

[1] ［意］阿尔多·罗西.城市建筑学［M］.黄士钧，译.北京：中国建筑工业出版社，2006：20.
[2] ［美］阿摩斯·拉普卜特.建成环境的意义——非言语表达方法［M］.黄兰谷，等译.北京：中国建筑工业出版社，1992：44.
[3] 余达忠.侗族村落环境的文化认同———生态人类学视角的考察［J］.北京林业大学学报（社会科学版），2010（9）.
[4] ［英］科大卫.历史人类学者走向田野要做什么［J］.程美宝，译.民俗研究，2016（2）.
[5] ［英］科大卫.历史人类学者走向田野要做什么［J］.程美宝，译.民俗研究，2016（2）.

角，史明正[①]、卢端芳（Duanfang Lu）[②]等学者已进行很好的探索。

需要指出的是，对单个聚落的调查研究，只是获得"点"性材料，需要建立在区域基础上，对相关资料进行二次完善汇总研究，包括传统村落与古建筑测绘、依据访谈和文献的建成环境复原、文献印证，资料的繁简，数据的对错，等等，并对资料用固定的完善的表格进行统计、归类，找出空缺与不足，进而再去所调查的传统村落进行第三次补充收集，尽量动用当地文化站、群众来进行，这些是"活"的一手文献。

二、基于建成环境的资料收集内容与研究

对于距今已有年代的传统村落，由于其本身的脆弱性，在保护过程中应该收集哪些资料，更是得明确于心。建成环境作为资料收集与研究，或许是有效范式（Paradigm）。

（一）资料收集内容

从建成环境出发的资料收集方法，意味着回到传统村落事实，即回到具体的作为整体的传统村落。有必要从传统村落的历史概况、地理环境、村落格局、传统建筑及社会文化等方面去收集和整理资料。

第一，就村落历史概况而言，包括村落历史变迁、基本情况、经济产业、社会关系、历史遗存与保护等。历史变迁阐释了先祖移民和大致变迁；基本情况中包含了村落风貌、年代属性、人口户数、土地面积和范围等；经济产业基本决定了传统村落生成与发展的基本走向；社会构成包含村落的单复姓、平均年龄、性别比等；历史遗存与保护，如文保单位、历史建筑、历史环境及非物质文化等。通过这些历史概况的资料收集，对于传统村落有一个整体的概览，以便更进一步从建成环境出发进行资料收集和整理。

第二，建成环境重点包括传统村落的地理环境。地理环境对于传统村落的选址和营建几乎具有决定性的影响。这些影响包括生理和心理的影响，有时后者起到更重要的作用。生理影响方面，最为经典的要数《管子·乘马》的记载："高毋近旱而

---

① 史明正.走向近代化的北京城［M］.北京：北京大学出版社，1995.
② Duanfang Lu. Remarking Chinese Urban form：Modernity，Scarcity and Space，1949-2005［M］. London and New York：Routledge，1995：2.

水用足，下毋近水而沟防省。"① 这也几乎成为古代城市和乡村营建的基本原则。心理影响方面，无论是皇城、农宅，或阴宅，都非常讲究风水（如图1所示）。因此，地理空间环境在生理上影响传统村落营建的日常生活，如饮水、防御等要求，在心理上也有着不可言喻的文化隐喻。这也就要求我们在传统村落的具体调查中，对传统村落周边的地理环境予以重点关注，如传统村落周边的山脉、水系、农田等；这些要素构成的地理空间形态，如平原、盆地、河谷；传统村落与这些要素和形态之间的关系，如传统村落倾向于河谷冲积平原，以便拥有肥沃的土地；多向河道凸岸倾斜，以避免洪水的冲击。总之，地理空间塑造出传统村落的结构性空间条件。此外，其他相关山川水系、地质地貌、植被动物等自然环境要素及文物古迹、风景名胜等，都应该成为地理环境要素的组成部分。

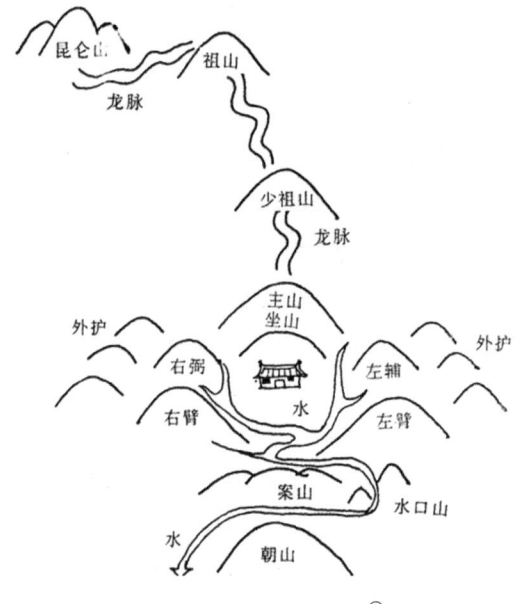

图1　风水格局示意图②

第三，传统村落格局和整体风貌是重要的建成环境。正如前文所述，建成环境是传统村落的"人为事实"，而这一"人为事实"重点体现在传统村落营建之中。传统村落营建的重要内容就是传统村落的整体格局和整体风貌，包括与村落的选址、

---

① 黎翔凤.管子校注［M］.北京：中华书局，2004：83.
② 图片来源：亢亮.风水与建筑［M］.天津：百花文艺出版社，1999.

发展紧密关联的地形地貌及河湖水系、村落形状、主要街巷、重要公共空间等。在整体格局上，不断层累的建筑群，以整体格局为基本框架，不断重复着基本肌理，而这一基本肌理，实际上就是北方传统的四合院等空间形式。这种形式使得传统村落空间得以不断生长，最终形成了严密一致的传统村落风貌。因此，历经几百年的传统村落能够营建出严密一致的空间格局和整体风貌，从一个侧面阐释宗法制度的文化内力。

第四，传统建筑是最为直观的建成环境，也是构成建成环境的最主要元素。主要包括古宗祠、古庙宇、古合院等文物保护单位，历史建筑、传统风貌建筑的位置，建成年代、面积，还包括依附于其中的古建结构与形式、基本形制、建造工艺、结构形式、主要材料、装饰特点、建造传统活动、历史功能、产权归属、使用状况、保存状况，以及楹联等。如果说传统村落格局和风貌具有整体结构性和框架性的话，那么传统建筑正是这一框架结构中的肌理。正是这些肌理组织丰盈了传统村落的格局和风貌。这些传统建筑往往是家族最主要的财富积累。能够完整保存几百年的传统建筑显示着名门望族的社会地位，也反映着历史当中精湛的建筑技术和艺术。

第五，历史环境也是建成环境的重要部分，涉及反映村落历史风貌和构成村落特征的要素，如塔桥亭阁、井泉沟渠、壕沟寨墙、堤坝涵洞、石阶铺地、码头驳岸、碑幢刻石、庭院园林、古树名木、古驿道、古墓等，以及传统产业遗存，历史上建造的用于生产、消防、防盗、防御的特殊设施等。这些历史环境要素编织了传统村落的格局和风貌，以及作为肌理的传统建筑之间的空间关系，从而形成稳定的结构关系，并赋予各种社会关系。

尽管我们注重物质性的建成环境，并以此为资料收集研究的出发点，但同时还得关注非物质文化遗产、传统生产生活方式、乡风民俗等内容及其所依托的场所和建筑、用具实物；了解相关知识的特殊村民；关注传统手工艺品、食品、器具的做法工艺，以及村史、族谱文献等。这涉及物质性的建成环境与非物质性的人文环境之间的辩证关系，其包含两方面的意义：一方面，无论物质性建成环境如何强大，如何有呈现能力，最终还是非物质性的文化的空间表达；另一方面，无论非物质性的社会文化如何具有潜在的决定力量，还是需要通过物质空间或者在物质空间中予以表达。因此，两者之间的关系是相辅相成的，尽管本文的出发点是建成环境，各种人文环境资料仍显得非常重要，值得我们在调查中给予高度关注。

（二）建成环境对传统村落的影响

建成环境对传统村落的影响有宏观与微观之别。各种地理环境——高原、山地、丘陵、盆地、平原等——为人类提供了不同的建成环境，从而形成了不同的种群与风俗，也形成了复杂的聚落风貌。然而，一般情况下，无论是何种地形，不变的是，聚落形成必选择在地形相对平整、水源相对丰富之地，以满足聚落的生活必需。因此，建成环境对于得以长期形塑于历史地理当中的传统村落来说，有着重要的地位和作用。具体而言，至少包括四方面。

第一，建成环境为传统村落发展提供了最基本的物质空间架构。毫无疑问，一个赖以生存几百年以上的传统村落，离不开传统村落的营建和生产作业的物质建成环境，包括土地、河流、农田、山林等。正是这些建成环境提供了传统村落发展的最基本物质空间架构，为传统村落建设住宅、农业发展、水利兴建等经济社会活动，提供了可能性。此外，地质条件、建造条件（材料与技术）等建成环境，也无不影响着传统村落的生成与营建。

第二，建成环境建构起传统村落心理认知地图。正如凯文·林奇认为，一个人对于环境的感知是第一位的，并且很容易对自己所熟悉的建成环境的印象予以放大[1]。在《城市意象》一书中，凯文·林奇归纳了建成环境对人心理认知地图影响的五要素，即道路、节点、边界、标志和区域[2]。这种空间的心理认知地图，在传统村落中表现得尤为突出。传统村落中往往很容易把某些建成环境作为空间的边界和标志，比如，河流经常作为一个传统村落的边界，山峦也往往容易成为传统村落的象征标志。

第三，建成环境塑造了传统村落的整体性格特征。"环境—建筑"是早期聚落人类要追求的模式，而现代建筑的发展，则更多关注"人—环境—建筑"的模式。那么，传统村落到底有多大程度去关注"人"的要素，则十分值得研究，毕竟传统村落中，有的依地形而建，有些依风水而筑，都是围绕人类而布局的。

第四，建成环境形塑了某些重要的社会文化。人们对建成环境的影响，最终上升到文化层面，某种程度上也符合格尔茨所阐释的文化之网的意义[3]。依旧举出仙居县李宅传统村落这个例子，因其三面环山形似盘曲的水牛，而"水牛"又象征着勤劳、富裕，最终成为整个村落的文化圣山。此外，建成环境同样也影响着语言语调、风俗习惯等。

---

[1] Kevin Lynch. Good City Form [M]. Cambridge：MIT Press，1984.
[2] ［美］凯文·林奇.城市意象［M］.项秉仁，译.北京：华夏出版社，2001：35-37.
[3] ［美］克利福德·格尔茨.文化的解释［M］.韩莉，译.南京：译林出版社，1999：20.

三、仙居县传统村落的调研实践

仙居县地处浙江东南,仙霞岭绵亘南北,呈钳形对峙,南为括苍山,北为大雷山,整体地形从外向内倾斜,略向东倾,其间有大小不等、错落相间的谷地和盆地,永安溪自西向东穿流而过,属灵江水系,境内大小支流 38 条,为羽毛状河系,县域面积 2000 平方公里,其中丘陵山地(1612 平方公里)占全县 80.6%,素有"八山一水一分田"之说。全县下辖 7 镇 10 乡 3 街道办事处 418 个行政村,各乡镇反馈有 60 个左右为传统村落,而据实地调查得知,至今有典型代表的有 32 个村[①](如图 2 所示)。

图 2 仙居县地形图

(一)仙居县传统村落群的空间形态

仙居县呈现山地、河谷和盆地的总体空间形态,正是这些地理要素成为众多传统村落发育、生成的摇篮。根据与地理空间的关系,除基本遵循"背山面水"这一基本原则外,仍然可以根据与地理环境的空间关系,划分为三种类型:山间平原型、山间河谷型和山间盆地型,详见表 1。

---

① 2019 年 7 月,调研人员赴仙居县传统村落进行调研。选择调研对象的原则是:乡镇推荐和实地调研(根据村落的规模与年代、古遗存等)。其中 6 个村落已于前几年经调查研究,不在本次调研之列。本次调研总量为 26 个传统村落。

表 1 仙居县传统村落地理环境归类表

序号	地理类型		村落及其特征
1	山间平原 背山面水		十都英村：背靠大雷山，面临十都坑； 西亚村："布袋口"地形口袋处有河流经过； 上江垟村：处于该县山间平原中心地带； 溪头村：地势平坦，临溪而建，古道商居，苍岭古道，遗存有官渡口； 管山村：山上青天山下溪、白云流水两相宜，永安溪包围三面； 枫树桥村：依山傍水，地处永安溪支流、韦羌溪西面。
2	山间河谷 背山面水	大河谷	尚仁村：地处平地面积较少的狭窄河谷之中，十三都坑穿村而过； 山下村：山水佳秀、盐商古道，山下村依山傍水，地处永安溪中游； 上王村：山水依托，属于双庙传统村落； 朱溪村：群山拥翠，五狮坐卧，良田美景，溪水贯通； 垟塽村：处于山脚地带，紧临永安溪； 羊棚头村：鲤鱼汲水，两山夹一谷，清流贯全村而过； 西炉村：永安溪干流坐落在村落北侧，水资源丰富。
		小河谷	白岩下村：背靠白岩山，面临山下溪； 油溪村：又称"石头村"，已无油溪，水环境的变迁较大； 祖庙村：临溪而建，靠山而居，孟溪自北向南穿过村庄； 苍岭坑村：片山成一谷，两水竞相拥，择水定而居，集中连成片； 四都村：三港冲积平地——永安溪、杨岸港、四都坑； 朱家岸村：村落四面重山围合，前面溪水川流而过； 兴隆村：一川溪流、数亩梯田，依山而建，临溪而居； 九思村：紧邻十九都坑，沿前门溪东西向发展； 仁庄村：两山夹一谷，三坑汇溪流。
3	山间盆地 背山面水		大战索村：四周环山，山间盆地，依山而建； 三井村：地势高低错落，建筑多根据山而定，水源为自然山坑水； 上岙村：依山而建，三层台地阶梯式村庄布局，多小溪流； 公盂村：海拔高的山间小盆地。

注：该表根据 2019 年 7 月仙居典型传统村落调研成果统计而成，共 26 个。

传统村落的结构受地理条件的限制、天地人神的信仰、作为历史和社会身份识别的宗族等因素的影响而各不一样。仙居县传统村落往往依地势而建，高低错落，并且都由先辈定居此地，后再逐渐扩大而成。这从村落内的古道得以证明。传统村落的古道基本将村域分割成两半，房屋布局基本沿主街向两侧展开（如图 3 所示）。

图 3　仙居县溪头村（左）、枫树桥村（中）及上江垟村（右）结构肌理图
（根据 2019 年 7 月仙居典型传统村落调研成果绘制）

此外，从图 3 上江垟村的结构肌理图中可以看出，仙居县上江垟村的结构肌理是"井"字形道路框架，"一"字形建筑肌理，河流的脉络穿插其间，但以上影响因素较小，主要是家族因素的作用，即人为因素更大。仙居县最大规模的"三透九门堂"四合院即在上江垟村，内用永安溪鹅卵石铺就的"彩石镶嵌"门堂，内部结构也四通八达。"三头九门堂"的存在也正是这个传统村落对外连通的证明，进而影响了该村的空间形态。

（二）传统村落的结构要素

从仙居县传统村落保留下来的遗存来看，大致可分为两类，一是水环境遗存，二是人文环境遗存。前者主要包括古树、古井、古桥、古水塘、古河道、古盐埠、古渠道、古天池、古水口、拴船桩等，都是与水有关的遗存，而水与建成环境关系最为密切。结合文献详细考证，从一定程度上可反映出仙居县的水环境变迁情况。后者主要有古道、古街、古路廊、古驿站、古亭等有关交通贸易的历史遗存，有公共空间、古祠堂、古塔、古戏台、文昌阁等文化教育的公开场所，有古碑、古庙、古墓、古石、古洞、古城墙、古宅基地、古牌坊、古石匾、古钟、古旗杆、古商铺、古遗址等人文环境遗存。人文遗存往往与该地的经济、文化历史有关系，这正是人和自然环境对建成环境的布局。就仙居县典型传统村落保留的人文遗存来看，数量是非常丰富的。表2给出了传统村落传统建筑占村庄建筑总面积的比例,从表中可以看出,仙居县传统村落中大部分(约58%)遗留了传统建筑,有约77%的传统村落有超过10处以上的传统遗存。可以看出,与人类最为密切的一种是水,一种是交流,或是文化传承。

表2 仙居县典型传统村落物质遗存基本情况归类表

序号	类别		村落名称
1	全部传统建筑占村庄建筑总面积的比例	<50%	十都英、西亚、白岩下、大战索、溪头、上王、朱溪、朱家岸、上江垟、九思、垟垵
2		≥50%	尚仁、油溪、三井、祖庙、苍岭坑、管山、枫树桥、山下、四都、上呇、公孟、羊棚头、兴隆、仁庄、西炉
3	历史环境要素(单位:处)	<10	尚仁、上呇、公孟、上江垟、九思、西炉
4		≥10	十都英、西亚、白岩下、大战索、油溪、三井、祖庙、苍岭坑、管山、枫树桥、山下、四都、溪头、上王、朱溪、朱家岸、羊棚头、兴隆、仁庄、垟垵

注:该表根据2019年7月仙居典型传统村落调研成果统计而成。

仙居任何一个传统村落的结构基本包含周边的山水地理环境,以农业生产为主的经济产业,基于血缘、地缘的村落社会构成,儒家文化为内核的文化,以及各种神话与传说。这些结构要素最终都投影到传统村落的建成环境当中。反过来,建成环境空间也都能反映上述结构要素。因此,我们应当到建成环境当中去调查这些结构要素的蛛丝马迹。在湫山乡四都村,我们调查发现四都村南侧有一条山脉余脉深入村中,且全为岩石,村民十分膜拜之,为其取名龙母岩和象鼻岩;同时,该村地处山间平原,土地丰裕,用以灌溉的古沟渠也非常发达,奠定了该村长期繁盛的农业经济。上江垟村的彩石镶嵌、溪头村的"三透九门堂"发源处、朱溪村的九狮挪球灯,等等,都是很好的资源。

传统村落调查的当务之急是,应结合每个传统村落的结构特点进行合理保护,并更多地关注如何继续传承这些传统村落的深厚底蕴。其实,最有力的保护莫过于人类的继续使用,俗话说"屋靠人养"。相关部门需要制定合理的产业政策,呼吁人们回归和保护传统村落。

图 4　仙居县四都村龙母岩（左）、传统村落与古沟渠（中）和象鼻山（右）
（图片来源：2019 年 7 月仙居典型传统村落调研成果）

（三）移民与传统村落的选址及营建

仙居县多山、多谷的地理情况，也就决定了其大多数聚落都靠山、临山，并临水而建。2019 年 7—8 月，我们从 5 个纬度对仙居传统村落进行了考察，包括基本情况、村落环境、格局风貌、传统建筑、传统文化等。基本情况包括村貌，如村落属性与形成年代，村域面积与户籍人口；经济，如主要产业与经济收入；遗存，如物质方面的文保单位、历史建筑和历史环境等，以及非物质方面的级别、传承人、活动规模和传承时间等两个层次；保护情况，如获得的规划，传统村落现今使用情况等。

从仙居县的典型传统村落选址特征（表1）来看，基本上全是"背山面水"而建，这是符合传统村落布局的风水原则的，更符合"左青龙，右白虎，前朱雀，后玄武"的说法，而且聚落多分布在河谷地形的地势偏高一带。

调查结果显示，仙居县的传统村落建成比较早，有 750 年左右的历史。且具有典型传统村落面貌的均为行政村，其中 62% 为元代以前已建成，15% 为明代所建，19% 为清代所建，4% 为民国所建。而作为多山的仙居县，比较大规模的人口迁移也在此阶段。人口迁移带来生产技术的交流与革新，也使建筑形式更加多元化，所以建筑形式、风格、装饰的多元可反映该地在特定时期的人口流动情况。仙居"三透九门堂"建筑的出现，便是这种交流带来的结果。

再回到仙居县传统村落的建成环境，从图 5 可以看出，此地传统村落从元代开始建设，历经明、清两代，民国也有存留，发展轨迹大致呈"外围—中心"结构发展，可以推断先民定居此地先是从边缘地形区开始的，这也从一定程度上验证了为躲避战乱而形成的传统村落的实事。就数量来讲，元代的传统村落远多于明清以来的，其中城市化的因素对传统村落的破坏不可忽略。从仙居有人居住开始，就开始了一个不断改变建成环境的过程，历代的累加使得建成环境不断改变。从仙居的总体地形来看，多种因素混杂而成其独特的风貌。由最早的山地居住，进而向平原发展；由于战乱，外来人口进入，寻山而居。

调研仙居传统村落，我们发现这些传统村落展现了一部丰富多彩的移民史。开籍祖如何来到此处生根落户，每个传统村落都有着不同的故事，有的是为官，有的是经商，有的是避难等。先民们在迁移过程中，发现了适宜营建的风水宝地，于是顺势而建，并发育出以四合院为主的空间肌理。比如，我们早先调研的白塔镇高迁古村，先祖为仙居县丞，看中了离县城20公里之外的白塔平原，于是购置土地，开始了古村高迁的营建。

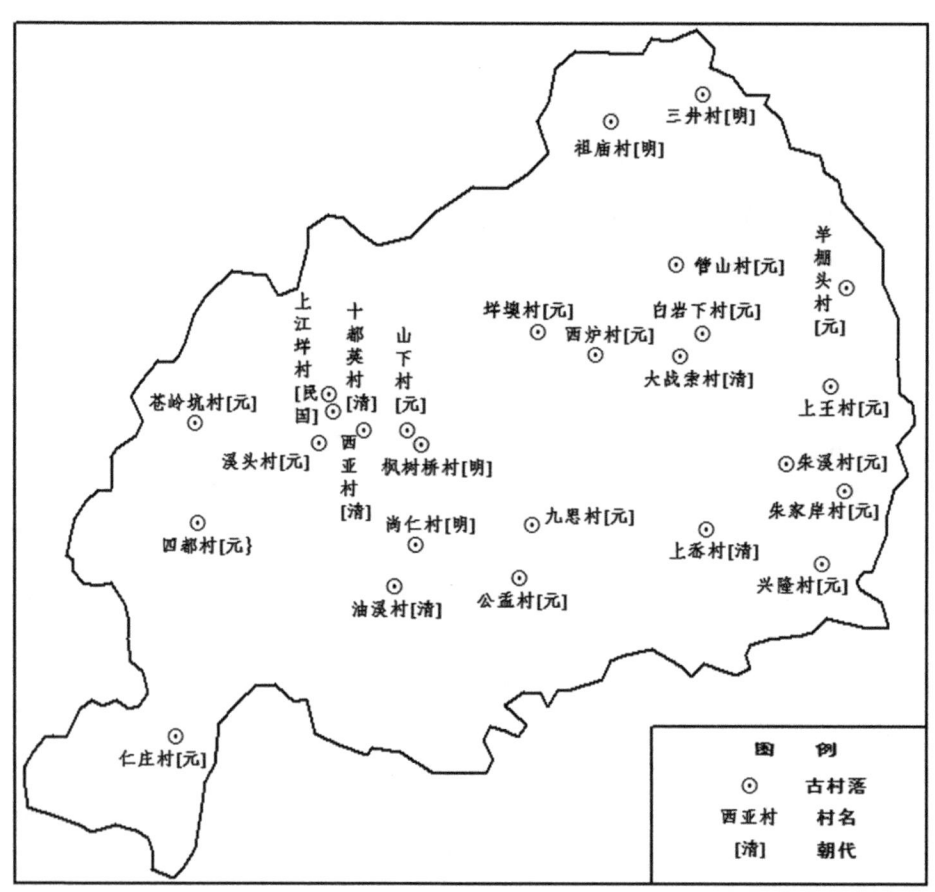

图5　仙居县典型传统村落分布图
（根据2019年7月仙居典型传统村落调研成果绘制）

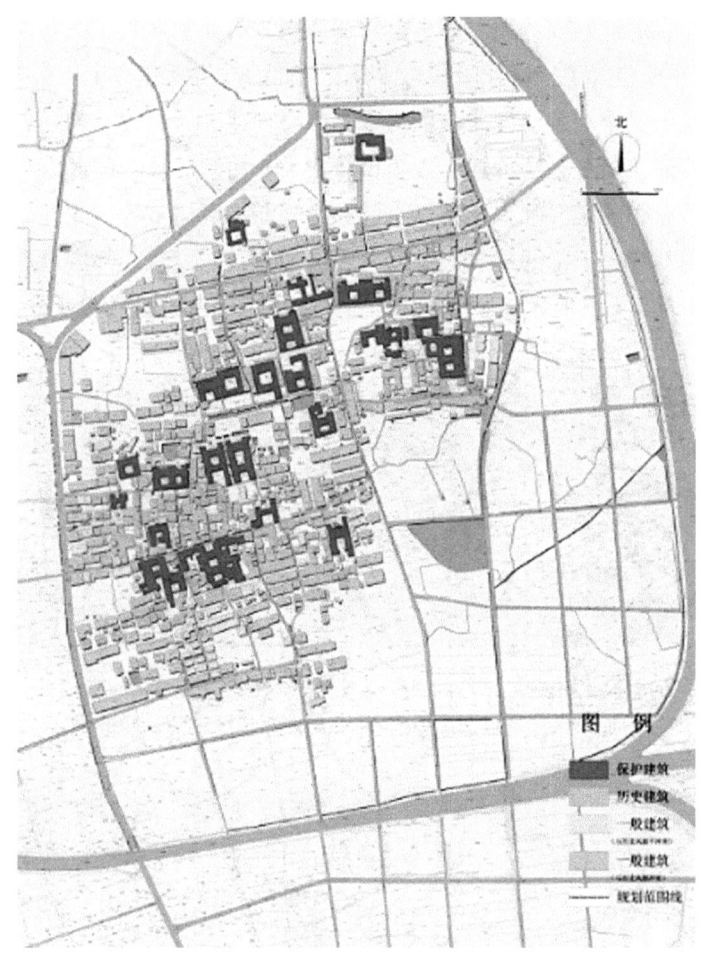

图6 白塔镇高迁古村选址与营建图
（图片来源：采自2019年7月仙居典型传统村落调研成果）

（四）"三透九门堂"古建筑及环境要素

作为传统村落的主要构成要素，古建筑物与古构筑物有着重要的地位和作用，国家对于是否将一个村落认定为传统村落，其中很重要的一条就包含了两者的数量和质量。对于仙居传统村落群而言，对于中国传统民居贡献最大的，要数"三透九门堂"这一地方民居，曾被载入《国家建筑标准设计图集》①。也是这"三透九门

---

① 中国建筑标准设计研究院.国家建筑标准设计图集：不同地域特色传统村镇住宅图集[M].北京：中国计划出版社，2014.

堂"让祝勇"直觉地感到：北方的皇家宫廷与南方的乡土建筑，竟有许多细节相互吻合"①，其中便包含了三透九门堂与四合院之间的空间原型关联。三透九门堂的空间形制特征是由三个或多个四合院纵向成列组合而成，有时好几列并置，最终形成了三透九门堂建筑组群。这种建筑规模体量宏大，非常适合于山区由于防御而聚族而居的需要，有时建筑房间竟多至近百间，如皤滩乡枫树桥村。此外，这些古建筑和古构筑物，都有着丰富的建筑装饰和精湛的建筑技艺，这些都可以从建筑的雕楼画栋中略窥一斑。而其他建成环境，诸如古井、古树、古河道等不再详细罗列。

图7　仙居县枫树桥99间头（左）及上江垟村的"三透九门堂"（中、右）
（图片来源：采自2019年7月仙居典型传统村落调研成果）

图8　仙居县枫树桥村"八仙过海"牛腿（左）、上江垟村"双狮挪球"
彩石镶嵌图（中）、祖庙村古越蝌蚪文（右）
（图片来源：采自2019年7月仙居典型传统村落调研成果）

结　论

中国的快速城镇化，已经是一个不可逆转的历史过程，传统村落如何能够在这

---

① 祝勇.三透九门堂[J].华夏人文地理，2002（5）.

一背景下,得以保护和传承下去,依然涉及建成环境与文化两方面。前者不可低估,后者也非常重要。正是碎片化的建成环境,融合了丰富的文化因子。先民们正是在建成环境的庇护下,享受着自然的恩泽和躲避自然灾害,从而形成了拉普卜特的文化景观,即不是经由"设计"而是历代先祖的众多决策的层累产物[①]。因此,仍有必要着眼于建成环境进行资料收集和整理,从而为传统村落的保护夯实基础,这也为传统村落实现乡村振兴奠定了基础。

参考文献

［1］［美］阿摩斯·拉普卜特.建成环境的意义——非言语表达方法［M］.黄兰谷,等译.北京:中国建筑工业出版社,1992.

［2］雷晚蓉.乡村旅游资源开发利用研究［M］.长沙:湖南大学出版社,2012.

［3］［意］阿尔多·罗西.城市建筑学［M］.黄士钧,译.北京:中国建筑工业出版社,2006.

［4］黎翔凤.管子校注［M］.北京:中华书局,2004.

［5］［美］凯文·林奇.城市意象［M］.项秉仁,译.北京:华夏出版社,2001.

［6］［美］克利福德·格尔茨.文化的解释［M］.韩莉,译.南京:译林出版社,1999.

［7］［美］阿摩斯·拉普卜特.文化特性与建筑设计［M］.常青,张昕,张鹏,译.北京:中国建筑工业出版社,2004.

［8］庞乾奎,申志锋,周志永.仙居传统村落踏访［M］.杭州:浙江工商大学出版社,2018.

［9］张东.中原地区传统村落空间形态研究［M］.北京:中国建筑工业出版社,2017.

---

① ［美］阿摩斯·拉普卜特.文化特性与建筑设计［M］.常青,张昕,张鹏,译.北京:中国建筑工业出版社,2004:96–98.

聚焦村落特色　扎实推进乡村文化振兴[①]

程慧琴　陈敏辉[②]

摘　要：村落文化作为传统村落的根和魂，是推动乡村振兴发展的强大精神力量。每一个村落都有属于自己的特色文化，直接反映村落的风貌，彰显地域的特色，体现乡村文明的发展历程。随着时代的发展，城乡一体化的进程正在加快，许多村落文化得到较好的保护与开发，但是也有少数村落文化日趋式微，其传承保护现状堪忧。为此，本文通过田野调查、实践体验、比较研究、扎根理论等方法，围绕村落文化特色，以乡村村落为基础和支点，挖掘和梳理各个村落丰富的文化资源，探索"文化+村落"的建设和发展模式，以及个性化发展之路，有效推进乡村文化振兴。

关键词：乡村振兴；文化；村落特色；建言献策

一、引　言

党的十九届五中全会提出，"要优先发展农业农村，全面推进乡村振兴""把乡村建设摆在社会主义现代化建设的重要位置"。乡村振兴是个复杂的系统工程，文化振兴对乡村振兴具有引领和推动作用，是推动乡村全面振兴的基础和灵魂。

特色文化作为乡村振兴战略性资源之一，在新时代特色村落构建中具有十分重要的意义。村落作为传统文化的载体，是我国农耕文明发展的源头，其内在文化基因，一定程度上决定了村落发展的方向和形式。因此，如何发现村落的传统特色，传承村落文化，讲好每个村落的故事，寻求属于自己的特色发展道路，是每个村落

[①] 本文系福建省中国特色社会主义理论体系研究中心2020年度一般项目"探索具有福建特色的乡村振兴之路建设文化+村落（文化村、文产村、文创村和文旅村）研究"（FJ2020ZTD22）阶段性成果。
[②] 程慧琴，福建江夏学院教授，冯梦龙文化研究所所长，研究方向为文学、文化、民俗；陈敏辉，福建江夏学院党委副书记，研究方向为历史、文化、思政。

应该着力思考与探索的问题。

十里不同风，百里不同俗。我国幅员辽阔，历史悠久，文化多姿多彩，各个村落之间的文化既有同质性又有多样性，需要具体问题具体分析。本文通过田野调查、实践体验、比较研究、扎根理论等方法，围绕村落文化特色，以乡村村落为基础和支点，充分挖掘和梳理各个村落丰富的文化资源，探索"文化＋村落"的建设和发展模式，以及个性化发展之路，有效推进乡村文化振兴。

二、我国传统村落文化保护与发展现状

（一）立足资源，明确保护目标，加大政策、资金扶持力度

为贯彻落实十八大关于建设优秀传统文化传承体系、弘扬中华优秀传统文化的精神，促进传统村落的保护、传承和利用，建设美丽乡村，从中央到地方陆续出台了一系列保护与发展传统村落文化的相关政策法规。

2012年12月，国家住房和城乡建设部（以下简称住建部）、文化部（后改为文化和旅游部）、财政部联合发布了《关于加强传统村落保护发展工作的指导意见》，对保护发展传统村落的任务、目标、措施、监督管理等做出明确指示。

2019年，中共中央办公厅、国务院办公厅印发的《数字乡村发展战略纲要》中指出：要推进乡村优秀文化资源数字化，建立历史文化名镇、名村和传统村落"数字文物资源库""数字博物馆"，加强农村优秀传统文化的保护与传承。以"互联网＋中华文明"行动计划为抓手，大力宣传中华优秀农耕文化。

2021年4月29日颁布的《中华人民共和国乡村振兴促进法》中明确要求：各级人民政府应当采取措施保护农业文化遗产和非物质文化遗产，挖掘优秀农业文化深厚内涵，弘扬红色文化，传承和发展优秀传统文化。县级以上地方人民政府应当加强对历史文化名镇名村、传统村落和乡村风貌、少数民族特色村寨的保护；应当坚持规划引导、典型示范，有计划地建设特色鲜明、优势突出的农业文化展示区、文化产业特色村落，发展乡村特色文化体育产业，推动乡村地区传统工艺振兴，活跃繁荣农村文化市场。

2021年9月，中共中央办公厅、国务院办公厅印发《关于在城乡建设中加强历史文化保护传承的意见》对进一步加强村落历史文化保护传承提出了明确要求，并指出：要准确把握保护传承历史文化名城、名镇、名村（传统村落）、街区和不可移动文物、历史建筑、历史地段的基本内涵，城乡历史文化保护传承体系是以具有保

护意义、承载不同历史时期文化价值的城市、村镇等复合型、活态遗产为主体和依托，与工业遗产、农业文化遗产、灌溉工程遗产、非物质文化遗产、地名文化遗产等保护传承共同构成的有机整体。全国各省市也纷纷出台了相应的保护政策与措施。

2022年5月，中央网信办等5部门印发的《2022年数字乡村发展工作要点》指出，在繁荣发展乡村数字方面，要继续完善历史文化名镇名村和中国传统村落数字博物馆建设，推动实施云上民族村寨工程。依托乡村数字文物资源库和数字展览，推进乡村文物资源数字化永久保存与开放利用。

2012—2022年，我国公布了7823个具有重要保护价值的村落，将其列入传统村落名录。数量众多，保护力度也相对较大，每个村落给予300万元保护扶持，主要用于公共基础设施的改善、文化遗产的保护等方面的工作。经过7年的努力，我国传统村落文化遗产基本得到保护，保护管理机制基本建立，开始进入复苏期。

（二）依托特色古宅，打造乡村博物馆，还原与保护村落文化

村落文化的演变是一个漫长且持续的过程。不同历史时期、历史环境与地域特征造就了我国村落文化的丰富与多样，也见证了我国传统村落生存、传承和历史发展进程，具有不可再生性，因此，以博物馆和传统古宅的形式来展示村落文化有着特殊的意义。

目前，我国的部分村落或由政府、或由社会组织、或由个人出资建设具有地域特色的文化博物馆或民俗文化博物馆，形成了一种集收藏、旅游与文化传承为一体的保护模式。"十四五"期间，浙江省将建成乡村博物馆1000座，其中，2022年建设乡村博物馆不少于400家；山西省、山东省也先后启动"乡村文化记忆工程"，建设"生态博物馆"，等等。这些博物馆充分利用村落所拥有的古代建筑院落、传统器物、农耕工具等物质文化遗产和传统手工艺、民俗民风、乡村记忆等非物质文化遗产等文化资源，将乡村振兴、全域旅游与文物保护有机结合起来，既增加了村民经济收入，丰富了村民的文化生活，又增添了产业发展活力，充分彰显了文化力量。福建屏南漈头村的耕读文化博物馆则是一个由退休老人张书岩自费建起的私人藏馆。该藏馆依托村落古宅，收藏了富有乡村特色的历代文物展品万余件，较好地保护了漈头村的历史文化遗产。2020年11月，温铁军教授被聘为福建省屏南耕读文化博物馆名誉馆长。

而活化则是保护与传承村落文化的重要手段，挖掘村落文化的特色元素，开发文创产品和旅游产品，实现村落文化的创造性转化和创新性发展。如历史文化名村河北井陉千年古村落的大梁江就是以"活态博物馆＋主题文化院落＋美丽乡村"为核心，打造了古村落保护与旅游开发的大梁江模式，有效地保护和留存了传统村落文化遗产的真实性、完整性和原生性。

（三）挖掘村落资源，开发旅游项目，形成保护与发展模式

近年来，我国乡村旅游发展迅速，各大中城市近郊的乡村旅游如雨后春笋快速增长，对农村经济的发展起到了积极的促进作用。各村落的旅游开发主要有三种。

一是以政府为主导的统一规划、开发与管理。这是一种自上而下的保护模式，主要针对形态完整且具有较高历史价值和拥有丰富文化价值的名录村落而进行的。该模式由政府出资，有较强的保护作用和社会效益，如福建屏南的龙潭村，当地政府在精准评估的基础上，合理规划并发掘村落资源，整体还原传统村落风貌，开发特色旅游项目，使该村快速由原来的贫困村、空壳村变身为网红村，形成了"政府主导、政策引路、文创搭台、市场唱戏"的传统村落保护与发展模式。但是传统村落的保护与发展需要投入巨资，仅靠政府的力量是很难持续发展的，需要其他力量的加入。

二是以承包的方式将传统村落的经营权外包给企业。企业外包一般是由企业承包传统村落旅游资源，投资并开发传统村落，同时负责宣传推广和经营管理等，形成了政府监督、企业主导、村民参与的三合一传统村落开发与发展旅游模式。

三是由传统村落的村委会和居民自筹资金，自主开发，将经营权与所有权统一起来的村集体开发保护模式。这种模式村民自主性强，参与程度高，能较好地缓解当地就业压力，有利于村落的可持续发展。

三、我国传统村落文化保护与发展存在的问题

传统村落文化是乡村的根和魂，是推动乡村振兴发展的强大精神力量。随着历史的变迁和时代的发展，传统村落文化逐渐形成了一种融合时代感，同时又具有传统风俗的文化。然而由于有些村落文化资源被过度、无序地发掘和利用，其保护与发展前景并不乐观。当前的村落文化多用于商业宣传，甚至部分有旅游开发价值的传统村落在市场经济中逐渐失去了自身的文化特色，原本古朴的乡村文化风貌逐渐被商业气息所覆盖，所谓的文化名村只是名录上的存在，其文化价值已经为资本利益所取代。而传统村落文化一旦遭到破坏或遗失，则将可能不复再生。

（一）认识不足，村落文化保护传承主体缺失

传统村落文化是物质文化遗产和非物质文化遗产的综合体。长期以来，有些地

区的村民文化保护意识薄弱，加上当地相关部门对传统村落文化的特色性和不可再生性认识不足，致使不少传统村落的建筑风貌、生态环境、人文环境遭到较为严重的破坏，尤其是一些优秀民间民俗文化濒临消亡，不少传统技能和民间艺术后继乏人，面临失传的危机。人是村落文化的"心脏"，是复苏村落文化的根源。传统村落的保护不仅要守望"村物"，还要关注"人"、留住"人"。如列入第一批中国传统村落的浙江绍兴冢斜村和列入第二批中国传统村落的福建周宁禾溪村，都拥有种类丰富的民间古建筑群和丰富的民间歌谣，但是随着乡村劳动力向城镇的不断转移和外出接受中高等教育的学生越来越多，如今村内只有上了年纪的老人还会哼唱一些传统歌谣，年青的一代或几乎不知道家乡的歌谣，或不愿意传唱，非物质文化遗产的传承现状堪忧。

加上当地相关部门对传统村落文化价值的认知不足，文化保护传承专项经费及相关工作未能得到相应的安排与落实，传统村落历史文化、民间文化等收集、整理工作进展缓慢，村落文化正在不断消失。如果未能保存和延续村落文化传统，村落文化的特色元素缺失了，传统村落文化的保护传承将难以为继。

（二）千村一面，开发与打造同质化严重

传统村落蕴含丰富的文化遗产旅游资源，具有较高的历史、文化、艺术、科学、经济价值。大多数传统村落在被列入保护名录后，大力发展旅游。然而，开发商并未将开发的重心放在传统村落所蕴含的文化价值上，往往生搬旅游模式或硬套其他成功案例，商业化复制的"快餐文化"模式已经成为普遍现象，如陕西省袁家村以"关中民俗"为中心，以做安全放心的"关中小吃"为重点，以乡村旅游为突破口，打造了一个地域特色+文化的乡村振兴模式。这一模式值得借鉴，但是借鉴并不等于复制与模仿。随着袁家村的成功蝶变，全国各地诸多村落争先仿效，甚至不惜"重金"打造村落民俗场景，然而缺乏创新力和核心竞争力的单一模仿，其结果只能是无人问津。

历史文化村落是一种不可替代的旅游资源，合理开发利用其资源将会带动村落经济的发展。但是急功近利的消耗性开发，不但不能很好地传承与保护村落文化，而且也很难引起受众的关注与共鸣。如近些年浙江丽水的某些村庄由于过度开发，一定程度上破坏了村落原有的生态和谐之美，当地的特色文化也逐渐遗失在商业氛围中。

（三）"基因突变"，传统村落文化的挖掘深度不够

习近平总书记强调："中华优秀传统文化已经成为中华民族的基因，植根在中国

人内心，潜移默化影响着中国人的思想方式和行为方式。"文化传承是传统村落的精神支柱，是延续、发展传统村落的"精神命脉"。当前，部分村落在开发中常常忽略了村落灵魂性的精神文化内涵，使得开发后的村落失去了原有的历史环境和文化特色，出现"基因突变"等现象。

传统村落文化主要包括物质载体和精神意蕴两个方面。物质载体呈现于大众视野的主要有村落风俗样貌、建筑形态构造、民间传说故事、民间工艺物品等；精神意蕴则主要有物质载体所承载的可以感受和体验，并沉淀、传承、升华的村落性格、情感与精神等。相较于物质载体的发现与传播，精神意蕴的传承与感悟更难，但精神意蕴的挖掘非常关键。如常山县金源村在相关的文创产品开发，因缺乏凸显当地特色的表现形式和文化内涵，未能将参与感、价值感、获得感等精神体验传递给大众，从而导致了文化衍生品内涵的缺乏，使大众对当地环境和建筑的体验仅停留在观光式游览上，无法真正领略村落的独特风格和文化意蕴。传统村落的可持续发展现状堪忧。

四、探索具有地域特色的乡村振兴之路，建设"文化+村落"的创新模式

乡村振兴战略提出要坚持乡村全面振兴，文化振兴是乡村全面振兴的重要组成部分，是乡村持续发展的内生动力。我国历史悠久，许多村落特色文化积淀厚实，在深入推进乡村文化振兴之时，尤其要特别重视各村落文化的"特色"，以"特色"带动村落文化的传承和保护，以"特色"带动当地经济的发展，以"特色"发挥文化的影响力、带动力和生长力，为乡村振兴创造重要条件，促进乡村全面振兴。这里主要以福建省为例，对乡村振兴战略中特色村落文化建设的类型和思路进行粗浅的分析和阐述。

（一）夯实"文化村"，为乡村振兴注入强大的精神动力

习近平总书记强调："要推动乡村文化振兴，加强农村思想道德建设和公共文化建设，以社会主义核心价值观为引领，深入挖掘优秀传统农耕文化蕴含的思想观念、人文精神、道德规范，培育挖掘乡土文化人才，弘扬主旋律和社会正气，培育文明乡风、良好家风、淳朴民风，改善农民精神风貌，提高乡村社会文明程度，焕发乡村文明新气象。"

祖国大地，书香馥郁。比如，在福建，历史上曾出现过不少像理学大师朱熹、

书法大家蔡襄、清代福建第一状元林鸿年等文化名人,他们不仅博学自律,而且即使在穷乡僻壤也要创造机会开设学堂,传授中华优秀传统文化,纯正民风,鼓励后学,孕育出了无数的"耕读世家"和"耕读之乡",形成了丰富多彩的乡村耕读文化。

宁德市霞浦县半月里村,有近三百年历史的龙溪宫、雷位进故居、雷志茂故居、秀才院、雷氏宗祠等,村民还自费办起畲族民俗博物馆。福建闽西、闽东等地是著名的革命老区。在革命战争时期,这里曾发生过许多可歌可泣的革命英雄故事,出现了诸如"将军村"这样让世代敬仰的英雄村落,感动了一代又一代中华儿女,铸就了感人肺腑的红色文化。三明市首批中央红军村——三明市三元区忠山村,不仅有浓厚的红色文化氛围,而且还有众多千年古迹,保留完好的唐、宋、元、明、清等古民居建筑随处可见。

文化建设助推乡村振兴,既要塑好形,也要铸好魂。无论是耕读文化还是红色文化,都是乡村文化振兴的宝贵财富,也是构建文化村落的重要元素,需要精心打造,发扬光大。第一,要丰富文化内涵,以百姓喜闻乐见、通俗易懂的艺术形式讲好故事;运用现代科技手段,进行全方位传播。第二,用相关文化元素装点村里的一草一木、一砖一瓦,营造浓厚的文化氛围,让人们真真切切地感受"文化村"的文化魅力。第三,在村里持续开展文化教育活动,提升村民的自豪感和自信心,使村民个个成为义务宣传员,努力为乡村振兴注入强大的精神力量。

(二)壮大"文产村",让非物质文化遗产焕发出新的光和热

我国山海与共,地貌多样,物产丰富,各乡各村与外界的文化交流深浅不一,族脉文化同中有异,从而孕育了众多具有独特地域特征的文化产品,这为广大乡村利用自身独特优势发展文化产业提供了良好基础。

中华文化源远流长,全国各地拥有丰富的非物质文化遗产。福建南平建窑建盏烧制技艺、德化瓷工艺、福安银器制作工艺、柘荣浦城剪纸、安溪竹藤编、寿宁等地的木拱桥传统营造技艺,等等。这些传统技艺为"文产村"文化产品的开发提供了丰富的素材,也是壮大"文产村"的宝贵资源,需要切实保护和大力传承。被誉为"中国香都"的永春县达埔镇制香工艺已有300多年历史,是我国唯一国家级制香基地。近年来,在当地政府的大力扶持下,建设了面积达3300亩的"中国香都香品产业园",拥有篾香生产厂200多家,香业总产值4亿多元,产品远销东南亚,篾香产业有力地带动了乡村振兴。我们必须重视非物质文化遗产传承人的培养,给予传承人更多的展示舞台和机会;以传承人为中心,选取与非物质文化遗产关联较为

密切的村落为基地，帮助和引导相关村落筛选具有市场竞争力的特色文化产品，在政策上予以扶持，在文化上做足文章；有效开展传承与创新活动，着力提升产品的文化附加值，用优秀的传统技艺创造出富有时代气息的乡村文化产品，使产品的实用功能和文化价值都得到充分体现。

从产品发展成为产业，这是壮大"文产村"的必由之路，需要投入更多的精力和财力。在生产方面，各地要精益求精，及时总结经验，力争以点带面，逐步提高生产能力，让更多的村民参与其中。在营销方面，各地要选择现代科技先进的传播平台，讲好非物质文化遗产故事，以文化提升品牌价值，用小小的文化产品串成大大的文化产业，有力推动乡村振兴。

（三）培育"文创村"，用创意与科技抒写新农村传奇

文化创意就是创意人依靠智慧、技能和天赋，借助高科技手段对文化资源进行再次构思、设计与提升，从而创造出高附加值的文化产品。

越是民族的，越是世界的。祖国大地蕴含着丰富的乡土文化资源，许多传统村落拥有独具特色的文化元素，为"文创村"的培育打下了坚实的物质基础。如福建戏曲资源丰富，形态不一，闽剧、莆仙戏、高甲戏、梨园戏、歌仔戏、四平戏、梅林戏等都是优秀传统文化中的璀璨明珠，它们遍布各地，扎根乡村，深受村民喜爱，其脸谱、造型、色彩、服饰、表演程式等都是文创的绝佳素材，一旦将它们与影视影音、游戏动漫、文旅文娱等载体融合起来，必将创造出富有生命力的文创产品。拥有丰富的村落文化资源的屏南县龙潭村，随着大多数年轻人的外出工作或外迁，村落近乎荒废。自2017年始，相关政府部门尝试"引凤筑巢"，即以优惠政策引进文创艺术家入驻，以专项资金引导、扶持和孵化文创产业，大力推动当地文化创意产业的发展，从而形成了"党建+艺术家+村民+古民居+互联网"的传统村落文创发展模式，有力地推动了当地经济文化的快速发展。被誉为中国最文艺渔村的厦门曾厝垵更是利用华侨遗迹、闽南风韵的红砖古厝、南洋风格的"番仔楼"及男渔女耕的生活习俗等，成了著名的"文创村"。

文创的核心在于创造力，人才是关键。随着社会经济和教育事业的快速发展，我国的文创队伍不断壮大，创作能力日益提升，大众对文创产品的期待也越来越高。为此，创造条件吸引文创人才向乡村流动，这是培育"文创村"的当务之急。

如今，乡村城镇化的步伐正在加快，交通条件逐步改善，城乡差别越来越小，美丽乡村如雨后春笋般涌现，乡村生活环境越来越好，为吸纳人才创造了良好的外部环境。另外，随着乡村与城市交流融合的机会不断增加，不少村落外出学习、工

作的人员与日俱增，出现了房屋空置、土地利用率下降的现象，这样的村落比其他地方建设"文创村"更具优势。

文创渴望宁静优美的工作环境，需要性价比高的创作和运营成本。为此，应当选择条件较好的村落，组织力量，科学、充分地挖掘、整合闲置资源，营造良好的创业创新氛围，鼓励和支持文创人才、文创企业，特别是从家乡走出的有识之士回乡创业，持之以恒地培育"文创村"，持续推动乡村振兴发展战略。

（四）升级"文旅村"，走精品与融合发展之路

旅游业已成为推动我国社会经济发展的强劲动力，福建山美水美人文美，民宿、农家乐、民俗文化节等在广大乡村遍地开花。从特色自然景观到民间传说，从红色遗址到可歌可泣的英雄故事，从迁徙历史到名人文化，从丰富物源到精神底蕴，不少村落都在把握时代脉动与消费需求，充分挖掘资源和发挥当地特色优势，不断满足游客的获得感和体验感，努力以文旅带动乡村经济发展。福建寿宁县犀溪镇坑兜村以新型农耕文化为载体，结合乡村自然生态开发文化旅游，打造特有的儒家孝贤文化和道家养生文化，用文旅带动产业，实现了农民就业增收的精准扶贫。

为了更好地吸引游客，许多村落对原有的自然景观、文化旧址等进行改造升级，但应该警惕刻意迎合游客口味而出现的侵占式、将就式、颠覆式等破坏现象，因为只有在尊重历史和保留原味的基础上进行适当改造，有时甚至还要努力返璞归真，才能更好地展现"文旅村"的魅力。

"文旅村"的打造建立在丰富的自然资源和非物质文化资源的基础之上，同时资源又有层级之别和主次之分。为此，应该优先精心开发最具地方特色、最令游客动容的旅游产品，而后利用拳头产品带动其他产品的开发，科学有序地扎牢"文旅村"的根基。

在"文旅村"的发展过程中，民宿文化与饮食文化已渐趋成熟，而"文旅村"的整体文化品位尚需提升。乡村特色公共图书馆、地域特色民俗博物馆、特色演艺旅游、寻根之旅、乡村文化地标、文旅IP等文旅产品还有待开发或升级。

优秀在于融合，"文旅村"的发展离不开联动机制。一方面，科学规划"文旅村"的发展战略，创造条件将"文旅村"与周边地区的旅游景点联成一体，使之成为整体旅游线路中不可或缺的一环。另一方面，"文旅村"在不断自我完善的同时，努力扩大影响力，积极帮助和带动周边村落的文旅产品开发，坚持走融合发展共同振兴之路。

参考文献

[1] 姚建伟.历史文化村落保护与发展研究：现状、问题与对策——以浙江丽水为例[J].丽水学院学报，2021，43（3）：64-69.

[2] 冯骥才.文化遗产日的意义[N].光明日报，2006-06-15（6-7）.

[3] 黄涛.传统村落的文化遗产保护与社区发展——以浙江省楠溪江流域苍坡古村为个案[J].温州大学学报，2009（9）：46-54.

[4] 贺小叶."文创+新匠人"的乡村振兴模式探索与实践——以四川郫都区广福村为例[J].湖南包装，2020（2）：99-102.

[5] 卞松磊.历史文化村落保护现状与发展对策研究[J].美与时代·城市，2018（10）：50-51.

[6] 何艳林，卫红，刘保国.我国传统村落文化的保护与发展探析[J].城市住宅，2020（4）：127-128.

[7] 浩龙，陈静，周春山.中国传统村落研究评述与展望[J].城市规划，2017，41（4）：74-80.

[8] 中共中央、国务院关于推进社会主义新农村建设的若干意见[R/OL].（2005-12-31）[2020-06-15].http://www.gov.cn/gongbao/content/2006/content_254151.htm.

[9] 王景新，朱强，余国静，等.浙江历史文化村落保护利用与持续发展[J].西北农林科技大学学报（社会科学版），2016（5）.

文化强国战略与乡村文化振兴并进的内嵌逻辑和青年担当[①]

齐骥 陈思[②]

摘 要：文化强国战略是解决新时代我国社会主要矛盾、实现"两个一百年"奋斗目标和中华民族伟大复兴中国梦的必然要求，是提升国家文化实力的重要依托。乡村文化振兴作为乡村振兴战略的重要组成部分，是以习近平同志为核心的党中央立足国家发展全局，在中国特色社会主义前进道路上对农业、农村和农民的热切关怀。文化强国战略与乡村文化振兴交汇于文化长河，又依托各自优势相互促进。而青年是推进优秀传统文化创造性转化和时代精品文化创新性发展的中坚力量，正成为推进文化强国战略与乡村文化振兴并进的重要担当。

关键词：文化强国；乡村文化振兴；内嵌逻辑；青年担当

引 言

党的十九大提出的实施乡村振兴战略是一项重大的历史任务，是以习近平同志为核心的党中央立足国家发展全局，在中国特色社会主义前进道路上对农业、农村和农民的热切关怀，是解决新时代我国社会主要矛盾、实现"两个一百年"奋斗目标和中华民族伟大复兴中国梦的必然要求。为深入贯彻落实乡村振兴，出台了《乡村振兴战略规划（2018—2022年）》（以下简称规划）[③]，强调要繁荣发展乡村文化，成为"十四五"时期和实现"两个一百年"奋斗目标历史交汇期乡村文化发展的主

[①] 本文系教育部人文社科研究项目"双循环格局下推进国家文化治理体系和治理能力现代化研究"（21YJA760049）阶段性成果。
[②] 齐骥，中国传媒大学文化产业管理学院教授、博士生导师；陈思，中国传媒大学文化产业管理学院研究生。
[③] 中共中央，国务院.乡村振兴战略规划（2018—2022年）[R].2018.

方向。十九届五中全会上明确提出到 2035 年建成文化强国的战略目标，也为乡村文化的发展注入了新的重大使命和职责担当。在此背景下，对文化强国与乡村文化振兴内嵌逻辑和青年担当的探讨，具有不容忽视的现实意义。

一、文化强国战略与乡村文化振兴并进的内嵌逻辑

文化强国战略与乡村文化振兴并进的内嵌关联主要表现为文化强国战略的落实为乡村文化振兴带来了新的机会和机遇，乡村文化振兴的深化和强化为文化强国战略的推进夯实了文化道路的基层地基，而文化强国战略与乡村文化振兴的齐头并进和双向互推，则成为新时代提振中国精神的重要抓手。

（一）文化强国战略推开乡村文化振兴的崭新局面

文化强国战略为我国乡村文化振兴带来了新发展契机，催生了生产要素新一轮的集中发力和乘数效应，是乡村文化重新焕发活力的机遇点，是推进乡村文化振兴工作提质升级、取得重大成效的转折点，更是培育显著文化效应，进而实现良性循环的着力点。

第一，政策新指引。文化强国战略是推进乡村文化发展的政策新指引和发展新导向，是乡村文化在新时代下实现具象形式与抽象内蕴互为表里的新动能，是乡村文化在新机遇中实现应变新生和求变创新的新思路。在文化强国战略的导向下，继续推进和完善乡村文化创造性转化和创新性发展的实践路径，为乡村文化在百年未有之大变局下引领乡村发展提质升维和变道超车固本培元。第二，要素再发力。文化强国战略的提出使得生产要素对文化领域再次聚焦，吸引生产要素或相关利益主体再次加大在文化领域的投入砝码，这为乡村文化振兴注入了新的活力。第三，效益更显著。文化强国战略为乡村文化振兴带来了诸多重大的政策利好，在此基础上，社会各界通力合作，是乡村文化效益、政治效益、社会效益和经济效益的突破和凸显。

（二）乡村文化振兴夯实文化强国战略的基层道路

乡村文化记录着中华民族从历史长河迈向当今社会的前行足迹，承载着华夏儿女绵延了几千年的精神情感，厚积着乡土社会历久弥新的文化密码。乡村文化振兴是文化强国战略的基层道路，是乡土中国在历史维度、心灵尺度和未来向度蝶变新生的文化密钥。

第一，乡村文化振兴保护中华文明的源起与滥觞。中华文明历经绵绵的时间长

河，留下了珍贵的遗址遗存。中华文明磅礴而低调，往往散藏在乡村聚落之中。探寻中华文明之发轫、溯源中国精神之滥觞是乡村文化振兴的基本任务，是实现文化强国战略的基础工程。第二，乡村文化振兴维系中华儿女的情感寄居地。情感寄居地，在中国人的话语表述中被习惯性地称为"老家"，是中华儿女的心灵归处，对其维系是乡村文化振兴的目标之一，是推进文化强国战略的基本要求。第三，乡村文化振兴增进乡土中国的现代化转向。乡村文化振兴使得村民、乡土聚落及立体的乡村时空在演进中逐步实现对落后的陈规旧俗和僵化思维的摆脱与束缚，进而实现我国乡土社会与新时代发展理念和创意创新创造趋势的融入和衔接。通过乡村文化振兴实现乡土中国的现代化转向，有利于夯实文化强国战略的基层环节。

（三）文化强国战略与乡村文化振兴共同提振中国精神

文化强国战略与乡村文化振兴的内在关联，不仅是文化强国战略推开乡村文化振兴的崭新局面和乡村文化振兴夯实文化强国战略的基层道路，更重要的是二者以文化为触媒，不断增强中国力量，持续提振中国精神。

第一，深化文化认同。文化强国战略和乡村文化振兴在深化文化认同层面具有高度一致性，深化文化认同有利于激发村民文化自觉、重振村民文化自信和提升村民文化自强。同时，中国精神是以爱国主义为核心的民族精神和以改革创新为核心的时代精神，是实现中华民族伟大复兴的中国梦必须弘扬之精神。深化乡村文化认同，有利于中国精神在我国乡村聚落扎稳立足和传播发展。第二，强化民族精神。文化强国战略和乡村文化振兴自上而下的引领和自下而上的落实，这种双向互推是在中国特色社会主义前进道路上对民族精神的又一次凝练和丰富，是对民族精神的再一次检验和吸收，是在开放包容的世界文化舞台中埋下的精神文化安全阀，是我国能在世界格局的万般变化中坚实思想根基的不二选择。第三，丰富时代精神。乡村文化是文化活化石，随时代的绵延而不断精进，"一时代有一时代之精神，一时代有一时代之价值观念"。新冠疫情这只"黑天鹅"腾空而降，让世界人民猝不及防。在中国共产党的正确领导下，在中国人民的勇敢奉献中，在举国上下同心协力的抗疫精神鼓舞下，乡村居民投身于这场没有硝烟的战斗中，其精神素养和集体意识得到锤炼，涌现、坚守在乡村抗疫一线的"逆行者"们，更是在时代精神中增添了一抹专属于乡村熟人社会的时代亮色。

文化强国战略的提出，使乡村文化振兴迎来了新目标新机遇、承载着新使命新期待，成为历史交汇期乡村文化发展的重要指针和向标。乡村文化振兴的推进，为文化强国战略的落实和推进提供了薪火相传的文化根脉，激起人们的情感共鸣和文化蜂鸣，成为文化强国战略的坚实基础和重要抓手。青年作为乡村文化振兴与文化强国齐头并进的中坚力量，是推进二者在文化领域有机化合进而彰显中国特色、中国风格和中国气派的中流砥柱。

二、文化强国战略与乡村文化振兴并进中的青年群像

文化强国战略与乡村文化振兴并进中的青年群像，按照其生活的时空和成长的轨迹主要分为四大类型，分别是文脉相连的市民青年、已经市民化的乡村青年、尚未市民化的乡村青年、土生土长的乡村青年。需要特别指出的是，本文对青年群像的类型划分并无褒贬之意，划分的意义在于探寻每一种青年群像所承载的独特气质和鲜明特征，进而探索其在文化强国战略与乡村文化振兴并进中能够发挥的青年价值。

（一）文脉相连的市民青年群像

文脉相连的市民青年群像一部分是与乡土关联较弱的城市青年群体，具体表现为其学习、工作、生活等生命轨迹中与乡村的文脉、地脉和血脉的联系微乎其微，其成长轨迹、工作环境和生活时空主要集中在一线城市、二线城市和超一线城市中心区的城市或都市青年群体；另一部分是将"诗和远方"聚焦于静谧的乡土风光和质朴的田园生活，将理想抱负投身于农村、农民和农业可持续发展的城市或都市青年群体。

随着乡村走向工业时代再到走向都市场域，社会变得越来越复杂化，这既影响着时间也影响着空间，因为如果没有时间及持续发生在时间之中的复杂化，那么空间的复杂化与占据着空间的物体的复杂化便不会发生。[1] 这一过程存在着鲜明的文化对文化的倚赖现象。所谓文化对文化的倚赖，就是强调不同文化中，一种文化对另一种文化的全部或部分的倚赖；强调同一文化中，后一发展阶段对前一发展阶段的倚赖。[2] 市民青年在一定程度上拥有更多的城市权，即表现在参与的权利和使用价值的拥有，[3] 逐渐在精神文化向度实现着从城市青年到都市青年的跃升。

---

[1] ［法］亨利·列斐伏尔.都市革命［M］.刘怀玉，等译.北京：首都师范大学出版社，2018：193.
[2] 殷海光.中国文化的展望［M］.北京：商务印书馆，2011：68-69.
[3] ［法］亨利·列斐伏尔.都市革命［M］.刘怀玉，等译.北京：首都师范大学出版社，2018：23.

无论是恩格斯认为的"城乡之间的对立是随着野蛮向文明的过渡、部落制度向国家的过渡、地域局限性向民族的过渡而开始的,它贯穿着文明的全部历史直至现在"的"城乡融合"理论,还是舒尔兹的城乡发展理论,抑或是埃比尼泽·霍华德的"田园城市"理论,都从不同的维度和视角阐述着国家与国民、城市与乡村在文化尺度上的动态关联。文化强国与乡村文化振兴的齐头并进,是城市文明演进和乡土文化流传的区域协同,是城市更新与乡村振兴的文化抓手,是宏观战略与微观实践的中观汇合,更是推进都市青年和城市青年产生同频文化蜂鸣的时代热议点。

(二)已经市民化的乡村青年群像

已经市民化的乡村青年群像主要是指其自身和由婚姻关系组成的家庭、工作和生活等核心关系网在城市,但原生家庭及由血缘关系链接的诸多人际关联和关系网仍在乡村,对乡土社会的礼仪风俗的参与程度和对乡土文化建设的重视程度均较高的青年群体。

从已经市民化的乡村青年群像的发展历程而言,受到传统思想的约束和父辈观念的影响,不少农村青年有着"逃离农门"或"跳龙门"的想法,部分农民不愿意背负"落后""愚昧""贫穷"等社会标签,渴望通过自身努力"逃离农门",通过在城市就业而享受城市丰富的资源,并受到同等对待。①这种观念是在特定阶段呈现出的特定思维和普遍现象。一方面,具体表现为通过进城务工实现"农门的逃离";另一方面,具体表现为通过"寒门学子"的求学之路实现理想生活。

在社会发展历程中相当长的一段时期内,乡村本身的话语权微弱,以致在时代的洪流中基本被淹没。这使乡村自身对千百年传承下来的文化产生疑问,原有的文化自信、文化支撑体系坍塌。②而文化强国战略和乡村振兴带来的政策利好,带动了更多的经济投入和更多的社会关注,促进了已经市民化的乡村青年对农村的回归和反哺。在这一过程中,越来越多的有恋乡情节和故土情怀的市民化乡村青年被触动,青年的回归可以通过一定的城市文化反哺农民,提高农民的现代意识与思维,同时也可以传承优秀的乡村文化,重塑新的适应城乡融合发展的文化。③生于斯长于斯的市民化乡村青年对故乡的质朴守望和美好愿望,成为推进文化强国战略和乡村文化振兴并进的内生动力。

---

① 萧子扬,陈艺华,吴若琼."缺席"和"回归":新时代我国青年参与乡村振兴的研究[J].青年探索,2019(3):15-27.
② 刘国华.乡村振兴的关键是文化振兴:新时代乡村治理思考[J].甘肃农业,2018(2):17-20.
③ 曾东霞.青年反哺与回归:破解乡村振兴短板之道[J].中国青年研究,2020(8):83-88.

(三) 尚未市民化的乡村青年群像

尚未市民化的乡村青年群像主要是指在城市与乡村之间的流动移民（circular migration）或非永久性迁移的人，他们以"城乡两栖"的生活模式穿梭于城市与乡村之间，即他们为了工作与生活经常在迁出地与迁入地之间往返，没有在迁入地做永久居住打算。[①]

一部分是进城务工的乡村青年。尚未市民化的务工青年是指为了更好的生计而在城市工作的青年群体，其中的少部分人暂时解决了子女的上学、生活等难题，而大多数青年的父母和子女仍在乡村生活，甚至成为孤寡老人和留守儿童。虽然尚未市民化的打工青年在较少层面享受市民青年的生活质量，但是对城市文化生活或多或少的接触、感染和熏陶，都对其眼界的开阔、心胸格局的打开发挥着潜移默化而深远持久的重要作用。

另一部分是进城求学的乡村青年。进城求学的乡村青年在城市中的所见所闻、所思所想和所感所悟对其世界观、人生观和价值观的引领和塑造意义重大。他们在思想、精神和思维意识层面更加靠近知识分子甚至成为知识分子。由于生活轨迹和成长路径中浓郁的乡土文化印记，一大批学有所成的乡村青年立志重归故土，服务家乡。瞬息万变的时代造就了青年反哺家乡的机遇，胸怀热土的乡村青年锤炼了反哺家乡的本领。基于尚未市民化乡村青年个人的可塑性、未来性、创新性等特征，他们对快速变迁的时代显得特别敏感且易于接纳融合[②]，返乡之后的乡村青年知识分子作为乡村社会中的知识精英阶层，在乡村社会中发挥着重要的作用[③]，日益成为乡土社会文化建设的重要担纲。

（四）土生土长的乡村青年群像

土生土长的乡村青年群像是指其成长轨迹和行动路径几乎全部在乡村的时间地理维度之内，其生命的长度和时间的流淌、成长的环境和生活的空间，及其活动的轨迹和人际关联等绝大多数都在乡村的动态演变中进行，而其在乡村时空中的文化表达和行为活动也在相当大程度上反衬于乡村精神面貌和文化气象之中的青年群像。

衡阳师范学院城市与旅游专业教授李伯华认为，乡村人居环境转型发展是一

---

① 王春光.超越城乡[M].北京：社会科学文献出版社，2017：239.
② 曾东霞.青年反哺与回归：破解乡村振兴短板之道[J].中国青年研究，2020（8）：83-88.
③ 李庆真.从社会变迁的视角解析乡村青年知识分子"公"之观念的变迁[J].中国青年研究，2006（12）：45-50.

个动态的时空过程和生态复合过程。① 在这一过程中，正是因为乡土社会中生活的人尤其是青年人的活动与行为，才使文化的发展传承顺应历史发展而产生，又随历史的演变而重新结构和转化，使乡土文化、文脉和文明的延续、延伸和延展变为现实。伴随着乡土社会的现代化转向，乡村进入"进化"与"内卷化"二元对立的生态文明发展阶段，进化与内卷化对立统一的现实情况② 逐渐鲜明和普遍：大部分农村青年自发、自觉和自愿地承担起乡村文化建设的重担，以饱满的热情投入乡村非物质文化遗产的传承、乡土稳定秩序的维护等乡土文化场景的建构和完善之中，少部分农村青年在乡村文化振兴中存在不愿履责、不能尽责和不敢担责的情况。③

整体而言，在当今人与人交往协作的空间尺度扩展到全国乃至全球④ 的大趋势下，中华儿女的家国情怀和恋乡情节在乡村聚落表现得尤为突出，在"天涯若比邻"的大社会中"叶落归根"的故乡情怀仍然十分强烈。"村庄作为一个社区，是一个由各种形式的社会活动组成的群体"⑤，其中因乡村青年的行为而产生的乡村文化和精神气韵，不仅是乡村发展历程中的艺术结晶，更是文化强国建设进程的重要抓手，是乡村时空范畴不断丰富和乡土文化内蕴持续润色的核心和关键，发挥着凝聚人心和催人奋进的独特魅力。

三、文化强国战略与乡村文化振兴并进的青年担当

站在"两个一百年"奋斗目标的关键节点，如何身姿矫健、安稳有序地迈好一跬一步进而落实和推进文化强国战略和乡村文化振兴的相互支撑和齐头并进，成为时代发展的新命题。习近平总书记强调的"三牛精神"，为文化强国战略和乡村文化振兴的同向同频打开了新思路和新局面。本文试图在"三牛精神"的传承、传接和传扬中探寻文化强国战略与乡村文化振兴并进中的青年担当。

---

① 杨忍，文琦，王成，杜国明，李伯华，曲衍波，李红波，许家伟，贺艳华，马利邦，李智，乔陆印，曹智，戈大专，屠爽爽，陈秧分.新时代中国乡村振兴：探索与思考——乡村地理·青年学者笔谈［J］.自然资源学报，2019，34（4）：890–910.
② 高小康.非物质文化遗产与乡土文化复兴［J］.人文杂志，2010，（5）：98，96.
③ 谭德礼，易刚明.乡村振兴视域下农村青年社会责任感探析［J］.中国青年社会科学，2020，39（2）：42–47.
④ 贝尔.后工业社会的来临［M］.高铦，译.北京：新华出版社，1997：184–190，377-380.
⑤ 费孝通.江村经济［M］.上海：华东师范大学出版社，2018.

(一) 传承为人民服务的孺子牛精神

孺子牛精神，是一心一意为满足人民对美好生活的向往而接力奋斗，全心全意为中华民族伟大复兴而无私奉献的精神密码。为人民服务是付出与收获的人生旅途。习近平总书记强调，选择吃苦也就选择了收获，选择奉献也就选择了高尚。青年要将为人民服务的宗旨铭记于心，凡是涉及群众切身利益和实际困难的事情，再小也要竭尽全力去办，在奉献中实现自我成长和社会价值。

传承为人民服务的孺子牛精神，要积极响应和落实政府出台的一系列方针政策，用朝气为文化强国和乡村文化振兴注入活力。第一，青年应学会时常给自己"照镜子、正衣冠、洗洗澡、治治病"，以乡村文化振兴带头人的标准严格要求自己。有志青年在职期间，要坚持发展为了村民、发展依靠村民、发展成果由村民共享，立志在基层做好乡村文化事业，为乡村公共文化服务的现代化尽心尽力。第二，青年要深入基层亲民亲众，充分了解村民的文化生活现状和精神文化需求。正如平民教育家、乡村建设家晏阳初先生所言："复兴民族，振兴国家，首当建设农村，首当建设农村的人"。[①] 在乡村文化振兴工作中，不仅要积极贯彻落实政策文件的要求，更要结合村民文化生活的需求，了解村民文化生活的切实需要，摸清村民对未来乡村文化场景的真实期待。持续以青年昂扬向上的活力，激发村民参与文化生活的内心驱动力，进而提升村民享受乡村文化生活的主人翁意识，真正实现村民在精神文化生活中的幸福感和获得感。第三，青年应以对时代敏锐的觉察力和对人民深刻的感知力为重要参照，营造乡村文化新场景。既要搭好"场子"，更要提升"里子"。不仅要注重空间层面通过物质结构的优化和基础设施的完善提升村民文化生活的外在"场子"，更要注重在人的思想观念上通过乡间特色人文活动升华居民的内在"里子"。乡村作为最具传统气息的熟人社会，友爱、互助的乡村民风与和睦、和谐的邻里关系是乡村文化场景培育的着眼点和落脚点，青年要通过年轻化的独特视角，为乡村文化场景营造新的动力和动能，进而有效回应和引领村民的精神文化需求。

(二) 传接创新发展的拓荒牛精神

"拓荒牛"精神，是开拓进取，锐意创新、推陈出新、发奋图强的深度凝练，是中国民族砥砺前行的发展密钥。创新是一个民族进步的灵魂，抓住了创新，就抓住了牵动经济社会发展全局的"牛鼻子"。习近平总书记强调，广大青年要肩负历史使命，坚定前进信心，立大志、明大德、成大才、担大任，努力成为堪当民族复兴重

---

① 黄运丽.20世纪20—40年代"农国论"研究[M].北京：中国社会科学出版社，2019.

任的时代新人。文化强国战略与乡村文化振兴并进的现实路径没有奉为圭臬的模板和一成不变的套路，青年要善于探索新的实践，以青春之锐意为文化强国战略和乡村文化振兴的推进注入时代之新意。

文化强国和乡村文化振兴的协同发展需要充分激发青年中坚力量的带头精神和创新能力，号召一大批新知识青年下乡，在新一轮科技革命和产业变革中寻求文化发展新契机，勇攀乡村文化振兴道路上的山峰、高峰和险峰。第一，乡村教育思路革新。青年要重点关注农村教育，深度推进农村教育的现代化转型。通过科学衡量学生整体素养的现有水平，渐进式推进现代化、智能化等高新科学技术的引进与运用。在乡村学生教育环节，在课程体验、学校教育等人才培养的基础模块要以政府扶持为主，以企业助力、居民众筹及其他方式为辅，引入人工智能、高新技术等与城市对标、与时代接轨的设施硬件和理念软件，进而打开乡村学生的视野，激发乡村学生的好奇心，培养乡村学生的能力，缩小乡镇与城市学生之间的认知差距。第二，乡村文化理念创新。乡村生命、生活、生产和生态中的文化活动是村庄特性的彰显，不仅丰富了村民的精神生活，愉悦了居民的身心世界，也使得村庄独特的文化禀赋得以流传。青年，尤其是有过城市或都市生活经历的年轻人，应在城市社区文化生活中寻求思维启迪，推动城市社区文化生活中有助于实现人的全面发展的理念下沉到乡村。青年应掌握现代化的精神文化生活理念，将城市活力和生活体验潜移默化而科学合理地应用至农村，使乡村文化变"土色"为"特色"，进而实现农村气息的不断延续和乡土文脉的持续延绵。第三，具象呈现思维出新。年轻人要抓住科学技术的翅膀，促进科艺融合，助力乡村文化艺术腾飞。一方面，要建立乡村文化基因库。充分协同数字城市实践进而推进乡村文化的数字化孪生；建立数字文化记忆博物馆和虚拟展馆。做好记录历史记忆和留存历史技艺的数字文化库的意义在于：无论何时何地都能让村落居民在特定的文化场景中寻回来路，找到出处。另一方面，创新乡村文化的呈现形式。充分发挥科学技术在文化资源表现形式和文化资源开发方式上的创新作用，尤其注重通过科学技术创新乡村非物质文化遗产的呈现效果和传播载体，开拓互动体验的新颖渠道。同时，要抓住互联网时代发展的新机遇，以数据为基础，依托"数字乡村战略"推进数字文化产业在乡村扎根成长，依托乡村文化的数字孪生和数字化呈现，打造特色文化乡镇，促进乡村文化旅游业态迭代进阶，进而为乡村数字文化产业的新发展寻求坚实的业态支撑。

（三）传扬艰苦奋斗的老黄牛精神

"老黄牛"精神，是吃苦耐劳、勤勤恳恳、稳扎稳打、任劳任怨、艰苦奋斗的优秀品质，是华夏儿女世代沿袭的宝贵精神。习近平总书记强调，青年一代要牢固树立艰苦奋斗的思想，弘扬艰苦奋斗的精神，锤炼艰苦奋斗的意志，保持艰苦奋斗的作风，肩负起历史使命，迎接更光明的未来。这为无数奋斗在乡村文化振兴基层、投身于乡村文化振兴理论研究及致力于将理论与实践充分结合的青年人指明了方向。

青年在落实和推进文化强国和乡村文化振兴的实际工作中，要充分学习和发扬不怕苦、肯吃苦的牛劲儿、牛力，将"不用扬鞭自奋蹄"作为自我勉励。首先，青年要善于精心呵护乡村之淳朴。在新奇思维和别样视角的融入过程中要坚守村民朴实、真实、诚实的优良品质，在新鲜事物和外来人群的接触过程中坚守乡土礼仪、礼节和礼俗的优良传统，实现在保持村民本色与坚守乡土特色基础之上的兼容并蓄。其次，青年要勇于以执着的态度检验乡村文化振兴之实质成效。一方面，监督测评体系构建。以客观中立的第三方为评估主体，以村民体验反馈为核心参考，以政治效益、社会效益、文化效益、生态效益和经济效益为主要标准，以对国家省市县乡文化政策逐层落实的质量和推进的速度为评估重点，以乡村文化发展的特色化、本真性、先进性、开创性为重点考量，进而建构多维、立体、动态、可持续的监督测评体系。另一方面，要深化问题反馈意识和优化处理机制。基于评估监督体系折射的现实问题，及时发挥专家智库力量、听取民心民意呼声、借鉴古今中外乡村文化发展经验，探寻乡村文化振兴在"三牛精神"指引下的新出路。要不断探索以青年为中坚力量的独具特色的乡村文化振兴模式和经验，动态的总结和归纳乡村文化振兴的失败案例和经验教训，为日后乡村文化振兴工作试错和规避风险。

当代中国青年，是与新时代同向同行、共同前进的一代，生逢盛世，肩负重任。在推进乡村文化振兴的工作中，青年一代要永远保持慎终如始、戒骄戒躁的清醒头脑，永远保持不畏艰险、锐意进取的奋斗韧劲，于稳中求变，变中求进，进中求新。为顺利推进"十四五"时期乡村文化振兴工作汇聚"九牛爬坡，个个出力"之奋斗合力，为圆满实现"两个一百年"奋斗目标凝聚"函牛之鼎，气冲斗牛"之奋斗魄力。新时代的中国青年要勇做走在时代前列的奋进者、开拓者、奉献者，毫不畏惧面对一切艰难险阻，在劈波斩浪中开拓前进，在披荆斩棘中开辟天地，在攻坚克难中创造业绩，用青春和汗水创造出让世界刮目相看的新奇迹。

地方探索·传承创新

论中华传统文化与中华美学精神对公共艺术教育的滋养[①]

徐 望[②]

摘 要：中华传统文化与中华美学精神同源共生，共同滋养着公共艺术教育。具有"美善合一"属性的中华传统文化是中华美学的根与源，比如，儒家文化强调中和，追寻人格美；道家文化强调自然，追求自由美；释家文化强调心悟，追求超脱美。中华美学精神的内涵主要包括生态美学观、审美意象观、审美接受观、审美感通观、艺术创造观和艺术人生观等。中华美学精神是艺术教育的灵魂，为当代艺术教育确立价值导向，需要转化并落实为中华美育精神。推动中华传统文化与中华美学精神共同滋养公共艺术教育的具体路径包括：结合中华传统文化创建公共艺术教育课程；打造展现中华美学气韵的文化艺术产品；促进"国风"文化传媒产品实现现象级传播；注重传统艺术与现代科技在教育领域融合创新等。

关键词：公共艺术教育；中华传统文化；中华美学精神；中华美育精神

中华传统文化是中华民族之魂，是中华美学之根，是我国文化自信之源，是我国人民之精神故乡。2014年10月，习近平总书记在文艺工作座谈会上的讲话中强调："中华优秀传统文化是中华民族的精神命脉，是涵养社会主义核心价值观的重要源泉，也是我们在世界文化激荡中站稳脚跟的坚实根基。"[③]中华传统文化蕴含大量

[①] 本文系国家社会科学基金艺术学重大项目"艺术人才培养模式研究"（17ZD08）、江苏省文化和旅游科研课题"艺术类产品之社会美育价值与社会文化资本积累功能研究"（20YB24）阶段性成果。
[②] 徐望（1985.11— ），女，汉族，江苏南京人，南京大学博士研究生；江苏省文化艺术研究院文化政策研究所所长，副研究员；南京艺术学院紫金文创研究院特约研究员。研究方向为文化政策、艺术文化学。
[③] 习近平.在文艺工作座谈会上的讲话（2014年10月15日）[M].北京：人民出版社，2015：23.

的中华美学思想,显示出中华民族的尚美精神。中华传统文化与中华美学精神同源共生,共同滋养了公共艺术教育,为公共艺术教育提供理论根基、价值遵循、内容素材与风格形式。尤其是在文化全球化的当今世界,在公共艺术教育中融入中华传统文化和贯彻中华美学精神,对于传扬我国优秀传统文化、彰显中华美学气质、坚定文化自信、展示文化形象、扩大中华文化影响力、提升我国文化软实力等具有重大的现实意义。

一、中华传统文化是中华美学的根与源

(一)中华传统文化具有"美善合一"的属性

中华传统文化具有尚美向善属性,"美"与"善"两者从未分割,实质上要形式与内容高度统一,即形式上要符合美的要求,激发审美主体的美感享受;内容上要符合善的要求,合乎社会道德的指导规约,进而达到普施教化、建构美德的政治和社会功用。这种"美善合一"的价值导向在作为中华传统文化主流的儒家文化中反映得尤为明确。孔子评价韶乐"尽善尽美"(《论语·八佾》),即确立了艺术美的标准;孔子又提出"文质彬彬"(《论语·雍也》)的命题,即确立了人格美的标准,"文"与"质"的统一实际上就是"美"与"善"的合一;孔子评价《诗》谓,"诗三百,一言以蔽之,思无邪"(《论语·为政第二》),又说,"《关雎》,乐而不淫,哀而不伤"(《论语·八佾》);孔子还认为,"乐"应当符合"仁"的要求,而不是仅停留于演奏悦耳的钟鼓之声层面,方可实现礼乐教化之目的(《论语·阳货》:"礼云礼云,玉帛云乎哉!乐云乐云,钟鼓云乎哉!"),并说"人而不仁,如礼何?人而不仁,如乐何?"(《论语·八佾》)。可见,儒家文化不断在强调美的基调是善,善的表现是美。在儒家文化的长期浸润下,中华传统文化的"美善合一"特质越发显著。

"美善合一"作为中华传统文化的底色,为中华美学提供了价值依凭。在中华审美文化中,从自然美到艺术美,从人格美到社会美,皆可找到"美善合一"的价值根基,如:自然美上的"山水比德",艺术美上的"以美养善",人格美上的"文质兼胜,表里如一",社会美上的"里仁为美"等。总之,中华审美文化是中华传统文化的一个分支,必然具有"美善合一"的气质。中国人讲究以美修身、以美齐家、以美立国,讲究美与善的结合,讲究使美之形式转化为美之内容,涵养个体的美德和社会的美之风气。

（二）儒、道、释三脉文化的美学追寻

1. 儒家文化：强调中和，追寻人格美

中华传统文化中"和"的概念，由来已久，先于孔孟儒学。史伯（活动年代约在公元前806年至前771年）曾言："夫和实生物，同则不继。"（《国语·郑声》）之后，齐国晏婴也论述了"和而不同"的道理，得出"同之不可也如是"的结论（《左转·昭公二十年》）。这种划清"和"与"同"的界线，辩证地倡导了和谐中的差异，促成一种相反相成的中和之美的思想，并为孔子所继承发扬。孔子的哲学和美学思想的核心观点就是"和"，这种艺术美上的"和"除了和谐悦人的美感之外，还具有节制、适度、遵循秩序等礼方面的讲求。孔子提倡"中庸之道"，说："中庸之为德也，其至矣乎！"（《论语·雍也》）又说："过犹不及。"（《论语·先进》）《礼记·中庸》言"君子中庸，小人反中庸"，又借孔子之语说"隐恶而扬善，执其两端，用其中于民"，并在论述"中和"时贯彻了"中庸之道"，认为："喜怒哀乐之未发，谓之中；发而皆中节，谓之和。"提出："致中和，天地位焉，万物育焉。"《礼记·乐记》作为我国最早的一部较成体系的音乐艺术理论著作，着重指出了"礼辨异，乐和同"之音乐的中和协调功用，并且明确"乐和同"必须遵循"礼辨异"，即艺术美要适中适度、有节有序，以达成"礼乐相济"，促成"礼乐教化"，合乎孔子所提出的"兴于诗，立于礼，成于乐"（《论语·泰伯》）。儒家的这种"中和为美"的价值观和审美观，对于后世产生了深远的影响。

由于儒家哲学是一种人生论哲学，儒家美学思想处处体现出对人格美的追寻。诸如：孔子论"仁者乐山，智者乐水"（《论语·雍也》），是以自然美比附人格美，即"比德"；孟子基于人性本善的观点，强调道德修养对于发挥固有善性的作用，认为人格美——尤其是到达了"圣人"境界的人格美，能正面影响社会风尚，以至"化育天下"，他进一步提出"养气说""吾善养吾浩然之气"（《孟子·公孙丑》），彰显了对于人格美的涵养意义；荀子与孟子相反，主张性恶论，在审美问题上，着重关注对于人的审美，他在《荀子·非相》中指出人的美不在外而在内；并在《荀子·性恶》中提出"人之性恶，其善者伪也""无性则伪之无所加；无伪则性不能自美"，这种"化性起伪而成美"的观点强调了后天的人格修养作用，并且继承了孔子的传统，要求这种人格美合乎礼的规制，从属于政治。总而言之，对于人格美的追寻是儒家美学的根本追寻，这种个体性的美之修养最终要扩大至群体化的美之建构，实现社会美育和政治教化。

2. 道家文化：强调自然，追求自由美

"道法自然""天人合一"等理念显示了道家文化的自然与和谐性质，蕴含着人与自然生态和谐统一之哲学乃至美学思想，构建了一种自然本体论。可以说，道家哲学本质上是一种自然生态哲学，其美学也是一种自然生态美学。其尊重自然、敬畏自然、向往自然，探寻生存的纯粹原真状态；反思人类主体主义和人类中心论，进而在美学上反对艺术中心论，认为自然美高于人工美（艺术美），正是"天地有大美而不言"，因此发源于这种"原天地之美"，基于哲学上的"天和"原则，把"清水出芙蓉，天然去雕饰"般的"天饰"作为艺术美的标尺，追求"巧夺天工"的艺术效果；并且超越传统的主客二分对立的静观式美学，走向人与审美对象主客统一的参与式美学，主张以人与自然生态处于平衡、协调的审美状态为审美取向，视自然生态系统为人的生命本源、审美对象、美感源泉，从而建构人与自然的生命共同体，实现一种宇宙生命的存在意义。

以"天和"为原则，突出"天人合一"中的"天"（与儒家突出"人"相对）的道家文化，在人生美学上，注重心境的虚静澄明、忘我融物与生命的自然交融、自由逍遥，追求一种会通物我的游鱼之乐，体现一种旷逸出世的自由美。虽然这种自由是唯心的，具有消极和逃避的意义，但却能够开启一种在艺术美中自我寄托、自我珍摄的生存范式，千百年来为中国文人提供了精神归宿。而其原初和典型的代表便是庄子"游"的艺术人生范式。相比于孔子艺术与道德合一的"乐"的人生，庄子"游"的人生乃是纯艺术的人生。对于纯艺术的人生而言，道德亦是一种负累。因此，纯艺术的人生是超道德的。徐复观认为，庄子的基本人生取向乃是在危惧、压迫的束缚中，求得精神上的彻底自由解放，即实现"游"的人生。而"游"的人生，便是"体道"的人生，"道"即是一种自然而且自由的精神境界。这种自由并不是一种外在的自由，而是一种内在的自由，即精神主体的自由，"只能是求之于自己的心"[1]。如此看来，这种纯艺术的人生，并不是在具体的艺术创造或审美中获得的一种暂时的精神上的自由超脱与安顿旷逸，而是致力于借助艺术手段达成人格修养的功夫，在生命中呈现一颗虚静澄澈的本心，即一种去利害、出尘世的审美心胸，也就是"心斋"和"坐忘"，把对人生、社会和自然的美的观照安放在这颗本心之上，达到"物在灵府，不在耳目"。这种人生美学观从根本上折射了中国传统的"心性论"（儒、道、释皆然：儒家是入世的道德心性论；道家是出世的艺术心性论；释

---

[1] 徐复观. 中国艺术精神[M]. 上海：华东师范大学出版社，2008：79.

家是超世的空无心性论）的哲学和美学根源。

3. 释家文化：强调心悟，追求超脱美

释家文化即佛家文化，在中国尤以禅宗为代表。"悟"是其中的关键词，意指在空明心境下的身心体悟、豁然顿悟。在中国古典美学中，"妙悟"是核心概念之一。"妙悟"是一种不同于一般认识活动的特殊的审美认识活动，其并不是西方心理学所说的"直觉"，而是一种渗透了东方哲学和美学智慧，在超然的、空明的审美心胸下方能实现的独特的审美观照方式和审美感知体验，是一种"慧"的直觉式映射。"妙悟"这一概念，最早见于东晋僧人僧肇的著作中："然则玄道在于妙悟，妙悟在于即真，即真则有无齐观，齐观则彼己莫二，所以天地与我同根，万物与我一体"（《般若无知论》）；"晋公姚爽质直轻柔，玄心超诣，尊尚大法，妙悟自然"（《长阿含经序》）。其后，中国佛家哲学广泛使用此概念，禅宗更将其推崇为根本的认知方式。在艺术美学理论中，唐代已多论及此概念。李嗣真说："顾生思侔造化，得妙悟于神会"（《续画品录》）；张彦远说："凝神遐想，妙悟自然，物我两忘，离形去知（智）"（《历代名画记》）。其后，南宋严羽的"妙悟说"在中国美学史上富有贡献，他认为"大抵禅道惟在妙悟，诗道亦在妙悟"，提倡"一味妙悟""惟悟乃为当行，乃为本色"（《沧浪诗话·诗辩》），他所说的"妙悟"主要指区别于逻辑思维的审美感兴，与他的"兴趣说"相互结合，阐释了外物直接感发下产生审美情趣的心理过程，强调了感兴对于艺术创作力的作用。再往后，明代董其昌倡导"一超直入如来地"式的妙悟方式；清代石涛提出"此道唯论见地，不论功行"（《画语录·一画章》）的观点，这里的"见地"同样是对"妙悟"学说的丰富。总之，释家的"悟"，心是悟的灵感和力量本源，悟具有一种玄妙意味。

释家的心悟，讲的是一种从世界的彼岸回归世界之中，用心灵真切地体悟，从观物转化为"心外无物"的心物一体、物我互照；然后又超出世界去，将心灵悬于物质对象的上方，归于"无念"，进入物我两忘、物我皆空的境界，在"万古长空，一朝风月"的空无之境中实现刹那即永恒的映照、镜照、空照。这种心悟，是一种超悟，经历了回归世界又超离世界，实现了心性的极大伸展，使得心境虚无空灵、心胸澄净空明，从而能够透彻地感悟万物万象，生出超越物理真实，直达心灵真实的美感体验，并达臻自在、自足、自圆的人生美学之境。

二、中华美学精神是艺术教育的灵魂

（一）中华美学精神的内涵

2014年10月，习近平总书记在文艺工作座谈会上的讲话中提出："我们要结合新的时代条件传承和弘扬中华优秀传统文化，传承和弘扬中华美学精神。中华美学讲求托物言志、寓理于情，讲求言简意赅、凝练节制，讲求形神兼备、意境深远，强调知、情、意、行相统一。我们要坚守中华文化立场、传承中华文化基因，展现中华审美风范。"①"中华美学精神"是近年来中国美学和艺术学界研究热点之一，围绕这一话题产生了大量论文：仲呈祥（2014）认为：美学的思想与研究方法中西有别，西方的美学理论体系是建立在主客二分的认识论基础上的，讲求推理演绎、哲学思辨，并常常采用实证研究的方法；中华传统美学思想具有鲜明的民族性，其价值观基础是"天人合一"的和谐宇宙观，其情怀兼具出世隐逸与入世修行，追求美的意象，具有诗性品格。②张晶（2015）从四个方面描述中华美学精神的基本特质：其一，哲学渊源为"天人合一"的道家思想，中国人的审美习性是在对万事万物的审美感兴中抒扬宇宙生命感；其二，中华传统美学始终把真善美的高度统一作为最高追求；其三，中国人在动静、虚实、情理之中追寻动态和谐，视此为美；其四，中华传统美学精神对于艺术创造和艺术审美的影响主要在于"意象说""意境说"，要求艺术超越对现实的模仿。③张晶（2016）分析了习近平总书记《在文艺工作座谈会上的讲话》中提及的"中华美学精神"，把"三个讲求"（"讲求托物言志、寓理于情，讲求言简意赅、凝练节制，讲求形神兼备、意境深远，强调知、情、意、行相统一"）作为中华美学精神的精髓，分别对应"审美运思的独特方式""审美表现的独特方式""作品审美存在的独特方式"进行了深入探讨。④曾繁仁（2016）认为中国古代的"礼乐教化"相异于西方美育，"中和之美"是整个中华美学精神之主要特点。⑤刘成纪（2016）探讨了中华美学精神的文化宽度、深度和高度，指出："中华美学精神是中华民族（或国家）精神的组成部分，但由于美在传统中国的弥漫性，

---

① 习近平. 在文艺工作座谈会上的讲话（2014年10月15日）[M]. 北京：人民出版社，2015：31.
② 仲呈祥. 传承和弘扬中华美学精神[J]. 艺术百家，2014，30（6）：1-2，7.
③ 张晶. 试论中华美学精神的基本特质[J]. 江西师范大学学报（哲学社会科学版），2015，48（3）：3-10.
④ 张晶. 三个"讲求"：中华美学精神的精髓[J]. 文学评论，2016（3）：30-34.
⑤ 曾繁仁. 礼乐教化与中和之美——中华美学精神的继承与发扬[J]. 山东大学学报（哲学社会科学版），2016（4）：1-11.

这种民族精神本身就是用美学的方式来表达的"。① 彭立勋（2016）强调了中华美学精神的民族特色，指出，中华美学精神的根基是中国传统哲学、中国传统文艺。"天人合一""乐和同""中和之美"等审美观念建构了中国人审美心理结构。中国传统艺术追求营造"意境美"，归纳了诸如"以形传神、情景交融、虚实相生、寓理于情"的一系列创美规律。中国审美标准注重将形式美与道德伦理相结合，强调"美善统一""文质兼备"，形成了具有中华民族特色的审美道德体系。② 张利群（2017）提出中华美学精神的内涵构成要从"根、本、魂、学、用"五个方面进行系统化分析：根即中华美学传统；本即立足于社会现实提升人格品质与人生境界的审美精神；魂即中华民族的核心价值观，体现在美学上亦即中华美学的核心价值观；学包括支撑其存在的内在逻辑与形态构成的学理依据、理论支撑以及多学科、跨学科研究视域之下的学术共同体之学；用指其学以致用、知行合一、体用结合之用。③ 金雅（2018）指出："中华美学精神有着以人文意趣、美情意趣、诗性意趣等为内核的鲜明强烈的实践旨趣，追求真善美贯通，践行创美审美兼济，重视知情意行合一，倡扬对美育实践、艺术实践、生活实践的融入与建构。"④ 康尔（2019）指出，中华美学精神的主要构成为"天人合一的情义宇宙观，逍遥自在的个体生存观，表里兼顾的意象审美观，虚实结合的诗化艺术观，情志并重的中和创作观以及自成一体的鉴赏批评观"。⑤ 此外，诸多相关著作提出了一系列观点：叶朗的《中国美学史大纲》（1985）立基于中国文化之根，探析美学范畴、美学命题的产生、发展和转化的历史，从中国古典美学中提取出了"意象"这个关键词，建立了具有中国美学特色的"美在意象"论；朱良志的《中国美学十五讲》⑥指出中国美学是"生命超越的美学"，"中国美学的重心就是超越'感性'，而寻求生命的'感悟'。不是在'经验的'世界认识美，而是在'超验的'世界体会美，将世界从'感性''对象'中拯救出来，方为正途"。探讨了"游鱼之乐、不二法门、逝者如斯、骚人遗韵、气化宇宙、落花无言、灵的空间、四时之外、以小见大、大巧若拙、华严境界、饮之太和、妙悟玄门、形神之间、颐情养性"等15个中华美学命题；童强主编的《艺术理论基本

---

① 刘成纪.中华美学精神在中国文化中的位置[J].文学评论，2016（3）：13-18.
② 彭立勋.中华美学精神的民族特色[J].甘肃社会科学，2016（2）：1-4.
③ 张利群.论中华美学精神的内涵构成及现代意义[J].学习与探索，2017（11）：169-175.
④ 金雅.中华美学精神的实践旨趣及其当代意义[J].社会科学辑刊，2018（6）：59-64，213.
⑤ 康尔.何谓中华美学精神？[J].南京艺术学院学报（美术与设计），2019（6）：122-126.
⑥ 朱良志.中国美学十五讲[M].北京：北京大学出版社，2006.

文献（中国古代卷）》①涉及一系列中国古典艺术理论重要命题与概念，诸如"大象无形""大美不言""文质兼胜""君子比德""气韵生动""造化心源""意象""意境""境界"等，这些美学范畴与审美价值观念构成了中国传统美学、古典艺术的关键词，是"儒""道""释"三家哲学融贯而生，能够对中国传统美学与艺术的气质与品格进行注解。

通过文献梳理和思考，本文认为：中华美学精神源于中华传统文化精神，美是抽象的文化的具象表现。其具体内涵主要包括六个层面：第一，天人合一观下的自然和谐、生生不息之生态美学观；第二，气化宇宙观下的万象吞吐、气韵生动之审美意象观；第三，禅学妙悟观下的以妙统美、超验体悟的审美接受观；第四，会通物我观下的忘情融物、心物一体之审美感通观；第五，诗化生存观下的兴于造化、诗情涌动的艺术创造观；第六，自在逍遥观下的游心遐性、自我圆融的艺术人生观。

（二）中华美学精神为当代艺术教育确立价值导向

中华美学精神承载中华传统文化，广泛而深远地发挥着以美育人的作用，其作为当代中国艺术教育的价值导向，引领国人寻美（发现美）、审美（观照美）、立美（塑造美之人格）、创美（创造美之人生和美之世界）。

首先，要转变思维理念。近代以来的中国一度出现对本民族文化矫枉过正，以至于"文化泛西化"的倾向。尤其是20世纪以来，大量西方学术思想被引入中国，学界一度"唯西是瞻、以西释中"。尽管今天中国强调文化自信，但是西学盛行之风仍不减。在美学、艺术学研究领域，大量西方学术理论被翻译过来，西方话语体系颇为强势，而我们对于中华美学思想、中国艺术学资源的发掘、整理、阐释、创新都不够到位。加之西学的影响日甚，强行注入中华文化基因之中后，导致中国传统文化被解构，被曲解为"转基因"，严重制约了中华美学精神的传承和弘扬。中华美学是一座亟待开采的富矿，立足中华传统文化并结合新的时代特点传承和弘扬中华美学精神，能够坚定文化自信，能够推动文艺精品生产，能够为艺术教育提供有民族特色、有文脉传承的丰富素材。

其次，要注重情感感发。中华美学精神一贯注重融理于情、会通美善、寓教于乐等，注重诗化的抒情言志，注重在审美感兴中涵养人生情致。美育和艺术教育除了提供专业艺术技能培训之外，更重要的使命在于以美化育人生，以艺术丰富人生。尤其是公共艺术教育应更加注重把审美能力作为一种个体的文化资本，培养美感素养，

---
① 童强.艺术理论基本文献（中国古代卷）[M].北京：生活·读书·新知三联书店，2014.

并把艺术融入人生经验，为人生开辟艺术的天地，以此为个体建构真善美全面发展的生活与生命，为社会审美水平的提升和迈入审美化社会提供动力。这有助于扩大艺术世界，使之与生活本身融为一体；有助于更好地理解人类的经验，增强审美的认识生活和组织生活的能力；有助于塑造"完全之人"，通过艺术与审美的途径提升人的精神。

再次，要保持包容开放。当代世界处于文化全球化的进程之中，跨文化交流推动民族文化世界化、世界文化多样化，推动民族文化艺术转型发展，推动民族审美文化超越式发展。纵观西方艺术演变的历程，可以发现，其间不乏受到中华美学的影响，足见中华美学精神自古以来就有着强大的传播力和影响力，对于整个人类审美思维都起到启悟作用。今天，美育与艺术教育中的中华美学精神更不应该被"符号化""元素化""扁平化"，要秉持包容胸襟和开放姿态，"引进来"和"走出去"并重。中华文化历来海纳百川、博采众长，中华美学精神的美境高趣亦当汲取多元文化养分，这是实现中华之文化底蕴与世界之文化多样性兼容并蓄，实现中国当代艺术教育既有"中国气派"又有"世界格局"，实现中西方文化共同驱动中国当代艺术教育国际化的重要途径。

（三）中华美学精神要转化并落实为中华美育精神

在美育与艺术教育中，中华美学精神必然要转化和落实为中华美育精神。2018年8月30日，习近平总书记给中央美术学院8位老教授回信，提出："做好美育工作，要坚持立德树人，扎根时代生活，遵循美育特点，弘扬中华美育精神，让祖国青年一代身心都健康成长。"中华美学精神是中华美育精神的母体，中华美育精神是中华美学精神的落脚点；中华美学精神是中国传统审美文化的价值凝结，中华美育精神在中华美学精神传播传承的实践中具体体现，两者相辅相成。按照习近平总书记关于中华美学精神"三个讲求"的阐释，中华美育精神主要有三方面的内容：在哲学思维层面上要做到托物言志，寓理于情，人要通过美的创造抒发情志；美育的中心目标是人，是考察人的整体的外在形象和内在精神，外在要言简意赅、凝练节制，内在意境深远、形神兼备；要强调知、情、意、行相统一。习近平总书记在西方美学也同样强调的"知、情、意"之外特别加上了"行"，是吸纳了"知行合一"的中国传统哲学和美学思想，即强调美学和美育的实践品格，要"扎根时代生活"，把美育与时俱进地普及渗透到寻常百姓的日常生活中。

使中华美学精神融入当代中华美育的实践之中，落实并转化为中华美育精神，要注重从中华传统文化中来，到中国现当代文化中去；要注重中国与世界文化价值体系的互鉴共生、和谐共存；要注重发掘中国传统艺术的美学价值，并涵养中国社会对其的审美情感。美育要以艺术教育为抓手，复兴中华传统"诗教""乐教"中的优秀美学精神和教育方法；由"审美"进阶至"立美"，引导建立美之人格，凸显美育作为一种"成为人的教育"的核心价值；由"立美"进阶至"创美"，激发个体艺术创造潜力，助力创新型社会建设。对公共艺术教育始终要坚定以美育人立场，追求艺术之美，而非艺术之术；要坚守中华传统美学立场，追求美与善的统一，涵养艺术道德；要坚守中华传统文化的立场，坚定文化自信，展现中国气派。

在新时代，建设中国特色的美育体系，中华美学精神再启蒙具有时代的针对性。要回到中华美学精神的本位，实践中华美育，即回到"兴于诗、立于礼、成于乐"的感性与理性、内在与外在、个体与社会的统一，从审美出发，最终回到审美，回到人格的健全上，将美与艺术作为一种生存态度。当前，学校美育和艺术教育不能陷入"知识化陷阱"，不能单纯以课程、以教材等知识化手段践行学校美育，而要提倡多元美育，在多种艺术实践、审美体验中明确美育"成人"的目标，充分发挥美育提升学生精神境界的特殊作用。

三、推动中华传统文化与中华美学精神滋养公共艺术教育

（一）结合中华传统文化创建公共艺术教育课程

学校艺术教育具有系统性、专业性、集约性、正规性，是艺术教育的主流力量。学校主要通过开设各类艺术课程来进行艺术教育，如美术课、手工课、音乐课等。在文化全球化的当下，结合中华传统文化创建公共艺术教育课程对于传扬优秀传统文化、提升民族文化自信、涵养中华审美情趣等具有现实意义。具体的课程创建，可以从以下几方面入手：第一，将国学经典以艺术的方式加以呈现，施展教育。传承四书五经、经史子集等国学经典，需要改变以往的诵读、背诵、讲解等单一、枯燥、抽象的教育方式，注意与艺术相结合，如编创歌谣、制作动漫、排练手语舞等，将抽象的传统文化转化为活灵活现的艺术形象，既激发了学生学习国学经典的兴趣，又进行了艺术教育的实践。第二，将诗词歌赋等以流行音乐等方式加以编创，促进流传。近年来，央视的综艺节目《经典咏流传》正是这种推进中华传统文化艺术化、大众化的典型代表。这种中华传统文化与公共艺术教育融合创新的方式极佳，应当被广泛运用，不断推进。第三，将非物质文化遗产以艺术教育的方式进行传习，活态保护。非物质文化遗产作为中华传统文化的载体、民族文化记忆的宝库、古老艺术技艺的展示窗口，应当进入当代公共艺术教育课程当中。学校在开展非物质文

化遗产艺术教育课程时，还应注重向文化馆、博物馆、非遗馆等公共文化机构借力，合力打造课程体系，并合力创建一些品牌公共艺术教育和公共文化服务活动，既丰富学校公共艺术教育供给，又提升社会公共文化服务供给。

（二）打造展现中华美学气韵的文化艺术产品

与学校艺术教育专业专门以学生为教育对象不同，社会艺术教育的教育覆盖面更广，主要通过社会公众获取公共文化服务、消费文化艺术产品来实现。文化艺术产品对于全体社会公众都能够起到艺术教育的作用，要推动中华传统文化与中华美学精神滋养公共艺术教育，就要注重将中华美学气韵灌注到文艺产品之中，打造一批展现中华之美的文艺精品。近年来，我国已经涌现了一批这样的文艺产品：舞台艺术方面，诸如京剧《青衣》、昆曲《春江花月夜》、舞剧《杜甫》《永不消失的电波》《唐宫夜宴》等；影视艺术方面，诸如电影《捉妖记》《猫妖传》《掬水月在手》、电视剧《长安十二时辰》《清平乐》、动画片《大圣归来》《大鱼海棠》《哪吒之魔童降世》《白蛇：缘起》《姜子牙》《新神榜：哪吒重生》等；旅游演艺方面，诸如《千古情》系列、《印象》系列、《又见》系列、《长恨歌》等；美术设计方面就更加丰富，中华美学元素已经通过器物设计、服装设计、时尚设计、文创设计等渗透到日常生活的各个方面，小众化而越发流行的"汉服热"就是一个例证。具有中华特色，彰显中华之美的文艺产品首先实现了中华传统文化与中华美学精神对于文艺创作的滋养，进而滋养了社会艺术教育，这样的文艺产品多多益善。为此，要不断健全文艺创作扶持机制，加强文艺创作的导向性，强化相关保障机制，形成出人才、出精品、出效益的文艺生产格局。

（三）促进"国风"文化传媒产品实现现象级传播

在媒体大融合的现代传播格局下，移动互联网、自媒体、流媒体等高速发展，新兴媒体成为文化艺术传播的主要力量。民众接受文化艺术的习惯也发生着改变，微信、微博、短视频等成为民众享受文化娱乐的主要平台。在这样的传播环境中，促进"国风"文化传媒产品成为"网红"，实现现象级传播，有利于中华传统文化与中华美学精神的普及，有利于社会艺术教育，有利于民众开展健康、有质的文化娱乐活动；还有利于中华文化与中华美学扩大影响力，走向世界。当前，李子柒视频作品在国内外的现象级传播就是一例。其视频作品具有显著的中华传统文化特色和中华美学格调，以中国特有的写意手法展现了中国人的传统生活方式，将中国美食、中国工艺等富于诗意又自然而然地拍摄出来，表达了美善合一、自然和谐的中华美学追求。这样的视频作品不但养眼，而且养心，能够起到很好的社会美育效果。我国文化和宣传相关行政部门和公共服务部门可以通过牵头举办活动、比赛等方式，鼓励"国风"文化传媒产品的生产和传播；并可以整合调动相关人才资源、文化资源、社会资源、资金资源等，使相关企业和个人的创作更加完善；还可以提供咨询引导服务，帮助创作者、经营者发现和获得相关政策的支持。

（四）注重传统艺术与现代科技在教育领域融合创新

在工业 4.0 的智能化进程中，科技不断迭代，产生"蝴蝶效应"，推动了艺术从生产到传播、从内在内容到外在形式、从抽象理论到具体实践的全方位迭代。传统艺术搭上现代科技的快车，早已不是新鲜事，诸如 3D、全息影像技术，VR、AR、MR 等视觉技术，3D 打印技术，AI 交互技术等，都已广泛地应用于传统艺术的创意、展示、传播之中。然而，艺术教育领域对于当代高科技的应用还有很大的空间尚待发掘。比如，可以在课堂教学中引入 AI 技术进行辅助教学，提高教学效率；可以在艺术品展示教学中搭建场地，利用最新的视觉传达技术打造沉浸式教学展示场景；可以开发艺术教育 VR 游戏产品，创设虚拟的艺术时空等。对此，我国文化宣传以及科技等相关部门可以对文化科技类、文化教育类企业进行扶持引导，推动传统艺术与现代科技相互融合的教育类产品的研发生产和走向市场。

参考文献

［1］习近平.在文艺工作座谈会上的讲话（2014 年 10 月 15 日）［M］.北京：人民出版社，2015.

［2］徐复观.中国艺术精神［M］.上海：华东师范大学出版社，2008.

［3］仲呈祥.传承和弘扬中华美学精神［J］.艺术百家，2014，30（6）：1-2，7.

［4］张晶.试论中华美学精神的基本特质［J］.江西师范大学学报（哲学社会科学版），2015，48（3）：3-10.

［5］张晶.三个"讲求"：中华美学精神的精髓［J］.文学评论，2016（3）：30-34.

［6］曾繁仁.礼乐教化与中和之美——中华美学精神的继承与发扬［J］.山东大学学报（哲学社会科学版），2016（4）：1-11.

［7］刘成纪.中华美学精神在中国文化中的位置［J］.文学评论，2016（3）：13-18.

［8］彭立勋.中华美学精神的民族特色［J］.甘肃社会科学，2016（2）：1-4.

［9］张利群.论中华美学精神的内涵构成及现代意义［J］.学习与探索，2017（11）：169-175.

［10］金雅.中华美学精神的实践旨趣及其当代意义［J］.社会科学辑刊，2018（6）：59-64，213.

［11］康尔.何谓中华美学精神？［J］.南京艺术学院学报（美术与设计），2019（6）：122-126.

◆ 地方探索·传承创新

浅析"四大"国家文化公园由来与建设进展

王 军[①]

摘　要：近期，《中共中央关于制定国民经济和社会发展第十四个五年规划和二〇三五年远景目标的建议》指出：传承弘扬中华优秀传统文化，强化重要文化和自然遗产、非物质文化遗产系统性保护，加强各民族优秀传统手工艺保护和传承，建设长城、大运河、长征、黄河等国家文化公园。与此同时，建设方案所涉及的省（区、市），也无一例外地把国家文化公园建设项目纳入各自"十四五"规划。那么，什么是国家文化公园？它们分别建在哪儿？现在进度如何？本文通过分析国家公园和国家文化公园的区别、国家文化公园建设进度，深度解读国家文化公园相关热点话题。

关键词：国家公园；国家文化公园；建设进度；生态文明建设；文化传承发展

自2017年以来，中共中央办公厅、国务院办公厅先后印发《建立国家公园体制总体方案》《长城、大运河、长征国家文化公园建设方案》，此次国家"十四五"规划建议将黄河国家文化公园建设列入其中，形成了"四大"国家文化公园布局，大家在热议的同时，对国家公园、国家文化公园等概念颇难厘清；对它们怎么建，建在哪儿，也充满好奇；更是对首个国家文化公园何时面世翘首以盼。本文通过分析国家公园和国家文化公园的区别、国家文化公园建设进度，深度解读国家文化公园相关热点话题。

一、国家公园概念的由来

（一）国家公园的起源

关于"国家公园"的概念，最早源自美国。1872年，美国建立世界首个国家公

[①] 王军，三川汇文旅体研究院副院长、研究员，微信公众号"文化产业评论"副主编。在国家级期刊发表文化与旅游产业、文物（非物质文化遗产）保护等论文20余篇，曾参与编著编写多部文化产业专著。

园——"黄石国家公园"。之后,这个概念和模式被全世界许多国家所借鉴,尽管各自的确切含义不尽相同,但基本意思都是指自然保护区的一种形式。据相关资料显示,截至2019年底,美国共建立了62个国家公园,将大约3.4万平方公里的公有土地纳入保护范围。因其具有极高品质的自然景观、出神入化的地貌特征,深受各国旅行者的青睐。

(二)国家公园的体制建立

我国建立国家公园体制起步较晚。2013年11月,党的十八届三中全会决定首次提出建立国家公园体制,于2015年正式写入"十三五"规划和《国家"十三五"时期文化发展改革规划纲要》。2015年5月8日,国务院批转《发展改革委关于2015年深化经济体制改革重点工作意见》提出:"在9个省份开展国家公园体制试点。"紧接着,发改委同中央编办、财政部、国土部、环保部、住建部、水利部、农业部、林业局、旅游局、文物局、海洋局、法制办等13个部门联合印发了《建立国家公园体制试点方案》(以下简称《试点方案》)。根据《试点方案》,国家拟在北京、吉林、黑龙江、浙江、福建、湖北、湖南、云南、青海开展建立国家公园体制试点。每个试点省份选取1个区域开展试点。试点时间为3年,2017年底结束。其目标是,加强对重要生态系统的保护和利用,改革各部门分头设置自然保护区、风景名胜区、文化自然遗产、森林公园、地质公园等的体制,形成统一、规范、高效的管理体制和保护管理模式。

(三)国家公园的试点

自2015年启动试点以来,目前,我国陆续在10个试点区开展国家公园体制试点:青海三江源国家公园、四川(陕西、甘肃)大熊猫国家公园、吉林东北虎豹国家公园、湖北神农架国家公园、浙江钱江源国家公园、湖南南山国家公园、青海(甘肃)祁连山国家公园、北京长城国家公园、云南普达措国家公园、福建武夷山国家公园。2021年10月,第一批国家公园名单公布,首批5大国家公园总面积达23万平方公里,约占我国陆域国土面积的2.3%。

(四)国家公园的保护发展

为加快构建国家公园体制,在总结试点经验基础上,借鉴国际有益做法,立足我国国情,2017年9月26日,中共中央办公厅、国务院办公厅印发了《建立国家公园体制总体方案》(以下简称《总体方案》),并正式对我国国家公园概念进了明确。中国国家公园是指由国家批准设立并主导管理,边界清晰,以保护具有国家代表性的大面积自然生态系统为主要目的,实现自然资源科学保护和合理利用的特定陆地或海洋区域。其首要功能是重要自然生态系统的原真性、完整性保护，同时兼具科研、教育、游憩等综合功能。与此同时，《总体方案》提出：到2020年，建立国家公园体制试点基本完成，整合设立一批国家公园，分级统一的管理体制基本建立，国家公园总体布局初步形成。到2030年，国家公园体制更加健全，分级统一的管理体制更加完善，保护管理效能明显提高。

二、国家公园与国家文化公园的区别

（一）国家文化公园由来

2018年2月，为深入贯彻习近平总书记关于传承中华优秀文化等重要指示，落实国家"十三五"期间关于建设国家文化公园的规划要求，中央文改工作领导小组把"开展国家文化公园建设试点"列为年度工作要点，分别在河北、江苏、贵州三省开展长城国家文化公园、大运河国家文化公园、长征国家文化公园建设试点。2019年7月24日，习近平总书记主持的中央全面深化改革委员会第九次会议，审议通过《长城、长征、大运河国家文化公园建设方案》（以下简称《建设方案》）。会议指出：建设长城、大运河、长征国家文化公园，对坚定文化自信，彰显中华优秀传统文化的持久影响力、革命文化的强大感召力具有重要意义。2019年12月，中办国办印发《建设方案》，明确要坚持保护优先、强化传承，文化引领、彰显特色，总体设计、统筹规划，积极稳妥、改革创新，因地制宜、分类指导，重点建设管控保护、主题展示、文旅融合、传统利用四类主体功能区，扎实推进保护传承、研究发掘、环境配套、文旅融合、数字再现等五大工程。

（二）国家文化公园与国家公园的渊源

根据文化和旅游部相关负责人介绍，国家文化公园，就是整合具有突出意义、重要影响、重大主题的文物和文化资源，实施公园化管理运营，实现保护传承利用、文化教育、公共服务、旅游观光、休闲娱乐、科学研究功能，形成具有特定开放空间的公共文化载体，集中打造中华文化重要标志。综合前文（国家公园的由来）所述，2015年我国开展的10个国家公园体制试点，目的是保护自然生态和动植物多样性，并不具备太多文化上的意义。由此延伸，国家文化公园是由国家公园体制试点成果引申而来的，是国家公园新的发展形式，也是国家公园理论研究和分类探索的延续。两者既相互联系，又相互区别。

（三）国家文化公园与国家公园保护定位和保护范围区别

从保护定位上看，国家公园是我国自然保护地最重要类型之一，属于全国主体功能区规划中的禁止开发区域，纳入全国生态保护红线区域管控范围，实行最严格的保护。首要功能是重要自然生态系统的原真性、完整性保护，是相对封闭的系统保护。而国家文化公园，除了具有国家公园最重要的生态保护、科学研究、旅游功能外，国家文化公园还包括遗产保护、文化传承利用、科普教育、休闲娱乐等共享功能，它更加讲求还生态、还文化、还园于民的理念。其特征是突出创新性、公益性、开放性和国际性。从保护范围看，长城、大运河、长征国家文化公园均为超大型长距离重大题材文化线路，跨越时代悠久，沿革演变复杂，地域空间广袤，范围包括除上海、海南、西藏及港澳台之外中国的28个省市自治区，上百万平方公里的国土面积，有的范围还存在多个省市重叠交叉。长城国家文化公园，包括战国、秦、汉长城，北魏、北齐、隋、唐、五代、宋、西夏、辽具备长城特征的防御体系，金界壕，明长城。涉及北京、天津、河北、山西、内蒙古、辽宁、吉林、黑龙江、山东、河南、陕西、甘肃、青海、宁夏、新疆15个省（区、市）。大运河国家文化公园，包括京杭大运河、隋唐大运河、浙东运河3个部分，通惠河、北运河、南运河、会通河、中（运）河、淮扬运河、江南运河、浙东运河、永济渠（卫河）、通济渠（汴河）10个河段。涉及北京、天津、河北、江苏、浙江、安徽、山东、河南8个省（市）。长征国家文化公园，以中国工农红军一方面军（中央红军）长征线路为主，兼顾红二、红四方面军和红二十五军长征线路。涉及福建、江西、河南、湖北、湖南、广东、广西、重庆、四川、贵州、云南、陕西、甘肃、青海、宁夏15个省（区、市）。黄河国家文化公园，以青海省玛多县多石峡以上地区为河源区，由东向西包括上、中、下游和11个河段。主要涉及青海、四川、甘肃、宁夏、内蒙古、陕西、山西、河南及山东9个省（自治区），其中，陕西，是国内邻接省区数量最多的省份。

三、四大国家文化公园建设进展

2019年12月，中共中央办公厅、国务院办公厅印发《长城、大运河、长征国家文化公园建设方案》（以下简称《建设方案》）并在建设目标中提出，三大国家文化公园建设，计划用4年左右时间，到2023年底基本完成，其中长城河北段、大运河江苏段、长征贵州段作为重点建设区于2021年底前完成。截至2021年底，各地进展情况如何？通过梳理发现，自国家文化公园建设启动以来，从国家到地方均高度重视，包括黄河国家文化公园所涉及的各省（区、市）正按《建设方案》稳步推进，其中，河北、江苏、贵州等重点建设区进展较快，已经完成重点项目规划设计，部分项目建设取得了实质性突破。

（一）长城国家文化公园建设如火如荼

2020年12月11日，长城国家文化公园建设推进会在河北省秦皇岛市召开。文化和旅游部部长胡和平在会上指出，要深刻把握长城作为中华民族象征的重要地位，充分认识长城文化在弘扬民族精神方面的重要价值和作用，把长城国家文化公园建设成为传承中华文明的历史文化走廊、中华民族共同精神家园、代表国家水准和展示国家形象的靓丽名片、提升人民生活品质的文化和旅游体验空间。会议报道透露，2020年10月以来，文旅部会同河北省编制《长城国家文化公园（河北段）建设保护规划》，初步形成45个项目、预计总投资额287.4亿元的省级项目库。2020年底，长城河北段已落实资金52.11亿元，已开工项目25个，太子城遗址保护利用、可阅读长城数字云平台一期等项目已基本竣工，金山岭文旅融合示范区提升等标志性项目建设任务过半，中国长城文化博物馆配套工程已启动建设。另据张家口市文广旅游局介绍，长城国家文化公园张家口段，按照规划重点实施25个项目建设。主要包括崇礼"长城脚下冬奥会"精品长城国家文化公园11个规划项目（其中，保护传承项目3项、环境配套工程1项、文旅融合项目7项）、大境门"万里长城交汇万里茶道"长城国家文化公园14个规划项目（其中，保护传承项目2项、环境配套工程2项、文旅融合项目10项）。此外，山东省2020年省财政筹集260万元，对符合条件的5个长城山东段项目予以贷款贴息扶持；依托齐长城世界遗产廊道和沿线文旅资源，打造"齐长城文化旅游带"。同时，争取国家专项保护经费1745万元，以不改变文物原状和最小干预为原则，对齐长城博山风门道关、两平段和淄川城子段等进行修缮。

2021年8月，国家文化公园建设工作领导小组印发《长城国家文化公园建设保护规划》，明确下一步将围绕"1带、18段、26区、多点"的总体空间格局，聚焦关键领域推动五大工程。一是保护传承工程：有序推进长城文物考古工作，加强长城文物资源保护，实施长城重大修缮保护项目，严防不恰当开发和过度商业化，提高长城文化传承活力。二是研究发掘工程：深化对长城文化价值、遗产价值、景观价值的整理和挖掘，加大国家社科基金等支持力度，深入研究阐发长城精神价值，鼓励创作推出一批长城主题的优秀文艺作品。三是环境配套工程：合理控制长城周边开发建设强度，完善提升各类设施和服务体系，健全长城国家文化公园服务标准体系。四是文旅融合工程：规划建设文旅深度融合发展示范区，培育一批特色文化和旅游企业，打造长城塞上生态文化和旅游产品，推出长城游览联程联运经典线路等。五是数字再现工程：逐步实现主题展示区无线网络和第五代移动通信网络全覆盖，搭建官方网站和数字云平台，打造永不落幕的网上空间。

（二）大运河国家文化公园建设加快提速

2020年以来，随着《大运河文化遗产保护传承专项规划》《大运河河道水系治理管护专项规划》《大运河生态环境保护修复专项规划》《大运河文化和旅游融合发展专项规划》相继印发，沿线8省（市）也分别编制了大运河文化保护传承利用分省实施规划。江苏省成立由省主要领导任组长、沿线11个城市和相关职能部门共同参与的大运河文化带建设工作领导小组，审议《大运河国家文化公园（江苏段）建设规划》，成立大运河文化带建设研究院，设立初期规模200亿元的大运河文旅基金，加快推进大运河国家文化公园江苏段重点项目建设。其中，位于扬州运河三湾生态文化公园的"扬州中国大运河博物馆"，于2021年6月16日正式建成投用。浙江省湖州市，围绕塑造江南文化遗存保护区、运河生态保护示范区、全域文旅融合先行区、绿色开放发展带动区，编制《湖州市大运河国家文化公园建设重大项目推进计划》，初排南浔大象酒店、德清新市三个半岛古镇保护开发项目（运河·新天地）、莫干山国际旅游度假区等25个重大项目，总投资225亿元，年度计划完成投资48.2亿元。2020年3月，大运河河南省洛阳段"隋唐大运河国家文化公园项目"建设正式开工。该项目总占地面积750亩，由老城区和瀍河区两部分组成。老城区总投资15亿元，项目占地面积256.7亩，主要建设隋唐大运河桥坊公园、隋唐大运河博物馆、驳岸和码头、亲水广场、景观微地形、绿化等。其中，隋唐大运河文化博物馆项目总投资5.5亿元，总占地面积47.7亩，总建筑面积3.3万平方米。此外，北京、天津、河北、安徽、山东等省（市）结合实施规划和任务，也在加快推动大运河国家文化公园相关项目建设。

根据国家文化公园建设工作领导小组办印发的《大运河国家文化公园建设保护规划》（以下简称《规划》）要求，下一步将重点推动六项重点任务：一是优化总体功能布局。按照"河为线，城为珠，珠串线，线带面"的思路，围绕大运河沿线8省（市），优化大运河国家文化公园总体功能布局。二是阐释文化价值内涵。大力弘扬大运河所蕴藏的民族团结、追求统一、勤劳勇敢、自强不息、开放包容、兼收并蓄、人与自然和谐共生等时代精神。三是加大管控保护力度。围绕管控保护要求、全面强化保护措施、显著提高保护水平等方面，明确重点管控保护对象。四是加强主题展示功能。从构建多维展示格局、健全综合展示体系、丰富展示体验方式等方面，打造34个核心展示园、19个集中展示带及特色展示点。五是促进文旅融合带动。从加强优质产品开发、提升文旅发展质量、深化相关产业融合等方面入手，明确建设文旅融合区的具体举措。六是提升传统利用水平。从保存传统文化生态、推动发展绿色产业、规范生产经营活动等方面，构建推动传统利用区发展的策略路径。

（三）长征国家文化公园建设同步发力

为全力确保在2021年7月前完成长征国家文化公园贵州重点建设区重点任务、重大工程、重要项目建设，2019年12月，省委、省政府提出打造"一核一线两翼多点"的长征国家文化公园贵州重点建设区目标，其中"一核一线"主要在遵义。由此可见，建设长征国家文化公园，贵州是重点，而遵义又是贵州的重中之重。据悉，"一核"即遵义会议会址，包括以遵义会议会址为核心的周边长征文化遗址遗迹、纪念设施、陈列展示场馆、文化街区等。"一线"即中央红军在遵义期间从强渡乌江、召开遵义会议、转战四渡赤水、突破乌江一线的红军遗址遗迹、会议会址、纪念设施、长征故事和人文资源等的长征文化线路。"多点"即与红军长征在遵义经典线路相关联的重要节点。按照贵州长征国家文化公园重点建设区意见，拟在遵义实施十项代表性工程：长征文物保护传承工程；"中国工农红军长征纪念馆"线性展馆建设工程；"遵义干部学院"研培体验工程；遵义会议核心园——遵义战役纪念园；四渡赤水集中展示带建设项目；长征步道及红军村建设工程；《伟大转折》演艺综合体项目；"长征红云"数字云平台建设工程；长征国家文化公园子规划项目实施工程；建立一套长征国家文化公园管理机制体制。截至2020年7月，遵义市已向上申报六大代表性工程，概算总投资148.29亿元，部分重点项目已启动建设。其中，遵义战役纪念园一期工程已开工建设；中国工农红军长征纪念馆建设项目已完成馆舍设计方案；《伟大转折》演艺综合体项目已完成"创意策划方案"。与此同时，江西、湖南、云南、四川、甘肃等与红军长征路线关联地，按照国家长征文化国家公园项目实施规划同步发力。如，江西赣州于都打造长征集结出发地文化公园，四川甘孜县红军长征文化遗址遗迹文化公园，甘肃省景泰县西路军大拉牌战斗遗址公园等项目正在加快推进。

按照国家文化公园建设工作领导小组办印发的《长征国家文化公园建设保护规划》（以下简称《规划》）要求，下一步，长征沿线15个省（区、市）将聚焦保护传承、研究发掘、环境配套、文旅融合、数字再现、教育培训等六大关键建设领域加快推动重点项目建设。在建设范围方面,长征国家文化公园主体建设范围原则上包括1934年10月至1936年10月,红一方面军(中央红军)、红二方面军(红二、红六军团)、红四方面军和红二十五军长征途经的地区,涉及福建、江西、河南、湖北、湖南、广东、广西、重庆、四川、贵州、云南、陕西、甘肃、青海、宁夏15个省(区、市),共计72个市(州)381个县(市、区)。在空间布局方面,根据红军长征历程和行军线路,以红一方面军(中央红军)长征路线为轴,以红二十五军、红四方面军、红二方面军(红二、红六军团)长征路线和三军会师路线为四线,构建了"一轴四线十四篇章"的整体空间框架和叙事体系。文旅融合方面,重点创建一批长征主题旅游景区、军事旅游示范基地和体育公园等,打造全程贯通的红色旅游精品线路,推出一系列契合长征主题特色的复合型文化旅游产品,开发长征研学旅游、长征乡村旅游、长征体育旅游、长征自驾和徒步探险游等。

(四)黄河国家文化公园建设后来居上

与三大国家文化公园建设进度相比较,虽然黄河国家文化公园建设未被纳入2019年《建设方案》,但在国家相关部委和主要涉及地区的共同推动下,建设进展同样取得丰硕成果。陕西作为横跨黄河和长江两大流域中部的重要枢纽,早在2017年《建立国家公园体制总体方案》出台前,就将建设秦岭国家公园、黄河国家公园、黄帝陵国家文化公园三大国家公园列入了文旅重点规划,其中包括汉长安城遗址文化旅游景区、宝鸡岐山周文化景区、乾陵唐文化景区、黄河壶口文化景区、郑国渠国家水利风景区、中国石峁石城遗址公园等64个文旅融合重点项目。河南境内黄河流域面积为3.62万平方公里,占全省面积的21.6%,涉及三门峡、济源、焦作、洛阳、郑州、新乡、开封和濮阳8个省辖市27个县(市)。近年来,河南省积极争创黄河国家文化公园重点建设区,以规划建设黄河黄金文化旅游带为抓手,分别在郑州、洛阳、开封建设三大文化旅游片区。在项目谋划方面,未来5年将规划建设包括黄河国家文化公园建设等领域的1041个项目,总投资4.7万亿元。地处黄河流入渤海的交汇处的山东省,围绕黄河"一廊四区多点"空间布局,培育主题鲜明、布局合理的儒学研学之旅、黄河记忆乡愁之旅等7条黄河精品旅游线路,打造"黄河入鲁""黄河古风""黄河入城""黄河入海"等黄河旅游品牌,推动"天下第一泉"景区、黄河口生态旅游区等5A级旅游景区建设,为黄河文化旅游带建设奠定了坚实基础。2020年,政府共贴息支持沿黄地区15个重点文旅项目2962万元,完成投资近110亿元。

2021年11月8日,国务院办公厅印发《"十四五"文物保护和科技创新规划》（以下简称《规划》）。《规划》在重点任务专栏中提出，"十四五"期间，将实施黄河文化遗产系统保护工程，建设黄河文化遗产廊道，重点推进黄河国家文化公园青海、甘肃、内蒙古、河南、山东段建设。在此前后，甘肃省兰州市也在黄河滨岸建造一条拥有 21 个公园、1.5 万亩绿地、健身步道星罗棋布的黄河风情线；陕西省则通过实施沿黄河防护林提质增效和高质量发展工程，建立了一条以沿黄旅游公路为引线的森林生态廊道。截至 2021 年底，河南省已完成沿黄生态廊道建设 120 千米，绿化 10.7 万亩，建设省级湿地公园 15 个，建成兰考堌阳镇等森林特色小镇 78 个，灵宝东寨村等森林乡村示范村 488 个，黄河河段生态廊道预计于 2022 年底全线贯通。

结　　语

国家文化公园未来可期，从巍峨的万里长城到伟大的万里长征，从壮美如诗的大运河到奔腾不息的母亲河，皆是中华文明的精髓所在。以国家之力，推动长城、大运河、长征、黄河四大国家公园建设，是一项重大战略性文化工程。正如文化和旅游部部长胡和平所阐述的那样：国家文化公园作为彰显文化自信的重要载体，是传承中华文明的历史文化走廊、中华民族的共同精神家园、代表国家水准和展示国家形象的靓丽名片、提升人民生活品质的文化和旅游体验空间。

党的十九届五中全会和国家"十四五"规划建议再次指出，加快建设长城、大运河、长征、黄河等国家文化公园。与此同时，《长城、大运河、长征国家文化公园建设方案》所涉及的省（区、市），也无一例外地把建设长城、大运河、长征等国家文化公园纳入各自"十四五"规划，并结合完成时限提出了目标任务。更可期的是，长城河北段、大运河江苏段、长征贵州段等重点项目有望于 2022 年与大众见面。

从 2015 年国家公园体制试点到 2019 年实施国家文化公园建设，从三大《国家文化公园建设保护规划》出台到黄河文化公园规划编制的加快推进，标志着我国生态文明建设和文化传承发展正迈向新的历史阶段，也标志着国家文化公园的中国探索取得了成功实践。随着国家文化公园项目在各地规划建设，未来必将有更多具有中国文化底蕴的世界级国家文化公园精彩亮相。

参考资料

［1］中共中央办公厅，国务院办公厅.建立国家公园体制总体方案［R］.新华社，2017-09-26.

［2］中共中央办公厅，国务院办公厅.长城、大运河、长征国家文化公园建设方案［R］.新华社，2019-12-05.

［3］中央有关部门负责人."长城、大运河、长征国家文化公园建设方案"答记者问［R］.新华社，2019-12-05.

［4］王健，王明德，孙煜.大运河国家文化公园建设的理论与实践［J］.江南大学学报，2019（5）.

［5］李冰，石智卫.洛阳将建隋唐大运河国家文化公园！［N］.洛报融媒，2020-03-02.

［6］李培松.遵义市推进长征国家文化公园贵州重点建设区遵义片区建设［N］.遵义日报，2020-06-29.

［7］杭州市发展改革委.高质量打造大运河国家文化公园的"杭州样板"［N］.杭州日报，2020-09-13.

［8］文化和旅游部.扎实推进长城国家文化公园建设［J］.文旅之声，2020，12（1）.

［9］山东省政府新闻办.黄河、大运河、齐长城，国家文化公园山东这样建［N］.大众日报，2020-12-08.

［10］江宿珲."十四五"规划再发力，"四大"国家文化公园能否如期面世？［J］.文化产业评论，2020-12-19.

［11］张妍文.一篇文章告诉你，什么是长征国家文化公园？［N］.人民日报，2021-01-07.

［12］国家文化公园建设工作领导小组办公室."三大国家公园保护规划"答记者问［R］.新华社，2021-10-27.

［13］国务院办公厅关于印发"十四五"文物保护和科技创新规划的通知（国办发〔2021〕43号）［R］.中国政府网，2021-11-09.

［14］央媒看河南.黄河河南段生态廊道预计年底全线贯通 为珍稀动植物提供生物通道［EB］.央视新闻客户端，2022-05-22.

论我国传统节俗与日常生活实践的共生互动
——以上巳、端午、七夕节为例

张 云[①]

摘 要：在我国历史发展进程中，岁时节俗基本会经历形成、传承、变迁三个阶段，同时与民众日常生活实践密切相关。民众对自然时间的划分形成节气时令，节气时令划定的过程伴随着岁时民俗的形成，周期性、集体性的岁时民俗活动又逐渐形成节日传统。传统节日的形成与相应的民间信仰、民间传说互动共生，民间信仰是传统节日文化传承的核心，民间传说又是传统节日文化传承的重要方式。不同时代，节俗呈现出符合时代文化的内涵特征，而这些内涵是节俗实践者根据现实生活需要赋予的，对保持地域文化平衡及维系民族共同体意识具有积极作用。

关键词：传统节日；生活实践；民间信仰；民间传说；社会变迁

传统节日是我国民俗文化的重要组成部分，起源甚早，流传甚广。以1949年为界，我们可以暂将节日类型粗略地分为传统节日与现代节日。传统节日在1949年以前形成，而且已经流传了相当长的时间，形成了相对固定的节俗文化内涵，也成为民众日常生活的重要内容。现代节日是1949年以后形成与发展的节日，有的已初具规模，正在成为当下民众日常生活中的新内容。而传统节日的形成与发展主要伴随着传统农业生产、人类繁衍的发展而发展，丰富多彩、形式各样的传统节俗承载着我国民众日积月累的生活经验，不仅体现了民众对生活知识的认识与掌握，也反映了不同历史阶段社会的发展程度。

对传统节俗之研究，我们既要回望过去，也要朝向当下。一些传统节俗在古代已经形成，同样流传于现代，呈现出当代适应性。不论是过去还是现在，节日的内

[①] 张云（1990— ），男，云南大学文学院博士研究生，主要研究方向为古代文学与民俗文化。

涵必定与民众的日常生活实践相关，而且每一种节日都有其存在的生活意义与价值指向。本文拟从几个典型传统节日的起源、传承与变迁三个方面讨论传统节俗与民众生活实践的共生互动关系。

一、从节气时令到节日传统

岁时民俗与节日之概念在一定情况下可以相通，学界常称之为"岁时节日民俗"。如陶立璠先生使用了"岁时民俗"这一概念，认为岁时民俗"一般是指一年之中随着季节、时序的变化，在人们生活中所形成的不同的民俗事象和传承"[①]。这一概念强调民俗事象的传承特点。又如李惠芳、何红一指出："岁时节日，主要是指与天时、物候的周期性转换相适应，在人们的社会生活中约定俗成的、具有某种风俗活动内容的特定时日。"[②]这一概念关注岁时节日的周期性及相应的风俗活动。乌丙安先生认为，岁时节日"是由年月日与气候变化相结合排定的节气时令"[③]，意在强调岁时节日与节气时令的联系。有关"节日"的概念甚多，但学界基本认同"岁时节日"的提法。从众多"节日"概念来看，传统节日与节气时令密切相关，其中包含着具有传承价值的民俗事象。在某种程度上，我们可以认为传统节日源于节气时令的划分。也就是说，先有节气时令，再有岁时民俗，再形成节日传统。当然，传统节日的形成是一个复杂的过程，我们只是尽可能地讨论其中的一条线。

（一）从节气时令到岁时民俗

节气时令的划分源于初民对自然时间规律的认识与掌握。从上古神话来看，初民对自然时间的区分相对较为简单，最初天地混沌，逐渐演变为朝夕二分，再形成四季、十二月、二十四节气、七十二候等更为具体的时间划分。《老子》第二十五章载："有物混成，先天地生……周行而不殆，可以为天下母。吾不知其名，字之曰道。"[④]"道"的基本特点是"混成"，呈现出混沌之象，但它"周行而不殆"，即持续运行而不停止。显然，这种状态显示的是时间的连续性，因而"混成"反映的或许是初民对时间的模糊概念。盘古开天辟地之前，"天地混沌如鸡子"[⑤]，也是初民

---

① 陶立璠.民俗学概论[M].北京：中央民族学院出版社，1987：179.
② 钟敬文.民俗学概论[M].上海：上海文艺出版社，1998：13.
③ 乌丙安.中国民俗学[M].沈阳：辽宁大学出版社，1999：322.
④ 朱谦之.老子校释[M].北京：中华书局，2000：100-101.
⑤ 欧阳询.艺文类聚[M].汪绍楹，校.上海：上海古籍出版社，1982：2.

对时间的模糊认识，经过盘古开辟，天地分离。事实上，天地分离不仅暗示着地理变化，同样也暗示着时间变化。《庄子·应帝王》载有倏忽为中央之帝"浑沌"凿七窍的神话故事，也暗示了初民对时间的划分。古籍文献中又载有重黎"绝地天通"的神话故事，刘宗迪就认为那是一次上古天文历法改革[①]。同样，盘古开天辟地、倏忽凿七窍也可以被看作是历法改革。也就是说，最初宇宙混沌的状态或是初民模糊的时间观念在经历一次次历法改革之后逐步层次分明。

中国古代历法形态多种多样，传统节日与物候历、天文历等相关。所谓物候历，是指通过观察一年中动植物生长、发育、活动的基本规律而制定的记时方法。天文历则是通过观察、测定日月交替、星辰变化等而制定的记时方式。一般认为，物候历早于天文历。《大戴礼记·夏小正》是我国现存较早的历法文献，记载了从正月到十二月的物候与天文现象，以物候现象为主，天文现象为辅。《诗·豳风·七月》描写的内容同样也以物候现象为主，天文现象为辅。另外，有学者根据甲骨材料指出，殷商时期只有春秋二季，而无冬夏，殷历以十月为岁首，对应夏历二月，以此类推[②]。十二个月的划分似乎早于四季划分。关于十二月，《山海经·大荒西经》云："帝俊妻常羲，生月十有二。"袁珂先生注引《吕氏春秋·勿躬篇》云："尚仪作占月。"[③]显然"占月"有推定历法的含义，那么常羲"生月十有二"或许是在言说常羲划定了十二个月。从现有的早期文献来看，物候历与天文历已结合使用，其来源之久可想而知。

无论是物候历还是天文历，明确的时间划分为民众生产、生活指明了方向，随之也形成相对稳定的岁时民俗活动。如《夏小正》"正月"条载"獭献鱼"，其《传》曰："獭祭鱼……祭也者，得多也。善其祭而后食之。"又载"采芸"，其《传》曰："为庙采也。"[④]显然都与祭祀活动相关，以祈求物产"得多"。又如"二月"条载"往耕黍，禅"，其《传》曰："夏有煮祭，祭者用羔。是时也不足喜乐，善羔之为生也而记之，与羔羊腹时也。"[⑤]羔羊生产同样是农事增产之大事，民众遂以"煮祭"祭祀。《夏小正》中的十二个月并非都载有祭祀活动，但所载的月份与农业生产直接相关。《诗·豳风·七月》同样记载了一年中重要的民俗活动，如采桑织布、饮酒增

---

① 刘宗迪. 重黎"绝地天通"与上古历法改革［J］. 长江大学学报（社科版），2016（7）：1-9，101.
② 常玉芝. 殷商历法研究［M］. 长春：吉林文史出版社，1998：366-369.
③ 袁珂. 山海经校注［M］. 上海：上海古籍出版社，1980：405.
④ 王聘珍. 大戴礼记解诂［M］. 王文锦，点校. 北京：中华书局，1983：27-28.
⑤ 王聘珍. 大戴礼记解诂［M］. 王文锦，点校. 北京：中华书局，1983：30.

寿、杀羔献祭等，这些活动都在相对固定的月份进行。

不难看出，早期的民俗活动虽然在一年中相对固定的时间段进行，但时间范围较为宽泛，节气时令的划分出于农事指导，在此过程中出现相应的民俗活动，此即岁时民俗。所谓岁时民俗，李道和先生指出："是指某一族群在一年中的某一特定时段举行的具有集体性、礼仪性或习惯性的活动。"①《夏小正》《豳风·七月》所载的民俗活动已具有集体性、礼仪性及习惯性的特点，但鉴于民俗活动举行的具体时间还未固定，因此还不能称其为节日。

（二）从岁时民俗到节日传统

汉武帝太初元年（前104）五月改颛顼历（十月为岁首）为太初历，即夏历（正月为岁首），并吸收二十四节气指导社会生产生活实践。二十四节气实际是太阳历，即根据太阳运行规律制定的计时方式。早在《尚书·尧典》已载帝尧命羲和"历象日月星辰，敬授人时"的神话传说，划分"日中""日永""宵中""日短"，分别对应"仲春""仲夏""仲秋""仲冬"②，也即二分二至日。后逐渐完备，《左传》又载立春、立夏、立秋、立冬四个节气。至《逸周书·时训解》成书时，已形成较为完整的二十四节气，每个节气三候，每候五日。武帝改历之后，旧有的二十四节气逐渐融合国家历法，最终定型延续至今，《淮南子·天文训》所见二十四节气的记载就是武帝历法改革的结果。

显然季节和二十四节气的划定属于天文历，其形成过程复杂而漫长，但精确度远远高于物候历，并且受地理位置、气候条件的影响相对较小。尽管历法的形成过程复杂多样，但我们基本可以看到时令的划分从最初物候历为主、天文历为辅，逐渐演变为天文历为主、物候历为辅，二者相辅相成，这是千百年来我们祖先对自然世界感性观察与理性思考的互动结果。

整个先秦时期是岁时节日的萌芽期，随着文化制度逐渐完善，我国的传统节日在汉代开始形成。汉代的统一结束了先秦时期各国的历法混乱现象，节气逐渐稳定为民俗活动的稳定、节日的形成奠定了基础。如上巳节，是我国历史上源远流长的传统节日之一。汉初文帝时期博士韩婴最早使用并解释"上巳"一词，韩婴注《诗·郑风·溱洧》"唯溱与洧……方秉蕑兮"句云："溱与洧三月桃花水下之时，众士女执兰拂除。郑国之俗，三月上巳之日，此两水上招魂，拂除不祥也。"③ "上

---

① 李道和. 岁时民俗与古小说研究 [M]. 天津：天津古籍出版社，2004：2.
② 孔颖达. 尚书正义 [M] // 阮元. 十三经注疏. 北京：中华书局，1980：119.
③ 李昉，等. 太平御览 [M]. 北京：中华书局，1963：284.

巳"为三月第一个巳日,"桃花水下之时"显然是物候观察,"众士女执兰拂除"为相应的禳灾民俗活动,这一风俗在郑国"三月上巳之日"已成节日传统。上巳节也称三月三,汉代之后的岁时民俗文献多有记载。《晋书》卷二一《礼志》云:"自魏以后,但用三日,不以上巳也。"① 也就是说,三国魏之后,上巳节才统一定为每年三月三日。需要指出的是,"桃花"物候在《夏小正》"正月"《传》文中已有记载,"梅杏柂桃则华"②,即此时梅、杏、桃皆开花。而众士女执兰拂除习俗在三月三日确定之时流行已久。

岁时民俗活动最初也只是在部分地区流行,后逐渐影响全国。春秋战国时期,上巳节为"郑国之俗",同样也在鲁国流行,孔子弟子曾皙说:"莫春者,春服既成,冠者五六人,童子六七人,浴乎沂,风乎舞雩,咏而归。"③ "春服既成""浴乎沂"被隋杜公瞻认为是"水滨祓禊"④。到了汉代,"季春上巳,官及百姓皆禊于东流水上,洗濯祓除去宿垢",其后"晋中朝公卿以下至于庶人,皆禊洛水之侧"⑤。可见汉代上巳节已成为全国性的节日。除水边祓除的基本民俗活动外,上巳节也表现出地域特点。如《荆楚岁时记》载三月三日荆楚旧俗,除"流杯曲水"之俗,亦有用"龙舌𦬣,以厌时气"之俗,以及用狗吠之声厌胜杜鹃之鸣(杜鹃鸣叫被当地人认为"闻者不祥")的习俗⑥。此两种习俗同样出于禳灾祓除的目的,但与水边祓除实不相同。实际上杜鹃鸟三月鸣叫也是一种物候现象,只是作为一种民俗禁忌表现出地域文化差异。随着时代变化,传统上巳节俗已包含祓除禳灾、高禖求子、招魂增寿等多种民俗功能,兹不赘述。

综上可见,我国的传统节日与农业生产、人类繁衍活动联系紧密,我们的祖先通过对自然规律的认识与把握制定了指导生产生活实践的历法制度。节气时令的划分逐渐形成相应的岁时民俗活动,习惯性、集体性、周期性、礼仪性的岁时民俗活动的举行又形成相应的节日传统。节日具体时间的确定、岁时民俗活动周期性的集体参与以及节日专名的出现是节日形成的主要标志。

---

① 房玄龄,等.晋书[M].北京:中华书局,1974:671.
② 王聘珍.大戴礼记解诂[M].王文锦,点校.北京:中华书局,1983:29.
③ 程树德.论语集释[M].程俊英,蒋见元,点校.北京:中华书局,2014:1040.
④ 宗懔.荆楚岁时记[M].杜公瞻,注;姜彦稚,辑校.北京:中华书局,2018:34.
⑤ 李昉,等.太平御览[M].北京:中华书局,1963:284.
⑥ 宗懔.荆楚岁时记[M].杜公瞻,注;姜彦稚,辑校.北京:中华书局,2018:36-37.

二、传统节日与民间信仰、民间传说的共生互动

传统节日与民间信仰、民间传说关系密切。在某种程度上，民间信仰早于传统节日，传统节日在形成过程中吸收民间信仰。在民间信仰与传统节日交流互动的过程中，民间传说也嵌入传统节日，三者共生互动，表现出丰富的节日文化内涵。

（一）信仰：传统节日文化传承的核心

节日传统的生成，与民众的信仰观念相关，诸如原始信仰与宗教信仰在传统节俗中多有体现。岁时民俗的形成与初民的自然崇拜直接相关，初民对时间的划分出于对日月星辰的观察，逐步形成日月星辰崇拜，又形成相应的节日文化。

古代天子春秋两季对日月之朝拜显然属于自然崇拜，传统七夕节的形成就与星辰信仰联系紧密。西周之前，织女星和牛郎星作为星宿名已经存在，学界以此多引《诗经·大东》中的诗句："维天有汉，监亦有光。跂彼织女，终日七襄。虽则七襄，不成报章。睆彼牵牛，不以服箱。"[1]其中所提及的"终日七襄"等善织技巧与传统七夕节中的"乞巧"风俗关联，学界对此已多论及，兹不赘述。

岁时民俗中的民间信仰往往是混合多样的。传统七夕"乞巧"风俗与织女星有关，同时陈设瓜果等习惯与求子风俗亦有关联，瓜果多籽，女子亦希望多子。又如端午节，基本可以被认为是一个充满禁忌的节日。《荆楚岁时记》云："五月，俗称恶月，多禁"，"五月五日，谓之浴兰节"[2]，记载了旧时荆楚地区五月五日采艾悬门、五彩丝系臂、竞渡等习俗。其实浴兰习俗在《夏小正》中已有提及，"五月"有"蓄兰"之载，其《传》曰："为沐浴也。"[3]可见浴兰采艾"以禳毒气"[4]之俗由来已久。而彩丝系臂、竞渡习俗当源于古代厌胜蛟龙的诸种巫术[5]。也就是说，一个既定的传统节日不可能只包含单一信仰元素，其信仰内涵是多元复合的，以符合大多数民众的生活期望。

除民众内在的信仰观念外，传统节日与民间信仰也表现为外在的仪式形式。仪式一般在公开场合按固定程序举行，具有集体性、周期性、礼仪性、神圣性等特征，

---

① 周振甫.诗经译注（修订本）[M].北京：中华书局，2010：307-308.
② 宗懔.荆楚岁时记[M].杜公瞻，注；姜彦稚，辑校.北京：中华书局，2018：43-50.
③ 王聘珍.大戴礼记解诂[M].王文锦，点校.北京：中华书局，1983：39.
④ 宗懔.荆楚岁时记[M].杜公瞻，注；姜彦稚，辑校.北京：中华书局，2018：45.
⑤ 李道和.岁时民俗与古小说研究[M].天津：天津古籍出版社，2004：176-182.

在一定的地域范围内具有某种约定俗成的宗教意味。例如《艺文类聚》（卷四）引东汉崔寔《四民月令》载，在传统七夕节俗中，参与者要"设酒脯时果，散香粉于筵上，祈请于河鼓、织女"①。其步骤显然具有程序性，是祈祷河鼓、织女的祭祀仪式。除此之外，在一些庆典、庙会等活动中，祭祀仪式的程序性、复杂性、神圣性更为突出。

民众在参与传统节日活动的过程中，往往会进入节日气氛中，这种气氛是由节日传统、民间信仰、祭祀仪式等综合因素调动起来的。英国人类学家简·艾伦·哈里森指出："仪式的一个重要因素在于它的集体性，是由若干有着相同情绪体验的人们共同做出的行为。"②相同的情绪体验是节日文化形成必不可少的因素之一。实际上，人们参与节日活动，也是出于节日传统中的文化设定。节日的具体文化内涵是通过参与者一次又一次的重复活动赋予的，民众的心理期待或信仰是仪式的基础，而仪式是信仰的强化。另外，我们在众多的传统节日中也可以看到与民众日常生活相对立的情况（如传统节日中需要禳除的灾害），这个对立面被认为是人类的阻碍（甚至是伤害）。人们在传统节日中通过祭祀等手段尽力对这些对立面进行安抚、祈祷、驱除，其目的不外乎趋利避害。然而，这些对立面往往缘于人类对自然现象的不理解，也就是说在某种程度上是人类在想象中建构了民间信仰。当然也是这些对立面的存在，让民众对自己的生活更为积极乐观，从而推动社会进步。

信仰的内涵是由信众赋予的，并随着信众目的的变化而变化，民间信仰承载着集体情感经验，在岁时民俗节日形成的过程中逐渐被固定传承。尽管双方不停地交流互动，但某一节日信仰的核心基本不变。即便是增加了新的节日内涵，而增加的内容也是围绕在核心信仰周围，所不同的只是与核心信仰的亲疏程度而已。

（二）传说：传统节日文化传承的重要方式

民间信仰、民间传说与传统节日交流互动。林继富先生指出民俗与传说生成演化的轨迹，认为："建立在原始生活和生产现实基础上，对其作用进行夸张和巫术仪式的表演形成原始信仰，随着原始信仰不断传奇化、模式化和人格化，诞生了民俗信仰和叙事传说。"③可见民俗信仰与民间传说生成的前提是民众的日常生活实践。

---

① 欧阳询.艺文类聚[M].汪绍楹，校.上海：上海古籍出版社，1982：75-76.
② [英]简·艾伦·哈里森.古代艺术与仪式[M].刘宗迪，译.北京：生活·读书·新知三联书店，2016：26.
③ 林继富.神圣的叙事——民间传说与民间信仰互动研究[J].华中师范大学学报（人文社会科学版），2003（6）：11-17.

民间传说与传统节日的互动基本分为两种情况，一种是先有节日，再吸收民间传说；一种是先有民间传说，再形成传统节日。端午节属于前者，上文我们已经指出，端午节俗的目的主要是祓除禳灾。到了晋朝，周处《风土记》始载"端午"之名，其后，南朝梁吴均《续齐谐记》始将屈原五月五日投汨罗江与端午节结合，而且还讲述了楚人以竹筒贮米投江祭奠屈原、民众彩丝系臂的岁时风俗。显然屈原五月五日投江的民间传说与五月五日端午节在时间上相遇，这是二者合流的重要原因之一。魏晋南北朝之后，屈原与端午节基本共生并存。在笔者家乡山西大同地区，如今端午节的主要活动是在门窗上贴大公鸡、五色符、悬艾草；成人、儿童系五色线，儿童尤为重要，需在脖颈、手腕、腰部、脚腕处皆系五色线，整个节日从农历五月初五持续到五月十三日。虽然也食粽子，讲述屈原投江的传说，但祓除禳灾是整个端午节的重点，纪念屈原只是附属而已。另外，众所周知，端午节在流传的过程中还吸收了白蛇传说，兹不引证。

七夕节或许就是先有牛郎织女传说，再与星象附会，最终与节日合流。王孝廉先生就说，牛郎织女传说"绝不是单纯的天文故事"，而是"以大地上的现实生活为背景结合天文现象所形成的"[1]。李道和先生赞同此说，认为"是先有了故事和人事，尔后才有星宿的命名"[2]。另外，十月初一"寒衣节"源于孟姜女传说，江苏宜兴地区三月初一"双蝶节"即源于梁祝传说。由民间传说演变为传统岁时节日的事例还有很多，限于篇幅不再举例。

传统节俗文化的传承得益于民间传说，这里所指的民间传说既指相应的民间文学作品，也指千百年来民众口耳相传的节日故事。口耳相传早于文字记录，是社会知识文化传承的重要方式之一。传统节日活动的举行本身就是一种言传身教，当相应的民间传说融入传统节俗中，传说的情节内容成为带动节日文化传承的重要因素，也正是源于民间故事口传的基本特征，使得节日文化的传承能跨越时空。口传之外，民间文学作品同样对节日文化传承起到重要作用，与此相关的记载常见于岁时民俗文献中，如《岁华纪丽》《秦中岁时记》《岁时广记》《岁时杂记》《荆楚风土记》《玉烛宝典》，以及一些历史文献、作家文学作品等。文献记载为岁时民俗的保存和继续流传提供了有利条件，这种形式同样也能跨越时空。

此外，在传统节日活动中，往往会有具体的民俗实在物，如端午节的粽子、艾

---

[1] 王孝廉.牵牛织女传说的研究[C]//陈慧桦，古添洪.从比较神话到文学.台北：东大图书股份有限公司，1988：189.
[2] 李道和.岁时民俗与古小说研究[M].天津：天津古籍出版社，2004：204.

草、五色线等,这些"庆典物品能使参加者联想到有关神话,联想到这些象征物所象征的对象,使它们中蕴涵的'原能'在此时此刻体现出来"[①]。其实这些庆典物所承载的内涵一旦被节日赋予,无论它们在场还是不在场,都容易让人联想到相关的节日风俗与节日故事。

传统节日的举行是在固定的时间和地点进行,节日活动的实践也伴随着故事讲述,但民间故事的讲述不受固定时间、地点的影响,它随时随地都能发生。民间故事侧重语言表达与文字记录,而节俗活动侧重参与实践行为,传统节日与民间传说你中有我,我中有你。总之,传统节日、民间信仰、民间传说互动共生。民间信仰是传统节日文化传承的核心之一,信仰观念是民众实践节日内涵的内在动力因素,而仪式行为是信仰的外在表现形式。民间传说与传统节日的相互交流也促进了传统节日文化的时空传承。传统节日、民间信仰、民间传说互动共生,实际也是"礼俗互动"的过程,维系了"国家大一统"与地方社会发展之间的平衡[②]。

三、传统节日在现代生活中的变迁与适应

中华人民共和国成立后,我国从封建社会进入社会主义社会,社会形态发生变化的同时,政治、经济、文化、科技等有关生活的方方面面也发生巨大变化。经过千百年的传承,一些传统节日,如春节、清明节、端午节、七夕节、中秋节等依然流行于当代社会。但这些传统节日的文化内涵或多或少都发生了变化,在保留核心传统基础的同时呈现出较大的当代性。

(一)社会变迁与节日内涵变迁

传统节日内涵变迁首先源于社会形态的变迁。传统节日文化是农业生产生活方式的伴生物,随着工业革命的爆发,科学技术逐渐成为我国第一生产力。工业革命以后,全球经济迅速发展,工业化和城市化加快对传统文化的冲击,尤其是互联网的应用和普及,人们的观念传统、生产生活方式和思维模式发生了重要变化。

改革开放以来,在经济全球化的影响下,文化逐渐趋于多元化,表现为多种文化交相辉映或相互渗透的现象。例如,传统七夕节蕴含着丰富的历史文化内涵,但随着新时代的到来,以"乞巧""求子"为核心的节日内涵让位于新式"情人节"

---

① [美]维克多·特纳.庆典[C].方永德,等译;潘国庆,校.上海:上海文艺出版社,1993:12.
② 张士闪.礼俗互动与中国社会研究[J].民俗研究,2016(6):14-24,157.

所表达的情感互惠。就目前的七夕文化来看,尽管各地都在尝试恢复"乞巧"等传统文化内涵,但这种恢复多数流于形式;反而受西方情人节的影响,七夕节作为中国的"情人节"正在受到越来越多人的追捧。2002年河北省文联将传统七夕节命名为"七月七爱情节",后根据有关领导的提议,又将名字更改为"情侣节"。目前,社会上比较流行的称呼是"中国情人节""七夕情人节""中国爱情节"等[①]。

当今世界,几乎所有的国家都或快或慢地经历着文化多元发展,包括饮食、服饰、宗教信仰、语言、文字、科技等,而且国与国之间、人与人之间通过各种媒介进行交流的方式也影响着社会文化的发展。文化已不再是单一的文化,多元文化正在建构一个丰富多彩的人类文化共同体。如今,我国社会存在的节日除本土节日外,西方节日诸如父亲节、母亲节、感恩节、圣诞节同样流行时下,甚至出现中西合璧的情况。这些"洋节"在中国盛行的原因与其内涵与当下中国社会文化的契合相关,如父亲节、母亲节、感恩节与中国的传统孝文化,圣诞节与基督信仰等有所联系。

随着时代的发展,同样也产生了一些新的节日,如植树节、妇女节、劳动节、儿童节、中国农民丰收节、建党节、建军节、教师节、国庆节等,这些节日都已上升为国家层面。另外,一些地区打着传统的旗号创造新节,诸如女娲诞辰庆典等类似的地方性节日已屡见不鲜。网络发展促进了电子商务的发展,近几年阿里巴巴集团创造的"双十一购物节"更是影响千家万户。这些节日也在固定的时间进行,具有集体性、纪念性等特点,它们适应当代民众的生活需求,表现出较强的当代性。当然,传统与现代是相对的概念,假以时日,今天的节日在未来也可能会成为传统节日,其内涵也会随着时代的变化而变化。

社会变迁促进节俗变化,包括传统节日内涵的变化,也包括新节日的设立,多种多样的节俗文化充斥着我国民众的日常生活。因此,学界也关注节日类型的划分。陶立璠先生将节日类型划分为宗教性节日、生产性节日、年节、文娱性节日[②]。乌丙安先生将其划分为农事节日、祭礼节日、纪念节日、庆贺节日、社交游乐节日[③]。张勃认为当今中国的节日正处于构建的时代,将节日划分为传统节日、现代节日纪念日、新兴地方节会、外来节日和新兴民间节日五大类[④]。前两位学者基本按节日的功能进行分类,张勃基本以节日的时间与地域分类。王霄冰则尝试从历法的角度分类,

---

① 张勃.从乞巧节到中国情人节——七夕节的当代重构及意义[J].文化遗产,2014(1):34-40.
② 陶立璠.民俗学概论[M].北京:中央民族学院出版社,1987:184-187.
③ 乌丙安.中国民俗学[M].沈阳:辽宁大学出版社,1999:330-342.
④ 张勃.建构时代的中国节日建设[J].民俗研究,2015(1):62-73.

分为太阳历的节日、太阴历的节日、复合型历法的节日与其他历法的节日四大类①。实际上，无论从哪种角度对节日类型进行划分，我们都可以看到，这几种分类法是建立在民众日常生活实践的背景之下。社会的变迁催生了节日内涵的变迁，这也是对节日进行分类应该考虑的关键因素之一。

（二）节俗文化对现代生活的适应

传统节俗在形成的过程中，充分考虑民众的生产、生活规律，不同的节日习俗在四季交替中呈现出周而复始的运行状态。传统节俗在某种程度上是当时民众生活规律的反映，表现出人与大自然、社会相适应的节奏感。

不论是传统节日还是现代节日，它们所蕴含的文化内涵都根植于民众的日常生活实践。随着时代变化，传统七夕节的文化内涵发生了变化，但"崇尚爱情"作为当下七夕节的节日内涵也符合参与者的心理需求，适应现代人的生活需要。传统七夕内涵在当今社会的变迁本身就是文化重构的结果，是民众自主选择的结果，"民众有权利过自己想要的节日生活，并有权利选择自己喜欢的方式"②。未来几乎不可能存在单一绝对的节日文化内涵，也不可能存在单一的新的节日民俗文化，而是多种文化因素共生互动。

传统节俗是否一定要墨守传统确实是我们需要考虑的问题，但任何节日内涵的存在必然有其存在的价值。传统七夕节"乞巧""求子"习俗衰落很重要的原因之一，在于这种习俗在当今大多数女性的生活中不再扮演重要角色。归根到底是信仰的瓦解，信仰的瓦解又导致旧有习俗"有效性"的瓦解。大部分女性不再相信"乞巧""求子"在当代七夕节的效力，而"爱情"几乎是多数成年人永恒的向往。传统七夕节是一个典型的节日变迁案例，而其他的传统节日如春节、端午节在保持着传统文化内涵的同时也呈现出新的活力。如我们在春节守岁、贴春联、拜年、燃放烟花爆竹、祭祖、逛庙会的同时也观看春节联欢晚会，春晚作为新时代的民俗活动已经从中国走向世界。端午节的习俗相对保守一些，源于端午防虫驱毒的禳灾传统依然与民众的日常生活息息相关。任何习俗的形成基本源于当时当地民众的需要机制，需要决定选择，集体重复性选择构成形成节日习俗的可能。文化的需要确实是影响文化变迁的重要因素，在需要机制的推动下，会使得一部分文化逐渐消失，也

---

① 王霄冰.节日民俗志的提出及其关注重点[C]//李松,张士闪.节日研究：第12辑.北京：学苑出版社，2018：28.
② 张勃.从乞巧节到中国情人节——七夕节的当代重构及意义[J].文化遗产，2014（1）：34–40.

会使一部分文化在新的环境中出现甚至重构。

四、结　语

传统节日文化正在发生变化是不争的事实，这种变化丰富了民众的日常生活，促进了经济发展，但由此带来的诸多问题也显而易见。我们必须关注引起变化的诸多原因，并且需要重新审视我们的传统节日文化与现代生活的关系。无论如何，传统节日文化依然在现代生活中发挥着重要作用，传统节日文化承载着我国民众普遍意义的历史记忆、历史情感，这种具有传承性的文化内涵是集体经验与智慧的体现，具有指导生活、凝聚民族情感、保持地区文化平衡、维护民族共同体意识等诸多现实功能。

参考文献

[1] 陶立璠. 民俗学概论［M］. 北京：中央民族学院出版社，1987.
[2] 钟敬文. 民俗学概论［M］. 上海：上海文艺出版社，1998.
[3] 乌丙安. 中国民俗学［M］. 沈阳：辽宁大学出版社，1999.
[4] 朱谦之. 老子校释［M］. 北京：中华书局，2000.
[5] 欧阳询. 艺文类聚［M］. 汪绍楹，校. 上海：上海古籍出版社，1982.
[6] 刘宗迪. 重黎"绝地天通"与上古历法改革［J］. 长江大学学报（社科版），2016（7）：1-9，101.
[7] 常玉芝. 殷商历法研究［M］. 长春：吉林文史出版社，1998.
[8] 袁珂. 山海经校注［M］. 上海：上海古籍出版社，1980.
[9] 王聘珍. 大戴礼记解诂［M］. 王文锦，点校. 北京：中华书局，1983.
[10] 李道和. 岁时民俗与古小说研究［M］. 天津：天津古籍出版社，2004.
[11] 孔颖达. 尚书正义［M］//阮元. 十三经注疏. 北京：中华书局，1980.
[12] 李昉，等. 太平御览［M］. 北京：中华书局，1963.
[13] 房玄龄，等. 晋书［M］. 北京：中华书局，1974.
[14] 程树德. 论语集释［M］. 程俊英，蒋见元，点校. 北京：中华书局，2014.
[15] 宗懔. 荆楚岁时记［M］. 杜公瞻，注；姜彦稚，辑校. 北京：中华书局，2018.
[16] 周振甫. 诗经译注（修订本）［M］. 北京：中华书局，2010.
[17] ［英］简·艾伦·哈里森. 古代艺术与仪式［M］. 刘宗迪，译. 北京：生活·读书·新知三联书店，2016.
[18] 林继富. 神圣的叙事——民间传说与民间信仰互动研究［J］. 华中师范大学学报（人文社会科学版），2003（6）：11-17.
[19] 王孝廉. 牵牛织女传说的研究［C］//陈慧桦，古添洪. 从比较神话到文学. 台北：

东大图书股份有限公司，1988：189.

［20］［美］维克多·特纳.庆典［C］.方永德，等译；潘国庆，校.上海：上海文艺出版社，1993.

［21］张士闪.礼俗互动与中国社会研究［J］.民俗研究，2016（6）：14-24，157.

［22］张勃.从乞巧节到中国情人节——七夕节的当代重构及意义［J］.文化遗产，2014（1）：34-40.

［23］张勃.建构时代的中国节日建设［J］.民俗研究，2015（1）：62-73.

［24］王霄冰.节日民俗志的提出及其关注重点［C］//李松，张士闪.节日研究：第12辑.北京：学苑出版社，2018：28.

征稿启事
《抚州学刊：文化传承与创新研究》

《抚州学刊：文化传承与创新研究》是北京大学文化传承与创新研究院主办的研究性学术期刊书（Jook，Journal Book），现诚邀各学科作者投寄稿件。本刊以文化、科技、数字经济、中医药、信息工业及相关领域的理论性、实践性、历史性的研究为主要内容，重点探讨当下中华文化传承与科技创新发展的热点和趋势，设置"行业前瞻""理论视野""政策观察""文化建设""地方探索"等栏目，以学术期刊的方式编辑内容，以图书专著的形式出版发行，每年十二月付梓，支付稿费，详见正文。

本刊依托北京大学深厚的人文底蕴与多学科交融环境，以及北京大学文化产业研究院和国家文化产业创新与发展研究基地二十余年文化产业研究的探索和积淀，紧贴和践行北京大学文化传承与创新研究院的定位和宗旨，致力于打造中华文化传承与科技创新的学术高地与交流平台，推动中华文化传承与科技创新，诚邀各学科作者投寄未曾在公开出版物或网络上发表过的稿件。

投 稿 须 知

≫ 文稿类型

论文文字中英文均可，但中文以简体字为限，英文内容不超过当期篇幅的五分之一。同时本刊欢迎使用其他语言（如日文、韩文、法文等）来稿，经审议通过，本刊将原文刊登。论文须是原创性且完整学术格式的论文，中英文文稿篇幅不超过一万字为宜。

≫ 版权事宜

1. 本刊不接受已正式出版及一稿数投的论文。邀请论文不在此限。对于侵犯他人版权或者其他权益的文稿，本刊概不承担任何连带责任。

2.经刊登的论文，版权归本刊所有。非经本刊同意，不得转载或转译为其他语种发表。邀请论文不在此限。

3.经刊登的论文，支付稿费1000元并赠送样刊两册。

>> 稿件交寄

来稿请通过电子邮件投稿，本刊编辑部收到后将会及时回复确认。请勿由私人转递稿件，以免辗转贻误。本刊不收取任何费用，也不开具任何书面录用通知，请谨防诈骗。询问本刊出版相关事宜请联系：《抚州学刊：文化传承与创新研究》编辑部。

联系人：李耀宗

手机号：17340547104

通讯地址：江西省抚州市临川区梦湖东路梦岛内

邮编：344000

>> 稿件格式

1.来稿请采用 Word 文档格式，文件名注明"文化传承与科技创新投稿"，用电子邮件"附件"形式投寄至邮箱：fzicipku_lyz@163.com。若不能用电子邮件投稿，可邮寄打印稿。若文稿中含有数学公式、表格、曲线图及其他图表，请用电脑制作相关内容，并务必保证其中的符号、数字、文字、图线清晰、规范。文字横向排列，并注明页码。

2.本刊为统一文稿规格，撰稿体例敬请参考。来稿请以首页（首页注明：中文论文题目、作者姓名与任职机构、通讯地址与电话等相关资料）、中文摘要（二百字以内）与四至六个关键词、英文摘要（二百字以内）与四至六个关键词、正文、注释、参考文献及附录（如有需要）为序，各项独立起页。

3.标题使用小二号字，宋体，加粗显示；正文使用五号字，宋体；图题、图注、表格、脚注、参考文献使用小五号字，宋体。文中英文均使用 Times New Roman 字体，根据其在文中所处位置选用相应字号。正文中表示标题级别的序号形式，一般从大到小依次为："一""（一）""1""（1）""①"等。可以根据标题的实有级别，跳过某些形式的序号。

4.文章篇幅应在 8000~10000 字为宜（特别稿件另行商定）。

>> 注释体例规范

1. 专著

主要责任者.题名：其他题名信息［文献类型标识/文献载体标识］.其他责任者.版本项.出版地：出版者，出版年：引文页码.

【示例】［美］约瑟夫·奈.软力量：世界政坛成功之道［M］.吴晓辉，钱程，译.北京：东方出版社，2005：16.

2. 专著中的析出文献

析出文献主要责任者.析出文献题名［文献类型标识/文献载体标识］.析出文献其他责任者//专著主要责任者.专著题名：其他题名信息.版本项.出版地：出版者，出版年：析出文献的页码.

【示例】贾东琴，柯平.面向数字素养的高校图书馆数字服务体系研究［C］//中国图书馆学会.中国图书馆学会年会论文集：2011年卷.北京：国家图书馆出版社，2011：45-52.

3. 连续出版物中的析出文献

析出文献主要责任者.析出文献题名［文献类型标识/文献载体标识］.连续出版物题名：其他题名信息，年，卷（期）：页码.

【示例】袁训来，陈哲，肖书海，等.蓝田生物群：一个认识多细胞生物起源和早期演化的新窗口［J］.科学通报，2012，55（34）：3219.

4. 电子资源

主要责任者.题名：其他题名信息［文献类型标识/文献载体标识］.（更新或修改日期）［引用日期］.获取和访问路径.数字对象唯一标识符.

【示例】李强.化解医患矛盾需釜底抽薪［EB/OL］.（2012-05-03）［2013-03-25］.http://wenku.baidu.com/view/47e4f206b52acfc789ebc92f.html.

5. 学位论文

主要责任者.题名：其他题名信息［文献类型标识/文献载体标识］.出版地：出版者，出版年：引文页码.

【示例】马欢.人类活动影响下海河流域典型区水循环变化分析［D］.北京：清华大学，2011：27.